国际儒学联合会教育系列丛书

孔子家语 上

中华典藏 全注全译本

杨朝明 译注

丛书指导委员会主任
——— 滕文生　牟钟鉴　董金裕
总主编
——— 钱　逊　郭齐家
汉唐书局专家委员会审定

济南出版社　汉唐书局

图书在版编目（CIP）数据

孔子家语. 上 / 杨朝明译注. —济南：济南出版社，2023.4

（中华典藏）

ISBN 978-7-5488-5580-4

Ⅰ.①孔… Ⅱ.①杨… Ⅲ.①孔丘（前551—前479）—生平事迹 Ⅳ.①B222.2

中国国家版本馆CIP数据核字（2023）第052264号

出 版 人	田俊林
丛书策划	付晓丽　冀春雨
责任编辑	孙育臣
图书审读	张　涛
装帧设计	王铭基　谭　正
出版发行	济南出版社
地　　址	济南市二环南路1号
编辑热线	0531-86131747　82926535（编辑室）
发行热线	82709072　86131701　86131729　82924885（发行部）
印　　刷	山东彩峰印刷股份有限公司
版　　次	2023年6月第1版
印　　次	2023年6月第1次印刷
开　　本	170 mm × 240 mm　16开
印　　张	14.25
字　　数	202千
印　　数	1—4000册
定　　价	48.00元

（济南版图书，如有印装错误，请与出版社联系调换。联系电话：0531-86131736）

总　序

中国共产党的二十大报告指出：我们必须坚定历史自信、文化自信，坚持古为今用、推陈出新，把马克思主义思想精髓同中华优秀传统文化精华贯通起来。2023年2月7日，习近平总书记在学习贯彻党的二十大精神研讨班开班式上发表重要讲话，指出：中国式现代化，深深植根于中华优秀传统文化。

中华优秀传统文化的显著特点是启发人的内心自觉，追求的是人的身与心、人与人、人与社会、人与宇宙自然的统一与和谐，表现出人的崇高的精神境界，其思想背后是中国人对天道、天命和道德人格典范的敬畏。中华经典记录了中华优秀传统文化的本和源、根和魂，是构成我们民族文化、民族智慧、民族心灵的庞大载体，是支撑我们民族生存、发展、创新的活水源头，是几千年来维护我中华民族屡经重大灾难而始终不解体的坚强纽带。中华经典是人生教育学典籍，或者说是人生的课本、教材，靠一代代中国人的诵读、解释，并在传承中发展、创造，在极深刻意义上参与塑成了中华民族的历史和生活世界。其中蕴含的天下为公、民为邦本、为政以德、革故鼎新、任人唯贤、天人合一、自强不息、厚德载物、讲信修睦、亲仁善邻等精神，是中国人民在长期生产生活中积累的宇宙观、天下观、社会观、道德观的重要体现，是地地道道的"中国式"。

济南出版社·汉唐书局以习近平新时代中国特色社会主义思想为指导，高度落实习近平总书记关于中华优秀传统文化的一系列重要论述，深度理解中华经典的根源与发展，联合国际儒学联合会组织全国中华优秀传统文化相关领域的专家学者，通过深耕细作，潜心编写，精心注译，严谨校对，专业编排，集结成册，向广大读者隆重推出"中华典藏"系列丛书。本丛书包括20种典籍，即《论语》《孟子》《大学》《中庸》《近思录》《周易》《道德经》《诗经》《史记》《孙子兵法》《孔子家语》《三字经》《百家姓》《千字文》《千家诗》《弟子规》《龙文鞭影》《声律启蒙》《笠翁对韵》《蒙求》，除经典原文、注释、大意（译文）外，还根据每部典籍的特点，设置了知识拓展、释疑解惑等。

终身学习、终身教育已经成了这个时代的常态。中华经典是"母乳"，是最具纯正、最富营养、最有价值的终身学习资源。中华经典是整体之学，是身心之学，是素养之学，是每一个中国人在这个动荡变革时代中培养定力、安身立命的大宝典。因此，中华经典的受益者不仅仅是在校的老师和学生，还包括各级各类领导干部、工农兵学商等各行各业人员（如企业家、工厂工人、手工业者、新农村建设者、解放军官兵、科研工作者、医务工作者等），以及海外侨胞、留学生。

中华民族的祖先曾追求这样一种境界：为天地立心，为生民立命，为往圣继绝学，为万世开太平。我郑重将"中华典藏"这套普及性丛书推荐给读者，希望我们这个团队经过近十年共同奋斗所凝结的智慧，走向大众，让诵读中华经典的琅琅之声传遍祖国的大江南北，让我们每个人心中有山河，心中有宇宙，心中有父母，心中有圣贤，心中有家国天下，心中有我们中华民族的精神，心中有我们中国人的本心、本性。让我们全民为实现中华民族的伟大复兴与构建人类命运共同体凝聚智慧、贡献力量。

是为序！

郭齐家

2023年2月于北京回龙观寓所

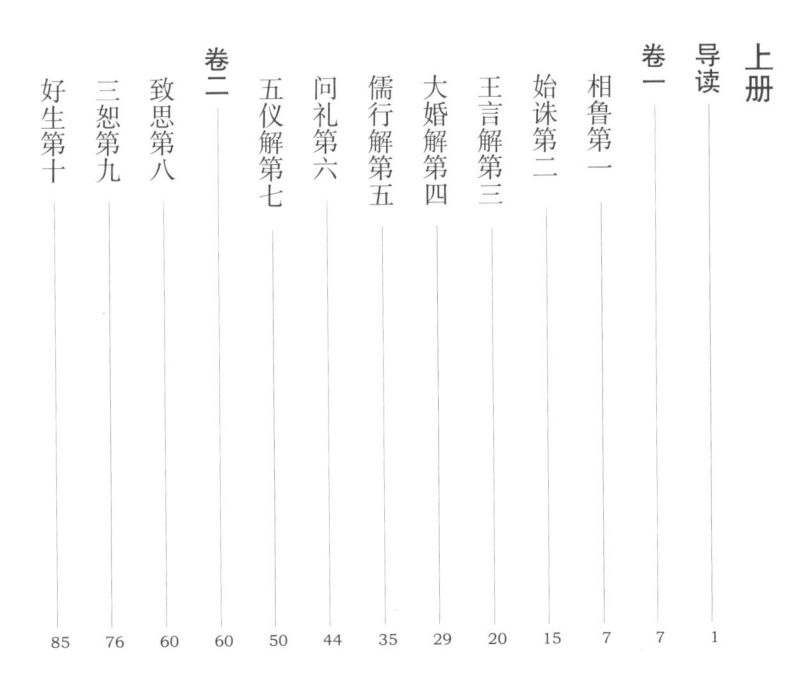

目录

篇章体例
- ○ 题解
- ○ 原文
- ○ 注释
- ○ 大意

上册

导读 ... 1

卷一

相鲁第一 ... 7
始诛第二 ... 7
王言解第三 ... 15
大婚解第四 ... 20
儒行解第五 ... 29
问礼第六 ... 35
五仪解第七 ... 44

卷二

致思第八 ... 50
三恕第九 ... 60
好生第十 ... 60
... 76
... 85

卷三

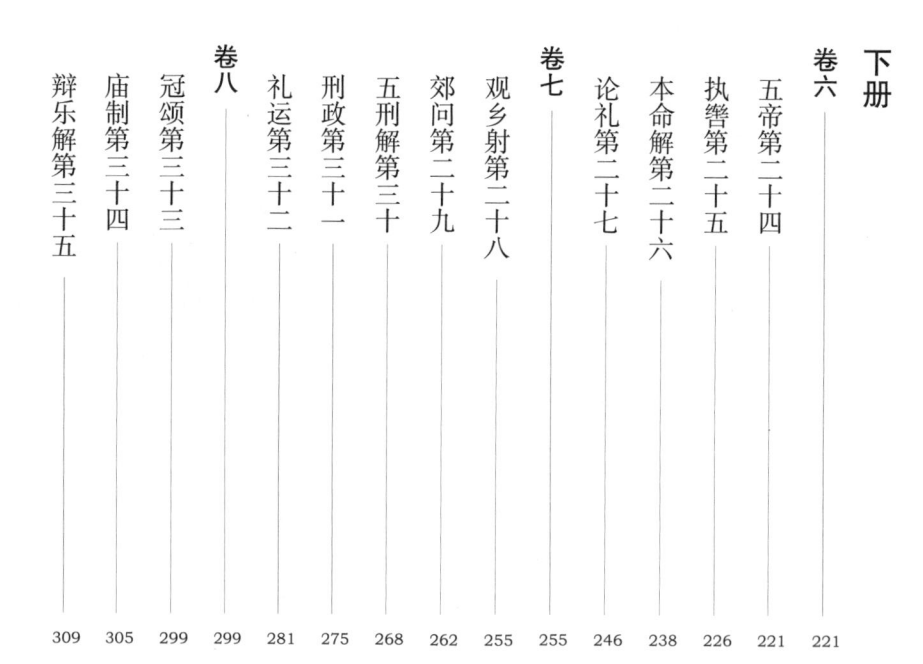

- 观周第十一 … 97
- 弟子行第十二 … 97
- 贤君第十三 … 103
- 辩政第十四 … 115

卷四

- 六本第十五 … 124
- 辩物第十六 … 133
- 哀公问政第十七 … 133

卷五

- 颜回第十八 … 149
- 子路初见第十九 … 160
- 在厄第二十 … 169
- 入官第二十一 … 169
- 困誓第二十二 … 179
- 五帝德第二十三 … 188

下册

卷六

- 五帝第二十四 … 195
- 执辔第二十五 … 203
- 本命解第二十六 … 213
- 论礼第二十七 … 221

卷七

- 观乡射第二十八 … 221
- 郊问第二十九 … 226
- 五刑解第三十 … 238
- 刑政第三十一 … 246
- 礼运第三十二 … 255

卷八

- 冠颂第三十三 … 255
- 庙制第三十四 … 262
- 辩乐解第三十五 … 268

275 281 299 299 305 309

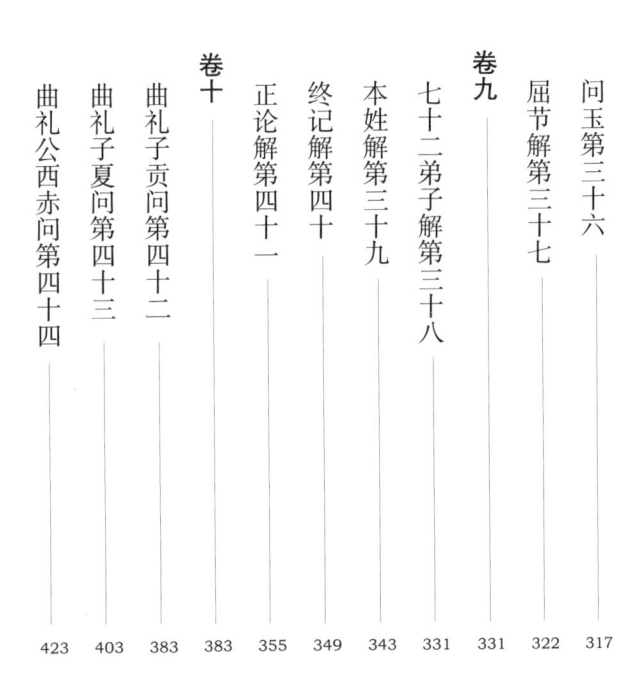

目 录

问玉第三十六 … 317
屈节解第三十七 … 322

卷九

七十二弟子解第三十八 … 331
本姓解第三十九 … 343
终记解第四十 … 349
正论解第四十一 … 355

卷十

曲礼子贡问第四十二 … 383
曲礼子夏问第四十三 … 403
曲礼公西赤问第四十四 … 423

漢書
局

导　读

　　自古及今，还没有哪一个人像孔子这样对人类社会产生了如此深刻而久远的影响。几千年来，孔子儒学不仅为中华民族生生不息、发展壮大提供了丰厚的滋养，也为世界的发展提供了许多重要的启示。直到今天，我们依然需要强调孔子的意义和价值，仰望孔子的高度，继承和弘扬孔子学说。

　　要学习和了解孔子，人们很自然会想到《论语》。然而很少有人知道，还有一部与《论语》性质相同，但内容更加丰富的《孔子家语》。《孔子家语》同样出于孔子弟子及其后学的记录与整理，字数却是《论语》的四五倍，但由于种种原因，《孔子家语》长期被视为"伪书"弃而不用，其丰富的价值也未得到挖掘和利用，十分可惜。

　　幸运的是，经过近几十年的细致梳理与研究，尤其经过与新出土早期文献资料的比较研究，《孔子家语》极其重要的价值逐渐凸显出来。我们看得越来越清楚，与包括《论语》在内的"四书"甚至更多文献相比，《孔子家语》完全可以称得上"孔子研究第一书"。

　　第一，《孔子家语》是十分可靠的儒家著作。

　　《孔子家语》又名《孔氏家语》，有时简称《家语》。今本《孔子家语》分为10卷，44篇，共计52 000多字，记录了孔子及其弟子言行、事迹。由于种种原因，今本《孔子家语》的写定、流传、定型过程显得比较复杂，却真实可信。

　　为了记住和传述孔子学说，在长期的教学活动中，孔子弟子各有所记，《孔子家语》原材料就来源于孔子弟子的记录。孔子去世后，这些材料被收集起来，经过一番整理和梳理，有些材料选录成《论语》，有些则汇编为《孔子家语》。

孔子后人、西汉时期学者孔安国是今本《孔子家语》的整理者。他在《孔子家语后序》中叙述了该书成书和流传的很多重要情况，他说："《孔子家语》者，皆当时公卿士大夫及七十二弟子之所咨访交相对问言语也。既而诸弟子各自记其所问焉，与《论语》《孝经》并时。弟子取其正实而切事者，别出为《论语》，其余则都集录之，名之曰《孔子家语》。"

按照这个说法，《孔子家语》与《论语》《孝经》一样，都是对孔子时代的真实记录。只是《论语》经过了选辑，意义笃实，具有切合社会生活实际的特点。而《孔子家语》则不同，该书是汇编而成，"都集录之"表明了它的特点——资料丰富，也显得驳杂。

我们今天应该重视《孔子家语》。由于内容丰富，字数较多，在使用竹帛的年代，《孔子家语》最初可能多以单篇流行，而随着孔子地位的提高，孔子的言论得到越来越多的重视，所以《孔子家语》在各地不断流传，同时它也从分散的单篇又开始聚集。在新出土的战国时期楚国竹书中发现了《孔子家语》的材料，荀子入秦答秦昭王问儒术时，也曾将"七十二弟子之言凡百余篇"赠予他。

荀子将《孔子家语》的材料带入秦国后，《孔子家语》在秦地得以流传。秦始皇焚书之时，《孔子家语》因为与诸子同列，故仍被秦朝的朝廷收藏。汉高祖灭秦后，这些材料便辗转到了汉朝。据说，汉高祖刘邦得到的《孔子家语》"皆载于二尺竹简，多有古文字"。试想，这样的真切记载，如果不是亲眼所见，怎能记载下来？西汉吕氏专汉时，曾将《孔子家语》取归藏之。吕氏被诛亡，《孔子家语》于是散在民间。汉景帝末年，朝廷募求天下遗书，京师士大夫积极上交，于是朝廷得到了《孔子家语》。

《孔子家语》虽被汉代官廷收藏，但因为分散杂乱，又多与其他材料混放在一起，收藏于秘府，仅由"掌书"负责看管，影响了该书的传播。孔安国作为孔子后裔，有感于先祖功业，想方设法搜集并整理了《孔子家语》。

孔安国编修《孔子家语》之后，上书皇帝，希望被立于学官。不料遭遇了

◎导读

"巫蛊之祸",没来得及呈上,便被搁置下来。汉成帝时,其孙孔衍也曾上奏,但未等确定,成帝去世。与此同时,掌管核书的刘向也因病去世。于是,《孔子家语》只能一直在孔安国后人中流传。直到三国时期,孔猛将此书献给王肃,王肃发现了《孔子家语》的重要价值,于是为该书作注,《孔子家语》才得以流传开来。

第二,《孔子家语》中有关孔子的资料丰富完备。

有关孔子遗说的记载较多,除《论语》外,还有许多文献记有孔子的言论,比如《礼记》《大戴礼记》《左传》《易传》《孝经》《大学》《中庸》《孟子》《荀子》《庄子》《孔丛子》《史记》以及一些出土文献等。然而,这些大都是转引、转述孔子言论,不是专门记载。《孔子家语》则是专门系统介绍孔子事迹与思想的著作。

与《论语》等材料相比,《孔子家语》展现的孔子更加丰满、生动,举凡孔子的相关资料大都包含其中,从孔子的家世、出生、生活、从政、游历、教学、归鲁等,一直到去世,都有涉及。《孔子家语》还再现了孔子与弟子、时人交谈的许多生动场景,更有许多孔子关于修身、做人、从政的论述,数量众多,内涵丰富。

《孔子家语》出自孔子弟子的记录与整理,每篇都有各自的主题或中心。例如第一卷,《相鲁》《始诛》记述了孔子执政于鲁国期间的政绩,显示了孔子卓越的治世才能;《王言解》《大婚解》体现了孔子"王天下"的王道政治思想;《问礼》《五仪解》则是关于礼制和人才的论述。这些都围绕"从政"这一中心,突出了为政者应有的素养与追求。再如第四卷,《六本》围绕君子修身的六大根本展开论述;《辩物》则记载了孔子关于各种事物的论断,表现了孔子的博学多闻,贯穿了孔子的礼治和教化思想。

第三,《孔子家语》有助于孔子和早期儒学的研究。

《孔子家语》的突出价值体现在两个方面:一是补缺。该书有许多其他著述中没有的新材料,这些材料丰富了关于孔子历史与思想的记载。二是正误。在与其他材料进行比较时,《孔子家语》往往可以纠正或完善我们以往对孔子事迹

3

与思想的一些认识。

在《孔子家语》中，许多篇章段落虽然与其他文献互见，但相比之下，《孔子家语》的内容往往更加古朴、详细、可靠。《史记》中的《孔子世家》可以说是相对完备的"孔子传记"，它叙述孔子生平事迹，对所能够看到的相关材料进行了分析、排列与加工，留下了较为完整的孔子事迹记录，但《孔子家语》对不少具体细节的记述更加详细、准确。

例如在《孔子家语》中，《相鲁》依次记录了孔子在中都宰、司空、大司寇等职位上的经历，记述了孔子执政于鲁国期间的政绩；《始诛》记述了有关孔子"诛"少正卯的事情，还有孔子处理父子争讼的事情；《观周》记述了孔子到洛邑参观考察的情况；《在厄》记述了孔子师徒周游列国途中被围困在陈、蔡时的情况，描绘了他们在困苦境遇中的生动场景；《终纪解》记载孔子临终前的情形、孔子去世后弟子们埋葬孔子以及为孔子服丧等情况。这些都是在《史记》及其他材料中难以详细见到的。

孔子的生平事迹还分散在其他各篇中，例如，《致思》主要记述了孔子和弟子颜回、子路、子贡、子羔、曾子等人的言行，其内容就出于孔子与弟子们游于农山，命弟子"于斯致思"之时；《礼运》是孔子主持鲁国蜡祭后与弟子子游谈话的内容，记录了孔子著名的"大同"社会理想，十分引人注目。而与《礼记》中同名的该篇比较，我们很容易就能得到关于孔子大同社会理想更全面、更完整的认识。

孔子的思想极其丰富而深刻，在《孔子家语》中，几乎每一篇、每一章都在不同方面体现了孔子的思想。例如《大婚解》中孔子谈到"爱与敬，其政之本与"。仁爱与敬畏合乎人情，顺于人义，是中国文化最重要的精神，也是为政的根本。在《哀公问政》中，还记载有孔子所说"立爱自亲始，教民睦也；立敬自长始，教民顺也"，从敬爱亲人和长辈培养爱敬之心，使仁爱与敬畏不仅仅是一种心态，更内化为信仰与境界，这正是儒家重视孝悌之道的内在缘由。这会使我们对儒家孝悌思想的认识更为深入。

在《孔子家语》受到重视以前，人们主要依据《论语》去研究孔子。但由于《论语》特殊的体例，往往使人们不知首尾，很难看清楚其间的内在联系，由此对不少问题的认识产生了分歧、偏差甚至严重误解。例如《论语》记孔子说"唯女子与小人难养也"，就认为孔子歧视女性；看到"君君、臣臣、父父、子子"，就认为孔子主张君权和父权；看到"民可使由之，不可使知之"，就认为孔子主张愚民政策。如果细心研读《孔子家语》，这些错误认识都不难得到纠正。再如，如果仔细阅读《孔子家语》的《五刑解》，就能理解什么是"刑不上大夫，礼不下庶人"，就不会认为孔子儒家主张贵族特权。

第四，《孔子家语》有助于理解中国文化的深度与高度。

《孔子家语》较高的资料价值，更体现在认识孔子和早期儒学的基础上，进而感悟中华文化内涵的形成与发展。

孔子关注芸芸众生，关注家国天下，他对之前中华文化的理解与他的人生体悟融汇，成就了他超乎常人的卓越智慧。在与他人对话时，这些智慧频频闪现着光芒。从体例看，《孔子家语》各篇记载的对话，有的属于专题讨论，有的属于随事议论，有的是孔子与某人的问对，有的是孔子与多人的探讨，有的是孔子对同类问题回答的聚合，有的是孔子就一个主题不同方面的阐释。《孔子家语》虽然各自成篇，但都是孔子思想体系的有机组成部分，都是孔子思想链条中的具体环节。

对于《孔子家语》与《论语》的关系，孔安国说《论语》具有"正实而切事"的特点，是从众多材料中选辑出来的孔子语录，《孔子家语》成书在《论语》之后。但只要认真比较有关典籍中相同或相通的材料，《孔子家语》宝贵的价值和优越性就会凸显出来。只要认真研究《孔子家语》，就不难看到其重要的价值。《孔子家语》的资料有许多明显胜于其他古籍，其价值出乎我们的想象。对于孔子研究来说，其价值绝不在《论语》之下。

受疑古思潮影响，以往有不少人对《孔子家语》的价值认识不清，如清人崔述《洙泗考信录》说："取所采之书，与《孔子家语》比而观之，则其所增损改易者，文必冗弱，辞必浅陋，远不如其本书，甚或失其本来之旨。"其实，如果认真对比，就不难发现崔述所论有极强的主观色彩。

当进入《孔子家语》所展现的思想世界时，我们不能不惊叹于其丰富深厚的内容！儒家典籍有"四书"，加上《孔子家语》，儒学可有"五书"之说。要全面准确了解孔子和早期儒家学说，《孔子家语》不可或缺。与《论语》的简略相比，它有完整的场面；与《大学》《中庸》作为专题论文相比，它的思想更为全面；《史记》记录了孔子事迹，但《孔子家语》时代更早，内容更多，更加准确。要真正走近孔子，深入理解中国智慧，绝不可舍弃《孔子家语》！

卷一

相鲁 第一

在先秦时期，比之经济、文化，政治生活在整个社会中占据了主导地位。孔子所创立的儒学，关心民生疾苦、国家走向，致力于社会稳定，与社会现实紧密地联系在一起。儒学的目标是走向人心，走向天下。人心与天下是儒家学派关注的重点，而教化人心、化育天下便离不开政治生活。

《孔子家语》并非材料的随意堆砌与罗列，首篇以"相鲁"为题，有着特定的内涵与深意，它向我们展现了一个为政的孔子形象。本篇讲述了孔子执政于鲁国期间的政绩，显示出孔子卓越的政治才能。

孔子认为，应为政以礼。而用礼制治国，不是死板地遵守行为规范，以礼制行事，要求和、求用。"和"从内在来讲，是事物自身圆满的发展状态；从外在来讲，是事情的圆满解决，是求用的层面。两个方面都要求合理、合时、合序、合人心，也要合天道。

> 孔子为中都宰时，制定了"养生送死"的礼节，行之一年，各地诸侯纷纷效仿；改任司空后，他"别五土之性，而物各得其所生之宜"，还趁机劝导季桓子，把别葬的昭公同诸先公的坟墓合为一处；升为大司寇后，他"设法而不用"，没有侵扰百姓。
>
> 在齐鲁夹谷之会中，孔子根据齐鲁两国的实力对比和两国不同的心态，向鲁定公提出"有文事者，必有武备；有武事者，必有文备"的观点。而孔子隳三都之举更在于强公室、弱私家，这体现了他"君君，臣臣，父父，子子"的政治思想。然而，三桓专政时期的鲁国使孔子没有办法进一步施展他的政治才能。

孔子初仕，为中都宰①，制②为养生送死之节③：长幼异食，强弱异任，男女别涂④，路无拾遗⑤，器不雕伪⑥。为四寸之棺、五寸之椁⑦，因⑧丘陵为坟，不封不树⑨。行之一年，而西方之诸侯则焉。

定公⑩谓孔子曰："学子此法以治鲁国，何如？"孔子对曰："虽天下可乎，何但⑪鲁国而已哉！"于是二年，定公以为司空⑫。乃别五土⑬之性，而物各得其所生之宜⑭，咸得厥所⑮。

先时，季氏葬昭公于墓道之南⑯，孔子沟而合诸墓焉。谓季桓子⑰曰："贬君以彰己罪，非礼也。今合之，所以掩⑱夫子⑲之不臣⑳。"由司空为鲁大司寇㉑，设法而不用，无奸民㉒。

◎**注释** ①〔中都宰〕中都的地方官。中都，鲁邑，今山东汶上西。周时把有宗庙或先君神主的城叫都，没有的叫邑。宰，古代官吏的通称，殷代开始设置，掌管家

◎ 相鲁第一

务和家奴。西周时沿置，掌管王家内外事务。春秋时各国沿用，卿大夫的家臣和采邑的掌管都称"宰"，这里指地方长官。②〔制〕制定，用文字规定。③〔养生送死之节〕养生送死，指子女对父母生前的赡养和死后的殡葬。节，礼节，符合社会道德规范的行为举止。④〔男女别涂〕男子与女子走路分左右。涂，通"途"，道路。⑤〔路无拾遗〕指东西掉在地上，不能捡起据为己有，形容社会风气好。今有成语"路不拾遗"。⑥〔雕伪〕指刻意地纹饰、雕画。雕，用彩绘、花纹来装饰。伪，人为，人工。⑦〔椁〕套在棺材外面的大棺材。士以上者下葬有棺有椁，下葬时有无椁是身份的象征。⑧〔因〕凭借，依靠。⑨〔不封不树〕不聚土成坟，不种植松柏。堆土为坟称"封"，种树做标记叫"树"。这是古代对士以上之人葬礼的规定，不同级别的人，葬礼的规格也不同。⑩〔定公〕即鲁定公，名宋，昭公之弟，继昭公为鲁君，前509年—前495年在位。⑪〔但〕只。⑫〔司空〕负责土地管理和工程建设的长官。⑬〔五土〕五种土地，指山林、川泽、丘陵、坟衍、原野。⑭〔宜〕正当的道理，适当的方法或地位。⑮〔咸得厥所〕咸，都，全。厥，代词，其。所，适宜，适当。⑯〔先时，季氏葬昭公于墓道之南〕先时，以前，开始的时候。季氏，指季平子。季平子曾放逐昭公，昭公死于乾侯，平子把他埋葬在鲁国先公墓区的南面，不让他靠近鲁国先公，以示贬义。⑰〔季桓子〕季平子之子，继承平子之位而执政鲁国。⑱〔捂〕通"掩"，掩藏，遮蔽。⑲〔夫子〕古时对男子的尊称，这里指桓子的父亲季平子。⑳〔不臣〕不守臣节，不合臣道。㉑〔大司寇〕中国古代官职名。夏商时已经沿用，周代为六卿之一，曰秋官大司寇，下设小司寇，掌管刑狱、纠察等事，春秋列国大多也设此官职。至清代时，称刑部尚书为大司寇，侍郎为少司寇。㉒〔奸民〕扰乱百姓。奸，通"干"，干扰，扰乱，侵犯。《左传·庄公二十年》："奸王之位，祸孰大焉？"杜预注："奸，音干。"《左传·襄公十四年》："君制其国，臣敢奸之？虽奸之，庸知愈乎？"杜预注："奸，犯也。"

◎ **大意** 孔子从政，做了中都的长官，制定了使百姓生有保障、死得安葬的礼节：按照年纪的长幼享有不同的食物；根据能力的大小分配不同的任务；男女在路上行走时各走一边；捡到行人遗失的物品不能据为己有；制作器物不刻意纹饰雕画；安葬死者时用四寸厚的棺、五寸厚的椁；凭依丘陵修坟；不聚土成坟，墓地不种植松柏。礼节实行一年之后，西方各诸侯国纷纷效法。

鲁定公对孔子说："学习先生的方法来治理整个鲁国，怎么样呢？"孔子回答说:"即使治理天下也是可以的,何况只是一个鲁国呢!"这之后的第二年,鲁定公让孔子担任司空一职。孔子根据土地的性质,把它们分为山林、川泽、丘陵、坟衍、原野五类,各种作物种植在适宜的环境里,都得到了很好的生长。

早先,季平子把昭公埋葬在鲁国先公墓区的南面,孔子(做司空后)把昭公和诸先公的墓地合为一处。(他)对季桓子说:"贬抑君主,同时还显示自己的罪过,是不合礼制的。现在把墓地合为一处,是为了掩饰令尊不合臣子的行为。"后来孔子又由司空升为大司寇,制定了法令却无须使用,并不侵扰百姓。

定公与齐侯会于夹谷①,**孔子摄相事**②,**曰:"臣闻有文事者,必有武备;有武事者,必有文备**③。**古者诸侯并**④**出疆,必具官**⑤**以从,请具左右司马**⑥。**"定公从之。**

至会所,为坛位⑦,**土阶三等,以遇礼**⑧**相见,揖让**⑨**而登,献酢**⑩**既毕,齐使莱人以兵鼓譟**⑪,**劫**⑫**定公。孔子历**⑬**阶而进,以公退,曰:"士以兵之!吾两君为好,裔夷之俘**⑭**敢以兵乱之,非齐君所以命诸侯也。裔不谋夏,夷不乱华,俘不干盟,兵不逼**⑮**好,于神为不祥,于德为愆**⑯**义,于人为失礼,君必不然。"齐侯心怍,麾**⑰**而避之。有顷,齐奏宫中之乐,俳优侏儒戏于前**⑱。**孔子趋**⑲**进,历阶而上,不尽一等,曰:"匹夫荧侮**⑳**诸侯者,罪应诛,请右司马速加刑焉。"于是斩侏儒,手足异处。齐侯惧,有惭色。**

◎**注释** ①〔定公与齐侯会于夹谷〕齐侯,齐国国君,这里指齐景公。会,盟会,会盟。夹谷,古地名,春秋时属齐地。②〔摄相事〕兼任为国君主持礼仪的官职。摄,主持。相,主持礼仪的人,在重大场合为国君主持典礼,一般由士卿大夫担任。③〔有文事者,必有武备;有武事者,必有文备〕文事,文德教化之事,或非军事方面的事情。武备,军备,指武装力量、军事装备等。武事,与军队或战争有关的事情。文备,指文教礼乐等方面的措施。④〔并〕普遍,完全。⑤〔具官〕配置相应的官员。具,配置,设置。⑥〔司马〕掌管军政和军赋的长官。⑦〔坛位〕

即坛席。除地为坛，上设席位，表示礼遇隆重。坛，高台，古代祭祀天地、帝王、远祖，或举行朝会、盟誓及拜将的场所，多用土石等建成。⑧〔遇礼〕会遇之礼，礼之简略者。⑨〔揖让〕宾主相见的礼仪。⑩〔献酢〕宾主互相敬酒。主人敬客人为献，客人用酒回敬主人为酢。⑪〔鼓噪〕原指古代出战时擂鼓呐喊，引申为喧嚷、起哄。噪，通"噪"，指大声喧哗、叫嚷。王肃注："雷鼓曰噪。"⑫〔劫〕威胁，威逼。⑬〔历〕越过。⑭〔裔夷之俘〕指莱国人，莱国在公元前567年为齐所灭，故称"俘"。裔，中原之外的边远地区。夷，边远地区的少数民族。⑮〔逼〕强迫。⑯〔愆〕错误，过错，引申为违反、违背。⑰〔麾〕通"挥"，挥手。本义为古代供指挥用的旌旗。⑱〔俳优侏儒戏于前〕俳优，演滑稽戏的艺人。侏儒，身材异常短小者，此指侏儒中充任优伶、乐师者。戏，指表演歌舞杂技等。⑲〔趋〕小步疾走，快步走。⑳〔荧侮〕荧，迷惑。侮，傲慢。

◎ **大意** 鲁定公与齐景公在夹谷会盟，孔子兼任为国君主持礼仪的官职。孔子对定公说："臣听说，举行和平盟会一定要有武力作为后盾，举行军事活动也一定要有和平外交的准备。古时诸侯离开疆土，出行在外，一定会配备必要的官员随行，请带上左右司马。"定公听从了孔子的建议。

到了会盟的地方，筑起盟会的高台，土坛设立三个台阶。定公与齐景公以诸侯之间的会遇之礼相见，行揖让之礼后登上土坛。相互敬酒以后，齐国指使莱人持兵器鼓噪、喧哗，企图威逼定公。孔子快步登上土坛，保护鲁定公退避，并说："士兵们，拿起武器战斗！我们两国国君在此友好会盟，裔夷之俘竟敢拿着武器行暴，齐国国君不应该是这样号令诸侯的。边远地区不能图谋中国，夷狄之族不能侵扰华夏，俘虏不可扰乱盟会，武力不能威逼友好，这样做于神灵是不祥的，于德行是违背的，于人是失礼的，齐侯必然不会这样做吧？"齐景公感到惭愧，挥手让莱人退了下去。过了一会儿，齐国一方奏起宫廷音乐，俳优、侏儒在坛前表演歌舞、杂技等。孔子快步上前，一步一个台阶，站在中间的台阶上说："平民敢有迷惑、侮辱诸侯的，其罪当斩，请右司马立刻行刑。"于是斩杀了侏儒，使其手足异处。齐侯对孔子有所畏惧，面露惭愧之色。

将盟，齐人加载书①曰："齐师出境，而不以兵车三百乘从我者，有如②此盟。"孔子使兹无还③对曰："而不返我汶阳之田④，吾以供命⑤者，亦如之。"齐侯将设享礼⑥，孔子谓梁丘据曰："齐鲁之故⑦，吾子⑧何不闻焉？事既成矣，而又享之，是勤执事。且牺象⑨不出门，嘉乐不野合⑩。享而既具，是弃礼也。若其不具，是用秕稗⑪。用秕稗君辱，弃礼名恶，子盍图之！夫享，所以昭德也。不昭，不如其已。"乃不果享。

齐侯归，责其群臣曰："鲁以君子道辅其君，而子独以夷狄道教寡人⑫，使得罪。"于是乃归所侵鲁之四邑⑬及汶阳之田。

◎ **注释** ①〔载书〕盟书。会盟时订立的誓约文件，有时简称为"载"或"书"。②〔有如〕古人誓词中常用语。③〔兹无还〕人名，鲁国大夫。④〔汶阳之田〕春秋时期鲁国属地，在今山东泰安西南一带。地近齐国，数为齐所侵夺，是齐鲁两诸侯国多次发生纠纷的地方。⑤〔供命〕执行命令，听从差遣。⑥〔享礼〕宴享之礼，使臣向朝聘国君主进献礼物的仪式。下文"而又享之""乃不果享"中的"享"是动词，"举行宴享之礼"的意思。⑦〔故〕旧典，成例。⑧〔吾子〕对对方的敬爱之称，一般用于男子之间。⑨〔牺象〕指酒具，作牺牛及象之形于其背，故称。⑩〔野合〕在旷野演奏音乐。⑪〔秕稗〕比喻没有价值的或无用的东西。秕，谷之不成者。稗，草之似谷者。⑫〔寡人〕寡德之人。古代天子、诸侯的自谦之辞。⑬〔四邑〕指郓、欢、龟、阴四座城邑。

◎ **大意** 将要盟誓的时候，齐国人在盟书上加了一段话："齐国军队出境作战，鲁国不能以三百辆战车随行，以此盟书为证来受惩。"孔子让兹无还在盟书中反击说："如果齐国不归还我们的汶阳，却要我们满足齐国的要求，也以此盟书为证来受罚。"齐侯将要设宴享之礼款待定公。孔子对齐国大夫梁丘据说："齐、鲁传统的礼节，阁下难道没听说过吗？事情已经完成了，却又设宴享之礼，是徒然辛苦你们办事的官员。况且，牺樽、象樽等酒具不能出宫门，宫廷音乐也不能在旷野演奏。如果在此举行宴享之礼，并一切齐备，是背弃礼仪；如果举行宴享之礼而又简单从事，就如同使用轻贱的秕稗代替谷物（一样不郑重）。使用轻贱的秕稗，是侮辱君主，背弃礼仪也会名誉扫地，先生为什么不慎重考虑一下呢！所谓宴享之礼，是为了昭明德行；不能昭明德行，还不如停止。"于是就没有举行宴享之礼。

齐景公回到都城以后，责备群臣说："鲁国的臣属以君子之道辅佐他们的君主，而你们偏偏以夷狄之道辅助我，以致得罪了鲁国。"于是就归还了以前侵占的鲁国的四个城邑和汶阳之地。

孔子言于定公曰："家不藏甲，邑无百雉之城①，古之制也。今三家②过制，请皆损之。"乃使季氏宰仲由③堕三都④。叔孙不得意于季氏，因费宰公山弗扰⑤率费人以袭鲁。孔子以公与季孙、叔孙、孟孙入于季氏之宫，登武子之台。费人攻之，及台侧，孔子命申句须、乐颀勒⑥士众下伐之，费人北⑦，遂堕三都之城⑧。强公室，弱私家，尊君卑臣，政化大行。

初，鲁之贩羊有沈犹氏⑨者，常朝饮其羊以诈市人⑩；有公慎氏者，妻淫不制⑪；有慎溃氏，奢侈逾⑫法；鲁之鬻⑬六畜者，饰之以储价⑭。及孔子之为政也，则沈犹氏不敢朝饮其羊，公慎氏出其妻，慎溃氏越境而徙，三月，则鬻牛马者不储价，卖羊豚者不加饰。男女行者别其涂，道不拾遗。男尚忠信，女尚贞顺。四方客至于邑，不求有司⑮，皆如归焉。

◎**注释** ①〔百雉之城〕雉，古代计算城墙面积的单位，长三丈、高一丈为一雉。古代都邑四周的城垣一般分两重，里为城，外为郭。城字单举时，指城与郭；与郭对举时，单指城。②〔三家〕指季孙、叔孙、孟孙三家。他们都是春秋初鲁桓公的后裔，又称"三桓"。三大家族在春秋后期发展壮大，长期把持鲁国政权，其中又以季氏势力最大。③〔仲由〕即子路，又称季路，鲁国卞（今山东泗水）人，孔子弟子，以勇敢和善政事著称。时为季氏家臣，后死于卫国内乱。④〔三都〕指季孙氏之费、叔孙氏之郈（hòu）、孟孙氏之成。⑤〔因费宰公山弗扰〕费，古地名，春秋鲁邑，曾赐予季氏，在今山东费县西北。公山弗扰，人名，疑即《左传》定公五年、八年、十二年及哀公八年提到的"公山不狃（niǔ）"，此处所叙史实与《左传·定公十二年》所记不狃反叛鲁国的事实相符。⑥〔勒〕统帅。⑦〔北〕失败，败逃。⑧〔遂隳三都之城〕据《左传》《史记》等文献记载，费、郈被毁，而孟孙氏之成却不了了之。⑨〔沈犹氏〕与下文"公慎氏""慎溃氏"都指某一家族。⑩〔市人〕指买羊的人。⑪〔制〕裁决，决断。⑫〔逾〕越过，超过。⑬〔鬻〕卖，出售。⑭〔储价〕抬高物价。亦作"储贾""豫价"。储，夸大，欺诳。⑮〔有司〕古代设官分职，各有专司，故称有司。

◎**大意**　孔子对定公说："卿大夫不能私自拥有武器、军队，封邑的城墙不能超过百雉，这是自古以来的制度。现在三家都逾越了制度规定，请您全部予以削减。"于是命令季氏的家臣仲由毁坏三家都邑的城墙。此时，叔孙辄在叔孙氏家族中不得志，就依靠费邑的长官公山弗扰发动了叛乱，带领着费人进攻鲁都。孔子引领定公与季孙氏、叔孙氏、孟孙氏进入季氏的宫室，登上武子之台。费人进攻武子之台，到台边时，孔子命令申句须、乐颀率领士兵下台讨伐，费人大败。于是就拆毁了三家都城的城墙，强大了公室，削弱了卿大夫的势力，使君尊臣卑，各安其位，良好的政治教化遍及鲁国。

　　从前，鲁国有个叫沈犹氏的羊贩，常常在早晨给要出卖的羊饮水，以诓骗买羊的人；有个叫公慎氏的人，妻子淫乱他却制止不了；有个慎溃氏，生活奢侈，还无视法令；鲁国卖六畜的人，也修饰六畜以抬高物价。到孔子当政的时候，沈犹氏早晨不敢再给羊饮水，公慎氏休掉了他淫乱的妻子，慎溃氏迁离了鲁国。过了三个月，卖牛马的不再哄抬物价，卖猪羊的也不再修饰牲畜。男子与女子行路分左右，行人遗失的物品没有人据为己有，男子崇尚忠信，女子力求贞顺。四方的宾客到了鲁国，也无须向当地政府官员申诉什么，就像回到了自己家里。

始诛第二

《始诛》记述了孔子任鲁大司寇时,"诛"少正卯和处理父子争讼的事情,从中可以看到孔子的政治教化思想。《始诛》中讲:"既陈道德,以先服之;而犹不可,尚贤以劝之;又不可,即废之;又不可,而后以威惮之。若是三年,而百姓正矣。其有邪民不从化者,然后待之以刑,则民咸知罪矣。"此段内容集中展现了孔子德主刑辅的教化思想:首先通过自身行仁讲义,树立榜样;继而任命贤人,通过此项措施来教化百姓,同时也用政府的权威来引导众人,一段时间之后,民众自然就会从正道;倘若此时还有邪人,便要用刑法。孔子"诛"少正卯正是如此。少正卯身为大夫,不仅不能行正道化民,反而饰非结党,若不及时惩治,终会将社会引向恶途。

相对于严刑峻法,孔子更赞成化民成俗的政治思想。他认为,以德、礼治天下,民众才会"有耻且格",从而自觉地遵礼守道,真正实现天下大治。

> 孔子为鲁大司寇时，有父子讼者，孔子不予审理。《论语·子路》中也记有这样一件官司：叶公问孔子"其父攘羊，而子证之"如何，孔子认为应"父为子隐，子为父隐"，这与我国现代刑法中的"容隐权"相似，都是对人权的有效保护。他认为，为政者要爱人，而爱人是从爱自己的亲人开始的，"孝"正是爱人的感情起始。《论语·尧曰》记有孔子"不教而杀谓之虐；不戒视成谓之暴；慢令致期谓之贼"的言论。《孔子家语·刑政》记："圣人之治，化也，必刑政相参焉。太上以德教民，而以礼齐之。其次以政焉导民，以刑禁之，刑不刑也。化之弗变，导之弗从，伤义以败俗，于是乎用刑矣。"从中亦可看出孔子为政以德的思想。

孔子为鲁司寇，摄行相事，有喜色。

仲由问曰："由闻君子祸至不惧，福至不喜。今夫子得位而喜，何也？"

孔子曰："然，有是言也。不曰'乐以贵下人'乎？"于是朝政七日而诛①乱政大夫少正卯，戮之于两观之下②，尸③于朝三日。子贡进曰："夫少正卯，鲁之闻人④也，今夫子为政而始诛之，或者为失乎？"

孔子曰："居，吾语汝以其故。天下有大恶者五，而窃盗⑤不与焉。一曰心逆而险，二曰行僻而坚，三曰言伪⑥而辩，四曰记丑⑦而博，五曰顺⑧非而泽。此五者，有一于人，则不免君子之诛。而少正卯皆兼有之：其居处足以撮⑨徒成党，其谈说足以饰邪荣众⑩，其强御足以反是独立⑪。此乃人之奸雄者也，不可以不除。夫殷汤诛尹谐、文王诛潘正、周公诛管蔡、太公诛华士、管仲诛付乙、子产诛史何，是此七子皆异世而同诛者，以七子异世而同恶，故不可赦也。《诗》云'忧心悄悄，愠于群小'⑫，小人成群，斯足忧矣。"

◎**注释** ①〔诛〕惩罚，讨伐。②〔戮之于两观之下〕戮，羞辱。两观，宫门前两边的望楼。③〔尸〕本义为代祭之人，此指像代祭的人那样。④〔闻人〕为人所知的人。⑤〔窃盗〕窃，偷盗。盗，劫掠。⑥〔伪〕错误，差错。⑦〔丑〕不合乎道义。⑧〔顺〕通"训"，教导。⑨〔撮〕聚合，聚拢。⑩〔饰邪荣众〕粉饰邪恶，迷惑众人。邪，原作"褒"，据《荀子·宥坐》应为"饰邪荣众"。荣，通"荧"，迷惑。⑪〔反是独立〕违反原则而按照自己的意志行事。⑫〔忧心悄悄，愠于群小〕语出《诗经·邶风·柏舟》。

◎**大意** 孔子当了鲁国的大司寇，还兼任了为国君相礼的官职，脸上常有喜悦之色。

仲由问孔子："我听说君子祸患到了不害怕，福禄来了不欢喜。现在您因为得到了高官厚禄而显得非常愉悦，这是为什么呢？"

孔子说："是的，有这样的说法，但不是还有'显贵了仍以谦虚待人为乐事'的说法吗？"于是（孔子）当政七天便惩罚了扰乱政务的大夫少正卯，在宫门前两边的望楼下公开羞辱他，并把他绑着像代祭的人那样示众三天。子贡向孔子进言说："少正卯是鲁国知名的人物，现在您一当政就先惩罚了他，或许是不恰当的吧？"

孔子说："坐下来，我告诉你惩罚他的原因。天下大逆不道的恶行有五种，而盗窃并不在其中。一是思想悖逆而险恶，二是行为邪僻而坚定，三是言论错误而雄辩，四是记述不合乎道义的事物并十分广博，五是教人不走正道而又广施恩惠。一个人只要具有这五种思想行为中的一种，就免不了君子的惩罚。而少正卯兼而有之：其举止足以聚徒成群，结党营私；其言谈足以粉饰邪恶，迷惑众人；其桀骜不驯足以违反原则而按照自己的意志行事。他是人中的奸雄啊，不可以不整治。当初殷汤诛尹谐，文王诛潘正，周公诛管叔、蔡叔，太公诛华士，管仲诛付乙，子产诛史何，这七人虽处在不同的时代但同样被诛，就是因为他们的罪恶是相同的，因此都是不可以赦免的。《诗》中说'忧虑重重难除掉，成群小人太可恼'，小人成群，这太令人担忧了！"

孔子为鲁大司寇，有父子讼者，夫子同狴①执之，三月不别②。其父请止，夫子赦之焉。季孙闻之不悦，曰："司寇欺余。曩③告余曰：'国家必先以孝。'余今戮一不孝以教民孝，不亦可乎？而又赦，何哉？"冉有以告孔子。

子喟然叹曰："呜呼！上失其道而杀其下，非理也。不教以孝而听其狱，是杀不辜。三军大败，不可斩也；狱犴④不治，不可刑也。何者？上教之不行，罪不在民故也。夫慢令谨诛，贼⑤也；征敛无时，暴也；不试责成，虐也。政无此三者，然后刑可即也。《书》云：'义刑义杀，勿庸以即汝心，惟曰未有慎事⑥。'言必教而后刑也。既陈道德，以先服之；而犹不可，尚贤以劝之；又不可，即废之；又不可，而后以威惮之。若是三年，而百姓正矣。其有邪民不从化者，然后待之以刑，则民咸知罪矣。《诗》云：'天子是毗，俾民不迷。'⑦是以威厉而不试，刑错⑧而不用。今世则不然，乱其教，繁其刑，使民迷惑而陷⑨焉，又从而制之，故刑弥繁，而盗不胜也。夫三尺之限⑩，空车不能登者，何哉？峻故也。百仞之山，重载陟⑪焉，何哉？陵迟⑫故也。今世俗之陵迟久矣，虽有刑法，民能勿逾乎？"

◎**注释** ①〔狴〕牢狱。本为兽名，因常画狴于狱门上，故用作牢狱的代称。②〔别〕审理。③〔曩〕以往，从前，过去。④〔狱犴〕古代乡亭的牢狱，引申为狱讼之事，亦作"犴狱"或"岸狱"。⑤〔贼〕残害，伤害。⑥〔勿庸以即汝心，惟曰未有慎事〕庸，用。即，就。慎，顺。⑦〔天子是毗，俾民不迷〕语出《诗经·小雅·节南山》。毗，辅佐，辅助。俾，使。⑧〔错〕放置，废置。⑨〔陷〕本义为坠入、掉进，这里是指因违反法令而陷入牢狱。⑩〔限〕阻隔或门槛。《荀子·宥坐》作"岸"，高地，水边高起的地方。⑪〔重载陟〕重载，古代称装满辎重等货物，也指装满货物的车。陟，由低处向高处走，攀登。⑫〔陵迟〕指斜坡和缓，逐步上升。下文中的"陵迟"，比喻事物逐渐发生变化，尤其指向坏的或差的方向逐渐发展。

◎ **大意**　孔子担任鲁国的大司寇时，有父子二人前来诉讼，孔子把他们关在一个牢房里，三个月不予审理。其中的父亲请求中止诉讼，孔子赦免了他们。季孙氏听说了这件事，不高兴地说："司寇欺骗我。从前他告诉我说：'治理国家，管理家族，必须先提倡孝道。'我今天杀掉一个不孝的人来教导民众严守孝道，不也是可以的吗？司寇却把这个人赦免了，为什么呢？"冉有把季氏的话告诉了孔子。

孔子感叹说："唉！在上位的人不行治国大道，却要杀掉有过失的老百姓，是不合理的。不能教育民众遵行孝道，却审理他们违反孝道的案子，是屠杀无辜的人。三军大败，是不能斩杀将士的；狱讼之事管理不善，不能轻易动用刑罚。为什么呢？是因为在上位的人推行教化不力，罪责不在老百姓呀。法令松弛，却处罚严厉，这是残害百姓；随意征收赋役，这是欺凌百姓；不经试行便责令成功，这是暴虐百姓。政治上没有这三种情况，才可以施行刑罚。《书》中说：'刑罚要以义为本，不可随心所欲，总是有不合自己心意的事情。'说的就是先行教化，而后施行刑罚。先是以道德教化的方法在民间推行，自己首先要身体力行以使百姓信服；如果这样还不行，再以尊崇贤人的方法勉励百姓；如果这样还不行，就放弃他；如果还是不行，才可以以教令的威势使百姓忌惮。如此进行三年，百姓就步入正途了。如有奸邪之徒不听从教化，再以刑罚对待这种人，那么，百姓就都知道什么是犯罪行为了。《诗》中说：'尽力辅佐天子，百姓心里不疑惑。'因此，威势悍压不施行，刑罚放置不用。当今之世不是这样，教化混乱，刑罚繁多，只能使百姓更加疑惑而触犯刑罚，如此再加以遏止，所以就出现了刑罚越多却越禁止不了犯罪的情况。三尺的高度，空载的车子不能越过，为什么呢？这是陡峭的缘故。百仞高的山岭，重载的车子可以翻越，为什么呢？这是由于山岭斜坡和缓。现在社会风气败坏已久，即使有刑法的存在，百姓又怎能不违反呢？"

王言解 第三

《王言解》记述了孔子的王道言论。王道便是"王天下之道",简而言之,能在天下通行的道,必然是深入人心的道,此便是"王道"。在儒家这里,天下与人心紧密相连。孔子心目中的王道政治,正是要求为政者从人内心向善、向美、求和的意愿出发,在整个社会中传播正确的价值观,把握好社会发展的方向,通过教化等方式引导绝大多数民众。

在《王言解》中,孔子开篇论及"道"与"德"的辩证关系。他认为:"夫道者,所以明德也;德者,所以尊道也。是以非德道不尊,非道德不明。"于社会来说,"道"是约束人们内心与行为的准则,它表现为风俗、法律、政令、礼制等;而"德"是每个人得之于天、内化于心、外在于行的内容。"道"与"德"的辩证关系说明,个人行为与社会价值密不可分。人道的价值需要我们每个人去维护、去引导,大到一个社会、一个国家,小到一个班级、一个家庭都是如此。而王道的推行，又会使社会中的每个人都能达到"自善"的境地。

　　针对如何实现王道政治的问题，本篇提出"七教""三至"的具体方法。"七教"正是《大学》里讲的絜矩之道。絜矩之道的核心是忠恕。忠恕被誉为现代社会交往中的金科玉律，它是人际交往中最基本、最广泛的原则，也是最高的原则。忠恕的含义是推己及人，只有尊重他人、了解他人，才能逐步建立和谐的世界。"七教"是内修，是通过加强个人的修养，外化地影响他人。孔子讲："政教定，则本正也。凡上者，民之表也，表正则何物不正？""七教"正是要为政者以身作则，培养百姓孝、悌、宽和、友贤、不隐、耻争、有节的品德。

　　"三至"阐述了为政者应使贤人在位的思想。《中庸》里讲"为政在人""其人存，则其政举；其人亡，则其政息"，贤人在位，能推行善政，使"枉者直"，人人各得其位。

　　通过学习本篇，我们可以了解孔子"王道"的政治理想和"七教""三至"的政治模式，能够更切实地感受个人与集体、"道"与"德"的关系，从而树立起正确的价值观。

　　该篇还见于《大戴礼记·主言》篇。如果将本篇和《大戴礼记·主言》篇对读，就会发现，本篇中的所有"王"在《大戴礼记·主言》篇中，大多作"主"字。《大戴礼记》的编纂者戴德处于西汉后期，而汉代的政治带有威权政治的色彩，政治斗争的主题也一度是削藩，因此，很可能是戴德为避讳而将"王"改为"主"。两相对照，《孔子家语》材料的真实性和原始性便可显现出来。

孔子闲居①，曾参②侍。

孔子曰："参乎！今之君子③，唯士与大夫之言可闻也。至于君子之言者，希也。於乎④！吾以王言之，其不出户牖⑤而化天下。"

曾子起，下席而对曰："敢问何谓王之言？"

孔子不应。曾子曰："侍夫子之闲也，难对，是以敢问。"

孔子又不应。曾子肃然而惧，抠衣⑥而退，负席⑦而立。

有顷，孔子叹息，顾谓曾子曰："参，汝可语明王之道⑧与？"

曾子曰："非敢以为足也，请因所闻而学焉。"子曰："居，吾语汝。夫道者，所以明德也；德者，所以尊道也。是以非德道不尊，非道德不明。虽有国之良马，不以其道服⑨乘之，不可以道⑩里。虽有博地众民，不以其道治之，不可以致霸王⑪。是故昔者明王内修七教，外行三至⑫。七教修然后可以守，三至行然后可以征。明王之道，其守也，则必折冲⑬千里之外；其征也，则必还师衽席⑭之上。故曰内修七教而上不劳，外行三至而财不费。此之谓明王之道也。"

曾子曰："不劳不费之谓明王，可得闻乎？"孔子曰："昔者帝舜左禹而右皋陶⑮，不下席而天下治。夫如此，何上之劳乎？政之不平，君之患也；令之不行，臣之罪也。若乃十一而税⑯，用民之力，岁不过三日，入山泽以其时而无征，关讥市廛⑰皆不收赋，此则生财之路，而明王节之，何财之费乎？"

曾子曰："敢问何谓七教？"孔子曰："上敬老则下益孝，上尊齿⑱则下益悌⑲，上乐施则下益宽，上亲贤则下择友，上好德则下不隐⑳，上恶贪则下耻争，上廉让则下耻节，此之谓七教。七教者，治民之本也。政教定，则本正也。凡上者，民之表也，表正则何物不正？是故人君先立仁于己，然后大夫忠而士信，民敦俗璞㉑，男悫㉒而女贞，六者，教之致也！布诸天下四方而不窕㉓，纳诸寻常㉔之室而不塞，等之以礼，立之以义，行之以顺，则民之弃恶，如汤之灌雪焉。"

◎ **注释** ① 〔孔子闲居〕孔子，原本作"曾子"，据同文本、陈本及文义改。闲居，闲暇之时，指赋闲在家。② 〔曾参〕孔子弟子。鲁国人，字子舆，以孝行著称。③ 〔君子〕古人称"君子"有多种含义，一般指道德高尚的人，这里指有官职在身的人。④ 〔於乎〕同"呜呼"，感叹词。⑤ 〔户牖（yǒu）〕门和窗户。户，单扇门。牖，窗户。⑥ 〔抠衣〕提起衣服的前襟，表示对人的尊敬。抠，抓，提。⑦ 〔负席〕背向席子。⑧ 〔明王之道〕圣明君主的治国之道。⑨ 〔服〕使用。⑩ 〔道〕通"蹈"，赴。⑪ 〔致霸王〕实现王霸之业。致，获得，达到。霸王，霸业或王业。⑫ 〔至〕最高的。⑬ 〔折冲〕克敌制胜。折，挫败。冲，指敌方的冲锋战车。⑭ 〔还师衽席〕指平安还师。衽席，卧具。⑮ 〔昔者帝舜左禹而右皋陶（gāo yáo）〕过去，舜帝有禹和皋陶辅佐。昔者，从前。帝舜，五帝之一，姚姓，有虞氏，名重华，史称虞舜或舜。他是我国父系氏族社会后期部落联盟的贤明首领，是儒家推崇的古代圣君。禹，古代部落联盟的领袖。他曾奉舜命治理洪水，率领百姓疏通江河，发展农业。据传他治水十三年，三过家门而不入，后成为夏朝开国君主。皋陶，舜的大臣。⑯ 〔若乃十一而税〕若乃，如果。十一而税，实行十分之一的税率，是儒家所倡导的。⑰ 〔关讥市廛（chán）〕关卡检查及市场中的店铺。讥，稽查，盘问。市廛，市场中的店铺。廛，特指公家所建供商人存储货物的邸舍。⑱ 〔尊齿〕以年龄长幼排列尊卑先后。齿，指人的年龄。⑲ 〔悌〕敬爱兄长。⑳ 〔隐〕隐居，隐藏。㉑ 〔璞〕未雕琢过的玉石，或指包藏着玉的石头，比喻人的天真状态。㉒ 〔悫（què）〕恭谨，厚道，朴实。㉓ 〔窕〕间隙，未充满。原作"怨"，据同文本、陈本改。㉔ 〔寻常〕古代的长度单位。八尺为寻，一丈六尺为常。

◎ **大意** 孔子闲居在家，曾参陪侍。

孔子说："曾参！现在的国君只可以听到士与大夫的一般言论，至于治国安天下的君子之言，听到的就很少了。唉！我用王道言论相告，会使在上位的人足不出户就能化行天下。"

曾子站起来，离开座席，回答孔子："冒昧地问一句，什么是王道言论？"

孔子不回答。曾子说："现在正赶上您在家闲居，我对此难以理解，所以才冒昧地问您。"

　　孔子还是不回答。曾子十分惶恐，提起衣襟向后退，背对座位站立。

　　一会儿，孔子长叹一声，回头对曾子说："曾参，可以同你谈论圣王之道的问题吗？"

　　曾子说："我不敢以为自己有能力同您谈论这个问题，还是让我根据您所讲的来学习吧。"孔子说："坐下来，我告诉你。道义是用来彰显德行的，德行是用来尊崇道义的。所以，没有德行，道义就得不到尊崇；没有道义，德行就得不到彰显。即使有全国最好的马，如果不以正确的方法驾驭，一定是寸步难行。虽然国土广阔，人口众多，如果不以正确的统治方法治理，也难以实现王霸之道。因此，过去的圣明君主对内修行七教，对外实行三至。七教的工作做好了，可以守卫国家；三至的目标实现了，可以对外征讨。圣明君主的治国之道，如果用以守卫国家，那一定能拒敌于千里之外；如果用以对外征讨，也一定可以平安还师。因此说，对内推行七教，君主就不会劳顿；对外实行三至，国家也不会耗费财富。这就是圣明君主的治国之道。"

　　曾子说："君主不劳顿，国家也不耗费财富，叫作圣明君主的治国之道，您能告诉我其中的道理吗？"孔子说："过去，舜帝有禹和皋陶辅佐，不出屋门而天下大治，这样，君主劳顿什么呢？政事得不到治理，是君主的忧患；教令得不到贯彻，是臣子的罪过。如果赋税收取十分之一，役使民力一年不超过三天，按季节让百姓进入山川渔猎而不征税，关卡、市场只是检查而不征收赋税，这些都是国家扩大财源的途径，而圣明君主节制使用，财富怎么会耗费呢？"

　　曾子说："请问什么是'七教'呢？"孔子说："在上位的人尊敬老人，那么百姓会更加孝顺父母；在上位的人以年龄长幼排列尊卑先后，百姓对年长于自己的人也会更加恭敬；在上位的人乐善好施，百姓也会更加仁慈宽厚；在上位的人亲近贤人，百姓也会选择品行端正的朋友；在上位的人推崇德行，百姓就不会隐居不仕；在上位的人憎恶贪婪，百姓就会以争夺为耻；在上位的人清廉礼让，百姓也会以不讲礼节为耻，这就是所谓的七种教化。这七种教化，是治理民众的根本。如果确定了这种政治教化的基本原则，那么治理国家的根本就端正了。在上位的人，是百姓的表率。表率端正了，什么事物不能端正呢？所以，君主首先要身体力行，施行仁道，然后大夫忠诚而士人讲信义，百姓忠厚，风俗淳朴，男子讲求忠诚，而女子力求贞顺。实现了这六个方面，就达到教化的最高境界了！

◎王言解第三

推广到天下四方，无所不至；遍及百姓之家，无所阻塞，以礼制来区别它的贯彻实施，以信义作为它的实行基础，以和顺作为它的推行方式，那么，百姓摒弃恶行，就如同用热水浇灌积雪使之融化一样容易了。"

曾子曰："道则至矣，弟子不足以明之。"孔子曰："参以为姑①止乎？又有焉。昔者明王之治民也，法必裂地以封之，分属以理之，然后贤民无所隐，暴民无所伏。使有司日省②而时考之，进用贤良，退贬不肖③，然则贤者悦而不肖者惧。哀鳏寡④，养孤独⑤，恤贫穷，诱⑥孝悌，选才能。此七者修，则四海之内无刑民矣。上之亲下也，如手足之于腹心；下之亲上也，如幼子之于慈母矣。上下相亲如此，故令则从，施则行，民怀其德，近者悦服⑦，远者来附⑧，政之致也。夫布⑨指知寸，布手知尺，舒肘知寻，斯不远之则也。周制三百步为里，千步为井，三井而埒⑩，埒三而矩，五十里而都，封百里而有国，乃为稌积资聚焉，恤行者之有亡⑪。是以蛮夷诸夏，虽衣冠不同，言语不合，莫不来宾⑫。故曰'无市而民不乏，无刑而民不乱'。田猎罩弋⑬，非以盈宫室也；征敛百姓，非以盈府库也。惨怛⑭以补不足，礼节以损有余，多信而寡貌⑮，其礼可守，其言可覆⑯，其迹可履。如饥而食，如渴而饮，民之信之，如寒暑之必验。故视远若迩，非道迩也，见明德也。是故兵革不动而威，用利不施而亲，万民怀其惠。此之谓明王之守⑰，折冲千里之外者也。"

曾子曰："敢问何谓三至？"孔子曰："至礼不让⑱而天下治，至赏不费而天下士悦，至乐无声而天下民和。明王笃⑲行三至，故天下之君可得而知，天下之士可得而臣，天下之民可得而用。"

曾子曰："敢问此义何谓？"孔子曰："古者明王必尽知天下良士之名，既知其名，又知其实，又知其数及其所在焉。然后因⑳天下之爵以尊之，此之谓至礼不让而天下治。因天下之禄以富天下之士，此之谓至赏不费而天下之士悦。如此则天下之名誉㉑兴焉，此之谓至乐无声而天下之民和。故曰：'所谓天下之至仁者，能合天下之至亲也；所谓天下之至明者，能举天下之至贤者也。'此三者咸㉒通，然后可以征。是故仁者莫大乎爱人，智者莫大乎知贤，贤政者莫大乎官能㉓。有土之君修此三者，则四海之内供命㉔而已矣。夫明王之所征，必道之所废者也。是故诛其君而改其政，吊㉕其民而不夺其财。故明王之政，犹时雨之降，降至则民悦矣。是故行施弥博，得亲弥众。此之谓还师衽席之上。"

◎**注释** ①〔姑〕姑且，暂且。②〔省〕视察。③〔不肖〕才智低劣的人，或品行不端的人。④〔鳏寡〕老而无妻和无夫的孤苦之人。⑤〔孤独〕无子和无父的孤苦之人。⑥〔诱〕教导，引导，劝导。⑦〔悦服〕心悦诚服。悦，高兴，愉快。⑧〔远者来附〕边远的民众主动归附。⑨〔布〕铺开，散开，分布。⑩〔埒(liè)〕本义为矮墙，场地四周的土围墙，这里指地域单位。⑪〔行者之有亡〕行者，出行在外的人。有亡，同"有无"，这里指财富的多寡。之，原脱，据四库本补。⑫〔莫不来宾〕没有不来归顺朝拜的。宾，服从。⑬〔罩弋〕罩，捕鱼的竹笼。弋，系有绳子的箭，用来射鸟。⑭〔惨怛(dá)〕悲痛，伤痛。⑮〔貌〕指与内心不符的外表掩饰。⑯〔覆〕贯彻，履行，印证。⑰〔守〕守国，指政会、政事。⑱〔至礼不让〕最高境界的礼制无须讲求谦让。⑲〔笃〕专一，纯一。⑳〔因〕凭借，依靠。㉑〔名誉〕原本前有"民"字，据陈本及文义删。㉒〔咸〕皆，都。㉓〔官能〕以有能之士为官。官，任命，使做官。㉔〔供命〕执行命令，听从差遣。㉕〔吊〕安慰，抚慰。

◎**大意** 曾子说："王道政治真是出神入化了，只是弟子还不是十分明白。"孔子说："曾参，你以为仅此而已吗？还有其他方面呢。过去的圣明君主治理百姓，还按照礼制划分不同的封地，委派官吏治理他们，因此，贤德的人无所退隐，凶悍的人无所隐藏。让有司经常视察地方官吏的所作所为，进用贤德俊才，废黜无德庸才，这样贤德的人愉悦而无德的小人畏惧。哀怜老而无妻和无夫的孤苦之人，抚养无子和无父的孤苦之人，救济贫穷无助的人，引导百姓孝亲尊长，选拔才能之士。如果一个国家做好这七个方面的工作，就不会有触犯法令的百姓了。这样，在上位的人亲近百姓，如同手足对于腹心一样；百姓亲近在上位的人，也如同幼子对于慈母一样。上下如此相亲，政令就得到遵从，措施也得以通行，百姓怀念在上位之人的德行，近处的人们心悦诚服，远方的民众主动归附，这是政治的最高境界了。伸出手指知道一寸的长度，伸开手掌知道一尺的长度，舒展肘臂知道一寻的长度，这都是身边的法则。按照周朝制度，以三百步为里，一千步为井，三井为埒，三埒为矩，方圆五十里可以建立都邑，方圆一百里可以建立国家，以此可以谋求福禄、积聚财富，让安居的人帮助居无定所的人。因此，无论是蛮夷之邦还是中原诸国，即使是衣冠不同、言语不和，也没有不来归附朝拜的。所以才有'没有市场，百姓却不会匮乏；没有刑罚，百姓也不混乱'的说法。捕鱼打猎不是为了充盈宫室，征收赋税不是为了充实府库。以伤痛之心对待百姓的物质匮乏，以礼节制度防止公私的奢侈糜烂，对百姓多一些诚信，少一些表面形式。这样，制定的礼制就能遵守，说出的话就能履行，做过的事也可以效法遵循。如同饥饿了要吃饭，口渴了要喝水一样，百姓信任在上位的人，如同相信寒暑季节一定会到来一样。因此，君主虽然不在百姓身边，但百姓时时能感觉到君主的存在，这不是百姓空间上与国君靠近，而是百姓领略到了国君的圣明德行。所以，圣明君主不动兵戈而威风凛凛，不用奖赏而百姓亲附，天下的百姓感念君主的仁德与恩惠。这就是所谓的圣明君主守国为政于内，能却敌于千里之外。"

曾子问："请问什么是'三至'呢？"孔子说："最高境界的礼制无须讲求谦让，而天下治理得井井有条；最高层次的奖赏用不着耗费（资财），而使天下的士人喜悦；最美妙的音乐没有声音，却能使天下的百姓和睦相处。圣明君主力行'三至'，那么，作为君主就会天下闻名，天下的仁人志士就会（向他）称臣（并）臣服于（他），天下的百姓就会为他所用。"

曾子说："请问其中的道理是什么呢？"孔子说："古代的圣明君主必定要知道天下贤德士人的名字，不仅要知道他们的名字，还要知道他们的实际才能、行为方式以及他们所在的地区。然后凭借天下的爵位尊崇他们，这叫作最高境界的礼制无须讲求谦让，而天下治理得井井有条。凭借天下的各种俸禄使贤德士人生活富足，这就是所谓的最高层次的奖赏用不着耗费（资财），而使天下的士人喜悦。这样，天下的人必然尽力追求名誉和声望，这就是所谓的最美妙的音乐没有声音，却能使天下的百姓和睦相处。所以说：'天下最仁德的人一定能团结天下最亲切的人，天下最贤明的人一定能举荐天下最有才能的人。'这三种最高的境界达到了，君主就可以对外征讨了。因此，对君主来说，最高的仁德在于爱护百姓，最高的智慧在于了解贤才，而最完善的政治在于任用贤才。如果拥有国土的君主做到了这三点，那么天下四方的人都会拥戴他而甘愿听从（他的）差遣。圣明君主所征伐的对象，一定是废弃道义、荒废礼法的国家，因此诛杀其国君，改变其混乱政治，抚慰其百姓却不掠夺他们的财物。因此，圣明君主的贤明政治，如同天降时雨，落下来百姓就高兴。因此，德政教化施行得越广泛，亲附他的百姓就越多。这就是所谓的出征的军队平安还师。"

大婚解 第四

本篇是孔子与哀公关于婚姻意义的对话，其中涉及诸多孔子的政治思想，是研究孔子为政与伦理观念的重要资料。

"大婚"指的是天子、诸侯的婚娶。孔子从人谈起，认为"人道政为大"；提出"爱与敬"是"政之本"，而婚礼正是"爱"与"敬"的体现；能"成亲""成身"，从而使人道、天道合二为一。从个人的角度来说，婚姻是家庭的开始，家和方能万事兴。儒家讲求家齐而后国治，小家和才能有国家的兴盛繁荣。爱由亲始，敬由长始。仁爱之情始于家庭，人伦之道始于夫妇。夫妇之间只有相敬相爱，才能渐渐行及他人，故而儒家特别重视婚姻。

孔子指出诸侯的婚配是合乎天道的人道行为，这正是出于他本人对政治伦理的重视。孔子认为，君主为百姓作出表率，"则百姓从而正矣"。因此，为政首先应重视对君主品德的培养。

孔子侍坐于哀公①。

公问曰："敢问人道②孰为大？"孔子愀然作色③而对曰："君及此言也，百姓之惠也，固④臣敢无辞⑤而对。人道政为大。夫政者，正也。君为正，则百姓从而正矣。君之所为，百姓之所从。君不为正，百姓何所从乎？"

公曰："敢问为政⑥如之何？"孔子对曰："夫妇别，男女亲⑦，君臣信。三者正，则庶物⑧从之。"

公曰："寡人虽无能也，愿知所以行三者之道。可得闻乎？"孔子对曰："古之政，爱人为大⑨。所以治爱人，礼为大。所以治礼，敬为大。敬之至矣，大婚⑩为大。大婚至矣，冕而亲迎⑪。亲迎者，敬之也。是故君子兴敬为亲，舍敬则是遗亲也。弗亲弗敬，弗尊也。爱与敬，其政之本与！"

公曰："寡人愿有言也，然冕而亲迎，不已重乎？"孔子愀然作色而对曰："合二姓之好，以继先圣之后，以为天下宗庙社稷之主⑫。君何谓已重焉？"

公曰："寡人实固⑬，不固安得闻此言乎！寡人欲问，不能为辞，请少进⑭。"孔子曰："天地不合，万物不生。大婚，万世之嗣⑮也，君何谓已重焉？"

孔子遂言曰："内以治宗庙之礼，足以配天地之神；出以治直言之礼，以立上下之敬。物耻⑯则足以振之，国耻足以兴之。故为政先乎礼，礼，其政之本与！"

孔子遂言曰："昔三代明王⑰，必敬妻子也，盖有道焉。妻也者，亲之主也；子也者，亲之后也，敢不敬与？是故君子无不敬。敬也者，敬身为大。身也者，亲之支也，敢不敬与？不敬其身，是伤其亲；伤其亲，是伤本也；伤本，则支从之而亡。三者，百姓之象⑱

也。身以及身，子以及子，妃⑲以及妃。君以修此三者，则大化忾⑳乎天下矣。昔太王㉑之道也如此，国家顺矣。"

◎**注释** ①〔哀公〕鲁哀公，名蒋，又作将，定公之子，在位27年。因为曾经外逃于越国，所以也称出公。谥号为"哀"。②〔人道〕人间之道。古代常以人道与天道对应，认为人道应合于天道。③〔愀(qiǎo)然作色〕愀然，这里指神色变得严肃。作色，改变脸色。④〔固〕确实。⑤〔无辞〕不予推辞。⑥〔为政〕治理国家，执掌国政。⑦〔男女亲〕据《礼记》《大戴礼记》，应为"父子亲"。⑧〔庶物〕其他众多的事物，指百姓。庶，众多。⑨〔爱人为大〕爱护百姓是最重要的。爱人，爱护百姓，友爱他人。⑩〔大婚〕指天子或诸侯的婚娶。⑪〔冕而亲迎〕戴着礼帽亲自迎接。冕，古代帝王、诸侯及卿大夫所戴的礼帽。⑫〔以为天下宗庙社稷之主〕后嗣将成为天下、宗庙和国家的主人。宗庙，古代天子、诸侯祭祀祖先的地方。社稷，古代帝王诸侯所祭祀的土神和谷神，后都用作国家及其政权的代称。⑬〔固〕鄙陋，没有见识。⑭〔少进〕慢慢地做进一步的阐述。少，同"稍"，逐渐。⑮〔万世之嗣〕婚姻是延续后世的重大事情。⑯〔物耻〕即"人耻"，人知耻。⑰〔三代明王〕指夏、商、周三代的圣明君主。⑱〔象〕取法，效法。⑲〔妃〕泛指妻子。⑳〔忾(kài)〕遍及，充满。㉑〔太王〕即古公亶(dǎn)父，商朝时周族的著名领袖，周文王的祖父。

◎**大意** 孔子在哀公身边陪侍。哀公问孔子："请问人道中最重要的是什么？"

孔子十分严肃地说："您能谈到这个问题真是百姓的福分，我只能不加推辞地回答了。人道中最重要的是政治。政治，就是要实现正。只要君主能做到正，那么老百姓就能跟从君主做到正。君主的所作所为，是百姓学习的对象。君主不能做到正，百姓跟从君主学习什么呢？"

哀公说："请问怎样治理政事？"孔子回答说："夫妇之间区别尊卑，父子之间要讲亲情，君臣之间要讲诚信。这三个方面能做到正，那么其他事物也就合理了。"

哀公说："我虽然没有什么才能，但是希望知道怎样才能做好这三个方面。您能告诉我吗？"孔子回答道："古人治理政事，爱人是最重要的；要做到爱人，遵守礼制是最重要的；要实现遵守礼制的目的，庄敬的态度是最重要的；而最高的庄敬表现在天子、诸侯的婚姻中。天子、诸侯娶亲之时，要身穿礼服亲自迎接新妇。之所以要亲自迎接，是为了对新妇表示庄敬。因此，君子庄敬是为了表示亲情，放弃庄敬就是遗弃亲情。没有亲情、没有庄敬，就没有尊重。爱与敬，应该就是治理政事的根本吧！"

哀公说："我心里有句话想说，天子、诸侯穿上礼服亲自迎接（新妇），礼节是不是太隆重了呢？"孔子十分严肃地回答道："婚姻是两个家族的美满结合，以延续祖先的后嗣，而后嗣将成为天下、宗庙和国家的主人。您为什么说礼节太重了呢？"

哀公说："我实在是见识浅薄，如果不是见识浅薄，怎么能听到您这番话呢？我还想进一步请教您，但不知道说什么，请您慢慢地讲述。"孔子说："天地不能相合，万物就不能生长。天子、诸侯的婚姻，是延续万代的大事。您怎么说礼节太重了呢？"

孔子于是说："夫妇双方在家族内部主持宗庙的祭祀之礼，可以匹配天地神明；对外搞好国家的政治礼教，可以确立君臣上下的恭俭、庄敬。行政举措失当之处礼制能够匡救，国家面临耻辱时礼制可以扭转时局。因此治理政事，礼制是第一位的大事。礼制，应该就是政治的根本吧！"

孔子于是说："过去夏、商、周的圣明君王，一定要敬重自己的妻儿，这里面是有道理的。妻子是照料家族血亲的主妇，儿子是家族血亲的后代，怎么可以不敬重呢？因此君子没有不敬重的。敬重之中，敬重自身是最重要的。自身是家族延续的承担者，怎能不敬重呢？不敬重自身，就是伤害家族的血亲；伤害家族的血亲，就是伤害了家族的根本；伤害了家族的根本，那么，家族的支脉也将跟从灭绝。国君在这三个方面的表现正是百姓所要效法的。从自己想到百姓，从自己的儿子想到百姓的儿子，从自己的妻子想到百姓的妻子。国君做好这三个方面，那么至善的教化就能通行于天下了。过去太王的治国之道就是这样的，整个国家也就团结和睦了。"

公曰："敢问何谓'敬身'？"孔子对曰："君子过言①则民作辞②，过行则民作则③。言不过辞，动不过则，百姓恭敬以从命。若是则可谓能敬其身，敬其身则能成其亲④矣。"

公曰："何谓'成其亲'？"孔子对曰："君子者也，人之成名⑤也。百姓与名，谓之君子，则是成其亲，为君而为其子也。"孔子遂言曰："爱政而不能爱人，则不能成其身；不能成其身，则不能安其土；不能安其土，则不能乐天⑥。"

公曰："敢问何能'成身'？"孔子对曰："夫其行己不过乎物⑦，谓之成身，不过乎，合天道⑧也。"

公曰："君子何贵乎天道也？"孔子曰："贵其不已也。如日月东西相从而不已也，是天道也；不闭而能久，是天道也；无为而物成，是天道也；已成而明之，是天道也。"

公曰："寡人且愚冥，幸⑨烦子之于心。"孔子蹴然⑩避席而对曰："仁人不过乎物，孝子不过乎亲。是故仁人之事亲也如事天，事天如事亲，此谓孝子成身。"

公曰："寡人既闻如此言，无如后罪何？"孔子对曰："君之及此言，是臣之福也。"

◎**注释** ①〔过言〕不恰当的言辞。过，错误的或过分的。下文"言不过辞"中的"过"是"超过、越过"的意思。②〔作辞〕作为借口。辞，借口，口实。③〔作则〕作为效仿的法则，指统治者的言行即使错误也为百姓所效仿，后泛指做榜样。④〔成其亲〕成就自己双亲的声望。⑤〔成名〕尊显的名称。⑥〔乐天〕乐于顺应天道。⑦〔行己不过乎物〕处世行事遵从事物发展的自然法则。⑧〔天道〕指自然界的变化规律，与"人道"相对。⑨〔幸〕希望。⑩〔蹴（cù）然〕迅速的样子。

◎**大意** 哀公说："请问什么是'敬重自身'？"孔子回答："君子即使言语不当，百姓仍会奉为信条；即使行为不当，百姓也将奉为法则。因此，君子言行得当，百姓就能恭敬地听从号令。如果这样，就可以说是能敬重自身，也就能成就他的父母了。"

哀公说："什么叫作'成就他的父母'呢？"孔子回答："君子是一个崇高的名称，是百姓送的一种称号，叫作君之子，这样就成就了他的父亲为君，而他是君之子。"孔子于是说："注重治理政事却不能爱护百姓，就不能成就自身；不能成就自身，就不能安于故土；不能安于故土，就不能乐于顺应天道。"

哀公说："请问如何才能'成就自身'呢？"孔子回答："处世行事遵从事物发展的自然法则，叫作成就自身。不逾越事物发展的自然法则，是与天道相合的。"

哀公说："君子为什么要尊崇天道呢？"孔子说："尊崇天道的运动不止。就像日月东西相从循环不止，是天道的表现；运行无阻而永不止息，是天道的表现；无所作为而万物生成，是天道的表现；万物生成之后又予以彰显，是天道的表现。"

哀公说："我糊涂不能明白，请为我做进一步的阐释。"孔子迅速站起来，离开座席，回答："仁德的人做事不逾越事物发展的自然法则，孝子行事不超过父母的限度。因此，仁德的人侍奉父母如同遵从天道，遵从天道如同侍奉父母，这就叫作孝子成就自身。"

哀公说："我已经听了您这一番谈论，如果将来有了过失，那该怎么办呢？"孔子回答说："您能说出这番话，正是臣下的福分。"

儒行解
第五

孔子通过回答鲁哀公的问题，向鲁哀公讲述了儒者的德与行，表现了他心目中理想的儒者之行、儒者之风和儒者品格。孔子通过叙说儒者的自立、容貌、备预、近人、特立、刚毅、进仕、忧思、宽裕、交友、尊让等品格，将自己所认同的特立独行、卓尔不群、宽厚仁义、恭敬谦让、严于律己的儒者形象栩栩如生地描述出来。

需要注意的是，在孔子描述的众多儒者形象中，有些形象特征甚至有相反的地方，孔子描述的各色儒行也多有不同。儒家讲求"外圆内方""和而不同"，在外貌和行为上不拘一格，并不代表在儒者的内心中没有统一的价值观。

与《论语》中孔子论及的有关君子品格的言论相比，《儒行》更为集中地向我们展现了一个个形象更为丰满、生动的儒者。孔子的这些论述既是他自身人格的写照，也被后世儒者视为处世准绳。

孔子在卫①，冉求言于季孙②曰："国有圣人而不能用，欲以求治③，是犹却步而欲求及前人④，不可得已。今孔子在卫，卫将用之。己有才而以资⑤邻国，难以言智也。请以重币迎⑥之。"季孙以告哀公，公从之。

孔子既至⑦，舍哀公馆⑧焉。公自阼阶⑨，孔子宾阶⑩，升堂立侍。公曰："夫子之服，其儒服与？"孔子对曰："丘少居鲁，衣逢掖之衣⑪。长居宋，冠章甫⑫之冠。丘闻之，君子之学也博，其服以乡⑬，丘未知其为儒服也。"

公曰："敢问儒行⑭？"孔子曰："略言⑮之，则不能终⑯其物；悉数之，则留更仆⑰未可以对。"

◎ **注释** ①〔卫〕春秋国名。周武王之弟康叔的封地，其统治范围在今河北南部和河南北部一带。②〔冉求、季孙〕冉求，姓冉，名求，字子有。有才艺，以政事著称。季孙，季孙肥，即季康子。③〔治〕与"乱"相对，特指政治清明，社会安定。④〔犹却步而欲求及前人〕却步，往后退，倒退着走。及，赶上。前人，走在前面的人。⑤〔资〕供给，资助。⑥〔重币、迎〕重币，重金，厚礼。迎，接待，迎接。⑦〔既至〕到了以后。既，已经。⑧〔舍哀公馆〕舍，住宿，此处用作动词。馆，客舍。⑨〔阼阶〕即东阶，大堂前东面的台阶。在古代社会中士以上的贵族皆以阼为主人之位，临朝觐、揖宾客、承祭祀，出入皆经由此处。⑩〔宾阶〕即西阶。宾主相见，客人走西面的台阶，主人走东面的台阶。《仪礼·乡饮酒礼》："主人阼阶上……宾西阶上。"⑪〔衣逢掖之衣〕前"衣"用作动词，身穿、身着。后"衣"，名词，服装、服饰。逢，宽大。掖，即"腋"，肘腋，胳肢窝。⑫〔章甫〕商代流行的一种黑布帽子，周代宋国人继续沿用。或作"章父"。⑬〔乡〕入乡随俗。⑭〔儒行〕儒者日常的行为表现。⑮〔略言〕简略地说。⑯〔终〕尽，全。此指一一讲清楚。⑰〔留更仆〕留，时间久。更，更换，换班。仆，太仆，国君身边的侍卫者。

◎ **大意** 孔子在卫国时，冉求对季孙氏说："国家有圣贤之人却不能加以任用，这样想求得社会的清明安定，就好像人往后退，却想赶上前面的人，是不可能实

◎ 儒行解第五

现的。现在孔子在卫国，卫国将要对他委以重任。自己国家有人才却用以供给邻国，这很难说得上是明智的举动。请您用丰厚的聘礼把孔子迎接回来。"季孙氏把冉求的建议禀告给哀公，哀公听从了这一建议。

孔子回到鲁国后住在馆舍里，鲁哀公到孔子住的馆舍里造访。哀公从大堂东边的台阶走上去，孔子从西侧的台阶走上去。然后孔子登上厅堂，站着陪侍哀公。哀公问孔子："先生您穿的衣服，是儒者的衣服吗？"孔子回答："我小时候居住在鲁国，穿的是衣袖宽大的衣服。长大以后曾居住在宋国，戴的是殷商流行的章甫帽。我听说，君子的学问要广博，穿衣服也要入乡随俗，我不知道什么是儒者的衣服。"

鲁哀公问道："请您讲一讲儒者日常的行为表现，可以吗？"孔子回答："简单地讲这一问题，就不可能把事情说清楚，但要全部细说，需要很长的时间，讲到侍御的人换班，也难以讲完。"

哀公命席①。孔子侍坐，曰："儒有席上之珍②以待聘，夙夜强学③以待问，怀忠信以待举，力行以待取。其自立有如此者。

"儒有衣冠中④，动作顺⑤，其大让⑥如慢，小让⑦如伪。大则如威，小则如愧，难进而易退，粥粥⑧若无能也。其容貌有如此者。

"儒有居处齐难⑨，其起坐恭敬，言必诚信，行必忠正，道涂⑩不争险易之利，冬夏不争阴阳之和，爱其死⑪以有待也，养其身以有为也。其备预有如此者。

"儒有不宝⑫，而忠信以为宝；不祈⑬土地，而仁义以为土地；不求多积，多文以为富。难得而易禄⑭也，易禄而难畜⑮也。非时不见，不亦难得乎？非义不合，不亦难畜乎？先劳而后禄，不亦易禄乎？其近人情有如此者。

"儒有委⑯之以财货而不贪，淹之以乐好而不淫⑰，劫之以众而不惧，阻之以兵而不慑⑱。见利不亏其义，见死不更其守。往者不悔，来者不豫⑲，过言不再，流言不极⑳，不断其威，不习其谋。其特立有如此者。

◎**注释** ①〔命席〕命人设座席。②〔席上之珍〕席，铺陈，陈述。珍，君主所珍重的先王之道。③〔夙夜强学〕夙夜，朝夕，日夜。强，勉力，勤勉。④〔中〕不偏不倚，不异于众，不流于俗。⑤〔顺〕通"慎"，谨慎。⑥〔大让〕指辞让高官厚禄。⑦〔小让〕指辞让酒食等小事。⑧〔粥粥〕谦卑的样子。⑨〔齐难〕严肃谨慎而常人难以做到。齐，通"斋"。⑩〔涂〕通"途"。⑪〔爱其死〕珍爱自己的生命。⑫〔不宝〕不珍重，不珍爱。宝，以……为宝，意动用法。⑬〔祈〕谋求。⑭〔禄〕赐予俸禄，此处为动词。⑮〔难畜〕难以招揽蓄养。畜，蓄养。⑯〔委〕交给。⑰〔淹之以乐好而不淫〕淹，浸渍，浸泡。淫，放恣，过而无度。⑱〔阻之以兵而不慑〕阻，恐吓。慑，威慑，使害怕。⑲〔豫〕通"预"，考虑，顾虑。⑳〔不极〕不追究起源，不刨根问底。

◎**大意** 鲁哀公命人为孔子安排了座位。孔子坐下陪着哀公，说："有的儒者能陈述君主珍视的先王之道以等待聘用，有的能不分昼夜努力学习以等待别人的请教，有的心怀忠信以等待别人的荐举，有的能力行仁德以等待别人的录用。儒者修身自立是这样的。

"有的儒者穿戴适中，从不标新立异，行为谨慎而从容。他们辞让高官厚禄时直截了当，好像很傲慢；辞让酒食这样的小事时始辞终受，好像很虚伪；做大事时考虑再三，好像心怀畏惧；做小事时也不草率，好像心怀愧疚。他们难于进取，却易于退让，表现出一副柔弱谦恭而无能的样子。儒者的外在形象是这样的。

"有的儒者日常起居严肃、庄重而一般人难以做到，他们坐立都表现出恭敬之态，说话讲求信用，行为不偏不倚、忠诚正派，在道路上不与别人争平坦易走的地方，冬天不与别人争暖和的地方，夏天也不与人争凉快的地方，爱惜自己的生命以等待时机的到来，保养自己的身体以期有所作为。儒者做事预先有所准备是这样的。

"有的儒者不把金玉当作珍宝，而把忠诚守信当作珍宝；不求占有土地，而把仁义当作土地；不奢望多积财富，而把多学的文化知识当作财富。他们为人公正，难以得到，对俸禄却容易满足。易于满足于所赐予的俸禄，却难以招揽蓄

◎ 儒行解第五

养。不到适当的时候他们不会出现，岂不是很难得到吗？不义之事不合作，岂不是难以招揽蓄养吗？先效劳而后受禄，岂不是很容易满足俸禄吗？儒者待人接物近于人情是这样的。

"有的儒者不贪图别人送的钱财物品，不会沉溺于玩乐之中，即使有很多人威迫，他也不会畏惧；用武力为难、恐吓，他也不会害怕。见利不忘义，面临生命危险也不改变自己的操守。做过的事情不追悔，未来的事情不疑虑，错误的话不说两次，对听到的流言蜚语不去追根问底，始终保持威严，但不预先学习权术谋略。儒者立身独特是这样的。

"儒有可亲而不可劫①，可近而不可迫②，可杀而不可辱。其居处不过，其饮食不溽③，其过失可微辩而不可面数④也。其刚毅有如此者。

"儒有忠信以为甲胄⑤，礼义以为干橹⑥，戴仁而行，抱德而处。虽有暴政，不更其所。其自立有如此者。

"儒有一亩之宫⑦，环堵⑧之室，筚门圭窬⑨，蓬户⑩瓮牖，易衣而出，并日而食。上答之，不敢以疑；上不答之，不敢以谄⑪。其为士有如此者。

◎ **注释** ①〔劫〕迫使，威逼。②〔迫〕胁迫。③〔溽（rù）〕丰厚。④〔可微辩而不可面数〕微辩，隐约而委婉地提醒。面数，当面数说。⑤〔甲胄〕铠甲和头盔。⑥〔干橹〕盾牌。干，小盾。橹，大盾。⑦〔一亩之宫〕亩，量词，土地面积单位，周制中，小亩为长宽各十步。"一亩"言面积之小。宫，房屋。古者贵贱所居皆称宫，至秦汉以后乃定为至尊所居之称。⑧〔环堵〕环，周围，东西南北四周。堵，方丈曰堵，此言面积小。⑨〔筚门圭窬（yú）〕筚门，荆竹编织成的正门。圭，原意为玉器，长条形，上锐下方。此处同"闺"，小的意思。窬，正门旁的小侧门。⑩〔蓬户〕蓬，蓬草。户，门。⑪〔谄〕奉承，献媚。

◎ **大意** "有的儒者可以亲近而不可以威逼，可以接近而不可以胁迫，可以杀掉而不可以侮辱。他们的居处不奢华，饮食不丰厚，他们的过失可以委婉地提醒，不可以当面数落。儒者性格刚强坚毅是这样的。

"有的儒者把忠诚信义作为盔甲,把礼仪当作盾牌。信守仁义去行事,心怀美德与人相处。即使面对暴虐的统治,也不改变自己的信念。儒者追求自立是这样的。

"有的儒者居室很小,房屋周围只有一堵宽,正门用荆竹编成,旁门只是穿墙而成的小洞,房门则用蓬草编成,破瓮镶入墙壁就成了窗子。全家只有一件像样的衣服,外出需要轮流换穿;一天的粮食仅够一顿食用。君主采纳自己的建议而加以提拔时,不敢以二心事君;君主不能采纳自己的建议和提拔自己时,也不敢谄媚求进。儒者做官是这样的。

"儒有今人以居,古人以稽①。今世行之,后世以为楷②。若不逢世,上所不受,下所不推,诡谄之民有比党③而危之,身可危也,其志不可夺④也。虽危起居,犹竟信其志,乃不忘百姓之病⑤也。其忧思有如此者。

"儒有博学而不穷⑥,笃行⑦而不倦,幽居而不淫⑧,上通⑨而不困。礼必以和,优游⑩以法,慕贤而容众,毁方而瓦合。其宽裕有如此者。

◎**注释** ①〔儒有今人以居,古人以稽〕居,相处。稽,相合。②〔楷〕法式,典范。③〔比党〕比,勾结。党,偏袒,偏护。④〔夺〕改变。⑤〔犹竟信其志,乃不忘百姓之病〕信,通"伸",伸展,实现。病,疾苦。⑥〔穷〕息,停止。⑦〔笃行〕专心做事。⑧〔幽居而不淫〕幽居,独处之时。淫,放纵自己。⑨〔上通〕仕途通达于君主。⑩〔优游〕宽和,宽厚。

◎**大意** "有的儒者与今人一起居住,而与古人的意趣相合。儒者今世的行为,却被后世奉为楷模。如果没赶上政治清明的好时代,上边没有人接受,下边没有人推荐,诡诈献媚的人拉帮结派加以陷害,这样只能危害他们的身体,却不能改变他们的志向。尽管日常生活受到困扰,他们还是要一展心志,而且也没有忘记老百姓的疾苦。儒者忧国忧民是这样的。

"有的儒者知识广博而勤学不止,坚持德行而不厌倦,独处时不放纵自己,仕途通达时也不为名利所困。施礼必按照中和的原则，不出仕为官的悠闲之时也按照法律规定行事。仰慕贤人而能容纳百姓，有时甚至如同圭玉毁掉棱角而与瓦砾相合那样屈己从众。儒者宽容大度是这样的。

"儒有内称①不避亲，外举②不避怨。程功积事，不求厚禄。推贤达③能，不望其报。君得其志，民赖其德。苟利国家，不求富贵。其举贤援④能有如此者。

"儒有澡身浴德，陈言而伏⑤，静言⑥而正之，而上下不知也，默而翘⑦之，又不急为也。不临深而为高，不加⑧少而为多。世治不轻，世乱不沮。同己不与，异己不非。其特立独行⑨有如此者。

"儒有上不臣天子，下不事诸侯，慎静尚宽，底厉廉隅⑩，强毅以与人，博学以知服。虽以分国，视之如锱铢⑪，弗肯臣仕。其规为⑫有如此者。

"儒有合志同方⑬，营道同术，并立⑭则乐，相下不厌，久别则闻流言不信，义同而进，不同而退。其交有如此者。

"夫温良者，仁之本也；慎敬⑮者，仁之地也；宽裕者，仁之作⑯也；逊接⑰者，仁之能也；礼节者，仁之貌也；言谈者，仁之文也；歌乐者，仁之和也；分散者，仁之施也。儒皆兼此而有之，犹且不敢言仁也。其尊让⑱有如此者。

◎**注释** ①〔称〕举荐，推举。②〔举〕推荐。③〔达〕引进，荐达。④〔援〕引荐，引进。⑤〔伏〕闭而不出。⑥〔静言〕静，谨慎。言，为衍文，无实意。⑦〔翘〕启发。⑧〔加〕逾越，超过。⑨〔特立独行〕志行高洁，有主见，不随波逐流。⑩〔廉隅〕棱角，比喻端方不苟的行为、品性。⑪〔锱铢〕古代的重量单位，六铢为一锱，四锱为一两。比喻微小的事物或利益。⑫〔规为〕行为准则。⑬〔同方〕同一法则。方，法则。⑭〔立〕指学有所成，事业有成。⑮〔慎敬〕谨慎恭敬。⑯〔作〕兴起，兴作。⑰〔逊接〕待人接物谦逊而亲切。⑱〔尊让〕恭敬谦让。

◎**大意**　"有的儒者荐举人才，对内不避亲属，对外不避与自己有仇怨的人。度量功德，积累政绩，不是为了谋求更高的爵位。推举贤人，荐进能人，不是为了获取回报。君主能够依靠他们的志向实现自己的抱负，老百姓能够依靠他们的宽厚仁德生活得更好。儒者只求有利于国家，并不是为了荣华富贵。儒者推举贤能的风格是这样的。

"有的儒者沐浴身心于道德之中，陈述自己的建议而谦恭地等待君主采纳。安静不躁而谨守正道，君主有过失则委婉地加以提醒。如果君主还不理解，就略加启发，也不操之过急。不会因为面对地位卑下的人而自视清高，也不会因为超过能力小的人而自以为功劳多，过分炫耀自己。天下太平，群贤并出，不轻视自己；时局混乱，坚守正道而不沮丧。不和与自己政见相同的人结党营私，也不随意诋毁与自己政见相异的人。儒者的特立独行、卓尔不群是这样的。

"有的儒者上不做天子的臣下，下不做诸侯的官吏。谨慎安静而崇尚宽厚，磨炼自己端方而有气节的品行，刚强坚毅而善与人交，广泛地学习各种知识，以便知道自己应该做什么。即使把国家分封给他，他也视之为轻微小事，不肯去做别人的臣属。儒者的行为准则是这样的。

"有的儒者交朋友，要求兴趣一致，遵循同一法则，研究道义有相同的方法。彼此有建树都感到高兴，而地位互有上下也不彼此厌弃。久不相见，听到流言蜚语也不相信。他们的行为本乎方正，建立在道义之上。志向相同就与之交往，志向不同就退而疏远。儒者交朋友的态度是这样的。

"温和善良是仁的根本，恭敬谨慎是仁的基础，宽宏大量是仁的兴作，谦逊地待人接物是仁的功用，礼节是仁的外表，言谈是仁的文采，歌舞音乐是仁的谐和，分散财物是仁的施行。儒者兼有这几种美德，尚且不敢轻易地说自己做到仁。儒者的恭敬谦让是这样的。

"儒有不陨获①于贫贱，不充诎②于富贵，不溷③君王，不累长上，不闵有司④，故曰儒。今人之名儒也妄⑤，常以儒相诟疾⑥。"

哀公既得闻此言也，言加信，行加敬，曰："终殁⑦吾世，弗敢复以儒为戏矣。"

◎ **注释** ①〔陨获〕因处境困苦而灰心丧气。②〔充诎（qū）〕得意忘形的样子。③〔溷（hùn）〕浑浊，这里指玷污。④〔不闵有司〕闵，干扰，刁难。有司，古代管事的官吏。⑤〔妄〕虚妄不实。⑥〔诟疾〕辱骂，讽刺。⑦〔殁〕死，结束。

◎ **大意** "儒者不因贫贱而愁闷不安，不因富贵而得意忘形，不因君主的侮辱、长官的负累、官吏的刁难而违背自己原有的志向，所以称为儒。而今人们对儒的理解是虚妄不实的，常常把儒者作为讥讽侮辱的对象。"

鲁哀公听了这番话以后，说话更加诚恳，行为更加恭敬，说："我这一生，再也不敢拿儒者开玩笑了。"

问礼 第六

　　本篇共记载了孔子与鲁哀公、言偃的两段对话，在两段对话中，孔子都强调了"礼"的重要性。他认为，"礼"所代表的是三代文化精华。本篇的两段对话，论述了礼的起源、发展和功用。孔子说："以降上神与其先祖，以正君臣，以笃父子，以睦兄弟，以齐上下，夫妇有所。"礼的功用，是使人通过加强自身的修养来做好自己的社会角色。《礼记·礼器》云，"经礼三百、曲礼三千"，礼的种类、条目、原则众多，因此，需要加强对礼的重视，主动去了解与践行礼。

　　《论语·子张》云："执德不弘，信道不笃，焉能为有，焉能为无？"在本篇孔子与哀公对话中，涉及今、古君子的对比。古之君子用礼来使万物有序，以利万民；今之君子却好利无厌，纵欲而行。

　　孔子在回答言偃问题时讲到"夫礼初也，始于饮食"，认为礼是对食物的分配、争端的消弭，同时也掺杂着对天地、祖先、鬼神的敬畏和对未来生活的期望。随着物质生活的丰富，礼节渐趋完整，礼的每一个环节都有自己特定的含义。礼的意义不仅在于礼文、礼节、礼俗，而且在于"礼义"和对人的塑造。在中华历史长河中，每个时代的礼仪都会有所损益，但是其内涵精神是一脉相承的。

哀公问于孔子曰："大礼何如？子之言礼，何其尊也！"孔子对曰："丘也鄙人，不足以知大礼也。"

公曰："吾子①言焉！"孔子曰："丘闻之，民之所以生者，礼为大。非礼则无以节事②天地之神焉；非礼则无以辩③君臣、上下、长幼之位焉；非礼则无以别男女、父子、兄弟、婚姻、亲族、疏数④之交焉。是故君子此之为尊敬，然后以其所能教顺百姓，不废其会节。既有成事，而后治其文章⑤、黼黻⑥，以别尊卑、上下之等。其顺之也，而后言其丧祭之纪⑦、宗庙之序，品其牺牲⑧，设其豕腊⑨，修其岁时⑩，以敬其祭祀，别其亲疏，序其昭穆⑪，而后宗族会宴。即安其居，以缀⑫恩义，卑其宫室，节其服御，车不雕玑⑬，器不雕镂⑭，食不二味，心不淫⑮志，以与万民同利。古之明王，行礼也如此。"

公曰："今之君子，胡⑯莫之行也？"孔子对曰："今之君子，好利无厌，淫行不倦，荒怠慢游，固民是尽，以遂其心，以怨其政。忤其众，以伐有道。求得当欲，不以其所⑰；虐杀刑诛，不以其治。夫昔之用民者由前，今之用民者由后。是即今之君子莫能为礼也。"

◎**注释**　①〔吾子〕犹言"我的先生"，对别人的尊称。②〔节事〕按照礼制规定的仪节加以祭祀。③〔辩〕通"辨"，辨别，辨明。④〔数〕密。⑤〔文章〕指车服旌旗等。⑥〔黼黻（fǔ fú）〕古代礼服上所绣的花纹，这里指礼服。⑦〔纪〕法度，准则。⑧〔牺牲〕古代祭祀用牲的通称。色纯为"牺"，体全为"牲"。⑨〔腊〕干肉。⑩〔岁时〕每年一定的季节或时间。古人有按季节祭祀的习俗。⑪〔昭穆〕古代宗法制度和宗庙次序，始祖庙居中，以下父子递为昭穆，左为昭，右为穆；子孙祭祀时也按这种规定排列行礼。此处指宗庙的辈分。⑫〔缀〕联系，沟通。⑬〔雕玑（jī）〕器物上镂刻成凹凸线状的花纹。⑭〔雕镂〕雕刻花纹。雕，原讹为"彤"，四库本作"刻"，据备要本改。⑮〔淫〕过甚。⑯〔胡〕为什么。⑰〔求得当欲，不以其所〕当，称，符合。所，道，方式。

◎**大意**　鲁哀公问孔子："隆重的礼仪是什么样子的？您在谈到礼的时候，把它看得多重要啊！"孔子回答道："我是个浅陋卑下的人，还没有能力了解隆重的礼仪。"

哀公说："您还是说说吧。"孔子说："我听说，在人们赖以生存的事物中，礼仪是最重要的。没有礼，就无法按礼制规定的仪节祭祀天地神灵；没有礼，就无法区分君臣、上下、长幼的不同地位；没有礼，就无法辨别男女、父子、兄弟、婚姻、亲族远近亲疏的相互关系。所以，君子把礼看得极为重要，然后又用自己所能做到的事情来教化引导百姓，使他们不会在男女婚配、亲疏交往中搞错礼节。到礼的教化卓有成效之后，再用车服旌旗等器物和礼服来区别尊卑、上下的等级关系。这些关系理顺之后，才谈丧葬和祭祀的原则、宗庙排列的顺序，品评祭祀用的牺牲，摆设祭神、祭祖用的干肉，确定合适的时节，以便恭敬地举行祭祀，区别血缘关系的远近，排列好亲属的位次，然后整个宗族会聚宴饮。人们都安于接受自己所处的地位，联络同族间的亲情关系，住低矮简陋的宫室，节制服饰、车马等日常用度，车子不加雕饰，器具不镂刻花纹，饮食简单，从不要两道菜，心中没有过分的欲望，从而得以与百姓共享利益。古时的圣明君王，就是这样遵行礼制的。"

哀公问道："现在的君子，为什么没有人这样做呢？"孔子回答："现在的君子，贪图私利不满足，行为放纵没有倦意，纵逸怠情、放荡游乐，一定要使百姓财竭力尽才罢休，以此来满足自己的私欲，也招致了百姓对这种政治的仇恨。违背族众的意愿，侵伐信守道义的国家。只求个人的欲望得到满足，为此不择手段；以暴虐的刑罚杀戮无辜，不按照法度办事。从前统治百姓的人用的是前面所说的方法，现在统治百姓的人用的是后面所说的方法。现在的君子不能修明礼教就是这个道理。"

言偃问曰:"夫子之极言礼也,可得而闻乎?"

孔子言:"我欲观夏道,是故之杞,而不足征也,吾得《夏时》焉。我欲观殷道,是故之宋,而不足征也,吾得《乾坤》①焉。《乾坤》之义,《夏时》之等,吾以此观之。

"夫礼初也,始于饮食。太古之时,燔黍擘②豚,污樽抔③饮,蒉桴④土鼓,犹可以致敬鬼神。及其死也,升屋而号,告曰:'皋⑤!某复⑥!'然后饮腥苴jū熟⑦。形体则降,魂气则上,是谓天望而地藏也。故生者南向,死者北首,皆从其初也。

◎ **注释** ①〔《乾坤》〕天地阴阳之书,即《易》。商《易》又名《归藏》,因首坤次乾,故又名《坤乾》。②〔燔(fán)黍擘(bò)豚〕燔,烤。黍,一种粮食作物,子去皮后叫黄米,煮熟后有黏性。擘,剖,分开。豚,小猪,泛指猪。③〔污(wā)樽抔(póu)〕污,凿地为坑。抔,手捧。④〔蒉桴(kuài fú)〕用草和土抟成的鼓槌。⑤〔皋〕通"嗥",呼而告之。⑥〔某复〕古人为刚去世的亲人招魂的习俗,即登上屋顶大声呼喊。⑦〔饮腥苴(jū)熟〕远古时期下葬时举行的一种礼仪。把生珠贝等物放到死者口中,再包些熟食下葬。苴,包裹。

◎ **大意** 言偃问孔子:"先生您把礼说得极为重要,可以讲给我们听听吗?"

孔子说:"我曾想了解夏代的礼制,因而到杞国去,但因年代久远已无法考证了,我在那里只得到了他们的历书《夏时》。我曾想了解殷代的礼制,所以前往宋国,但也已无法考证了,我在那里只得到他们的易书《乾坤》。我从《乾坤》中看到阴阳变化的道理,从《夏时》中看到时令周转的顺序,进而推测夏殷两朝礼制的区分等次,并从中推出了礼制的起源。

"最初的礼,产生于饮食活动中。远古时代,人们只懂得把黍米用火烤熟,把猪肉剖开放到火上烧熟,在地上掘坑盛水当酒樽,用双手当酒杯捧水来喝,捆扎草和土抟成的鼓槌,敲打用土做成的鼓,这样虽然简陋,但可以向鬼神表达敬意。到他们死的时候,活着的人登上屋顶,对着天空大声喊:'哎!某某你回来呀！'他们这样做了以后，就把生珠贝等放到死者的口中举行饭含之礼，再包些熟食下葬。死者的形体埋入地下，魂气则升入天空，所以招魂时仰望天空而尸体则埋入地下。南方属阳，所以活着的人以南方为尊；北方属阴，所以死者入葬时头朝北方。这都是遵从最初样子的做法。

"昔之王者，未有宫室，冬则居营窟，夏则居橧巢①。未有火化②，食草木之实、鸟兽之肉，饮其血，茹③其毛。未有丝麻，衣其羽皮。后圣有作，然后修火之利，范金合土，以为宫室、户牖。以炮④以燔，以烹以炙，以为醴酪。治其丝麻，以为布帛。以养生送死，以事鬼神。故玄酒在室⑤，醴盏⑥在户，粢醍⑦在堂，澄酒⑧在下。陈其牺牲，备其鼎俎⑨，列其琴、瑟、管、磬、钟、鼓，以降上神与其先祖，以正君臣，以笃父子，以睦兄弟，以齐上下，夫妇有所。是谓承天之祐。作其祝号⑩，玄酒以祭，荐其血毛，腥其俎，熟其殽⑪。越席以坐，疏布以幂⑫。衣其浣帛⑬，醴盏以献，荐其燔炙。君与夫人交献，以嘉魂魄。然后退而合烹⑭，体其犬豕牛羊，实其簠簋笾豆铏⑮羹，祝以孝告，嘏⑯以慈告，是为大祥。此礼之大成也。"

◎注释 ①〔橧（zēng）巢〕聚柴薪造成的巢形居处。②〔火化〕用火使食物变熟。③〔茹〕吃，吞咽。④〔炮〕将带毛的牲体涂泥置于火上烧烤。⑤〔玄酒在室〕祭祀时把清水放在室内。太古无酒，以水为酒，又因其色黑，故谓之玄酒。室内在北，地位最尊，故把玄酒摆在室内。⑥〔醴（lǐ）盏〕古时酒按其清浊和厚薄分为五等，叫"五齐（jì）"。《周礼·天官·酒正》："辨五齐之名：一曰泛齐，二曰醴齐，三曰盎齐，四曰缇（醍）齐，五曰沈齐。"醴，甜酒，为醴齐。盏，白色浊酒，为盎齐。⑦〔粢醍（jì tǐ）〕一种较清的浅红色酒，为缇齐。粢，通"齐（jì）"。⑧〔澄酒〕一种清酒，为沈齐，于五齐中最清。⑨〔鼎俎〕祭祀宴享时陈置牲体或其他食物的礼器。鼎为青铜制品，圆形，三足两耳，也有长方四足的。俎为木制，漆饰。⑩〔祝号〕祝辞中对神祇和祭品的美称。⑪〔殽〕通"肴"。⑫〔幂〕覆

◎ 问礼第六

盖。⑬〔浣帛〕新织的绸衣。⑭〔合烹〕把半生不熟的祭品合在一起烹煮。⑮〔簠簋（fǔ guǐ）笾豆铏（xíng）〕簠簋，两种盛黍、稷、稻、粱的礼器，簠方形，簋圆形。笾豆，古代祭祀和宴会时两种盛食品的礼器。笾，用竹制，盛果脯等。豆，用木制，也有用铜或陶制的，形似高脚盘，盛齑酱等。铏，盛羹和菜的器皿。⑯〔嘏（gǔ）〕古代祭祀时，执事人为受祭者向主人致福。

◎ **大意** "从前先代君王没有宫室，冬天居住在地窟里，夏天则用柴草搭成住处或直接住在树上。当时还不知道用火使食物变熟，只能生吃草木的果实，生吃鸟兽的肉，喝它们的血，有时连毛一块吞下去。当时也没有丝织品和麻布，只能穿鸟羽和兽皮。后来有圣人出现，才开始知道利用火的好处。用模子浇铸金属器皿，调和泥土烧制砖瓦，用来建造宫室和门窗。又用火烧烤和烹煮食物，酿制出甜味的酒和酸味的浆醋。加工丝麻，织成麻布和丝绸。用这些东西来供养生者和安葬死者，并且用来祭祀鬼神。因为遵从原始的做法，所以祭祀时要把清水放在地位最尊贵的室内北窗下，把甜味的醴酒和白色混浊的盏酒放在室内靠近门户的地方，把较清的浅红色的醍酒放在行礼的堂上，而最清的澄酒则放在堂下。同时陈列祭祀的牺牲，备办盛放煮熟牲体的铜鼎和肉几。安排好琴、瑟、管、磬、钟、鼓，以迎接上神和先祖灵魂的降临，并由此端正君臣大义，增进父子亲情，和睦兄弟的情意，整齐尊卑上下的心志，夫妇各自有其应处的位置。这就是所谓承奉了上天的福佑。制作祝辞中的名号，用清水来祭祀，进献刚宰杀的牺牲的血和毛，再献上几案上的生肉和半熟的牲体。踏着蒲席，端着用粗麻布覆盖的酒樽，穿着新织的绸衣，献上醴酒和盏酒，献上烤肉，主人和主妇一前一后地交替进献，以使祖先的神灵得到欢悦。然后退下，将堂上撤下的进献过的牲体和未进献过的牲体合在一起煮熟，将煮熟了的狗、猪、牛、羊的牲体分解开，簠簋盛满粮食，笾豆盛满果脯和肉酱，带菜的肉汤则盛入铏中，用来飨尸和招待本族的人。祝告辞时要将主人的孝心告知先祖的神灵，致福辞则将先祖神灵的慈爱转达给主人，这样做才可以叫作大祥。祭礼到此就圆满结束了。"

五仪解 第七

　　《五仪解》中的内容涉及孔子的人才观、中庸思想，以及为政与百姓、战争之间的关系等。认真学习本篇，体会其中的内涵，便可发现其中的治国取士和立身处世之道与《论语》《大学》等广为传诵的篇章的主旨一样，足见在选材上，《论语》是提纲挈领式的"正实而切事"，而《孔子家语》则更加详细和完整。

　　本篇开始，孔子将人分为庸人、士人、君子、贤人和圣人五等，即"五仪"，并详述了"五仪"的不同标准。在境界上，此五等人从无所从、无所打算，再到为国打算，最后达到与自然合一的境界。儒家以修身为本，但不限于"修己"，还要推己及人，成己成物，由仁学而仁政，把自身的道德修养作为治国、平天下的起点，同时又把治国、平天下作为自身道德修养的归宿。孔子最后提出的"圣人"的概念，既超越又现实。儒家在追求社会性的同时，也在追求个人理想的超越境界，以期最终能够达到"天人合一"的境界。

紧接着，哀公又向孔子请教：自己不知"哀、忧、劳、惧、危"，如何行"五仪"之教？孔子一一解答，其中他讲到的"夫君者，舟也；庶人者，水也。水所以载舟，亦所以覆舟"，深刻地揭示了君主与臣民之间的政治伦理关系。

孔子认为"存亡祸福皆己而已，天灾地妖不能加也"，表明他虽然还未完全摆脱天命思想的羁绊，但相较而言，更加注重人事，主张尽人事以待天命。

此外，孔子对哀公"智者寿乎？仁者寿乎？"问题的回答，反映了儒家的中庸观念。中庸要求人要做到适当、适合、适时，在修身上，要注重节制自己的欲望，量力而行，但也要把握自己做人、做事的准则，不能为求全任意而行。

哀公问于孔子曰："寡人欲论①鲁国之士，与之为治，敢问如何取之？"孔子对曰："生今之世，志②古之道；居③今之俗，服古之服。舍此而为非者，不亦鲜乎？"

公曰："然则章甫絇屦，绅带搢笏④者，皆贤人也。"孔子曰："不必然也。丘之所言，非此之谓也。夫端衣玄裳，冕而乘轩者，则志不在于食荤；斩衰菅菲⑤，杖而歠粥者，则志不在于酒肉。'生今之世，志古之道；居今之俗，服古之服'，谓此类也。"

公曰："善哉！尽此而已乎？"孔子曰："人有五仪⑥：有庸人，有士人，有君子，有贤人，有圣人。审⑦此五者，则治道毕矣。"

公曰："敢问何如斯可谓之庸人？"孔子曰："所谓庸人者，心不存慎终之规⑧，口不吐训格⑨之言，不择贤以托其身，不力行以自定⑩。见小暗大，而不知所务；从物如流，不知其所执，此则庸人也。"

公曰："何谓士人？"孔子曰："所谓士人者，心有所定，计有所守。虽不能尽道术之本，必有率⑪也；虽不能备百善之美，必有处也。是故知不务多，必审其所知；言不务多，必审其所谓；行不务多，必审其所由⑫。智既知之，言既道之，行既由之，则若性命之形骸之不可易也。富贵不足以益，贫贱不足以损。此则士人也。"

公曰："何谓君子？"孔子曰："所谓君子者，言必忠信而心不怨⑬，仁义在身而色无伐，思虑通明而辞不专⑭。笃行信道，自强不息，油然⑮若将可越而终不可及者。此则君子也。"

公曰："何谓贤人？"孔子曰："所谓贤人者，德不逾闲⑯，行中规绳⑰，言足以法于天下而不伤于身，道足以化于百姓而不伤于本。富则天下无宛⑱财，施则天下不病⑲贫。此则贤者也。"

公曰："何谓圣人？"孔子曰："所谓圣者，德合于天地，变通无方⑳，穷万事之终始㉑，协庶品之自然㉒，敷㉓其大道而遂成情性。明并日月，化行若神。下民不知其德，睹者不识其邻。此谓圣人也。"

◎**注释** ①〔论〕通"抡"，选择。②〔志〕追慕，向往。③〔居〕处于某种地位或情况。④〔然则章甫绚（qú）履，绅带缙笏（hù）〕章甫，殷时冠名。绚，鞋头的装饰。履，鞋子。绅，大带。缙，插。笏，古代臣下朝见君主时所执的笏板，可以记事。⑤〔斩衰菅菲（jiān fèi）〕斩衰，古代最重的丧服。用粗而生的麻布制成，左右和下边不缝。古礼，子对父、臣对君斩缞三年。菅菲，草鞋。菲，通"扉"。⑥〔五仪〕标准，等次。⑦〔审〕明。⑧〔规〕法度。⑨〔格〕法。⑩〔定〕有所止。⑪〔率〕遵循。⑫〔由〕行，经历。⑬〔怨〕咎。⑭〔专〕自以为是。⑮〔油然〕舒弛和缓的样子。⑯〔逾闲〕逾越法度。闲，法。⑰〔规绳〕规矩，绳墨。这里比喻法度。⑱〔宛〕通"蕴"，积聚。⑲〔病〕以……为病，担忧。⑳〔无方〕无常。㉑〔穷万事之终始〕穷，究。终始，指事物发展的规律。㉒〔协庶品之自然〕庶品，万物。自然，本来的性情。㉓〔敷〕布。

◎**大意** 鲁哀公向孔子问道："我想选拔鲁国的人才，同他们一起治理国家，请问怎样去选择呢？"孔子回答："生活在当今时代，而倾慕古人的道术；处于当代习俗中，而穿着古代的衣服。这样做了而非人才的，不也很少见吗？"哀公说："这么说，那些头戴章甫之冠，脚穿有絇饰的鞋子，腰束大带，插着朝笏的人，都是贤人了。"孔子说："不一定是这样。我刚才所说的，不是指这些。那些身穿黑色斋服，头戴礼帽，乘坐轩车的人，心思不在荤菜上；身穿丧服，脚着丧鞋，手扶丧杖而喝稀粥的人，心思不在酒肉上。'生活在当今时代，而倾慕古人的道术，处于当代习俗中，而穿着古代的衣服'，说的就是这种人。"

哀公说："说得好！这样就可以了吗？"孔子说："人可以分为五等，有庸人，有士人，有君子，有贤人，有圣人。能辨别这五种人，那么治国之道就尽在其中了。"

哀公说："请问怎么样可称作庸人？"孔子说："所谓庸人，心里自始至终没有谨慎行事的法规，口中说不出可奉为法度的话语，不选择贤人使自身有所依托，不力行道义使自身有所归宿。小事明白而大事糊涂，不知道该干什么；凡事随波逐流，不明白应执守什么。这样就称作庸人。"

哀公说："什么叫作士人呢？"孔子说："所谓士人，心里有坚定的信念，制订的计划坚持执行。即使不能完全精通治国原则，也一定有所遵循；即使不能做到尽善尽美，也一定有所执守。所以知识不求广博，一定要知道所掌握的是否准确无误；言语不求多说，一定要知道所说的是否有理有据；事情不求多做，一定要知道所作所为是否遵循事理。知识已经是准确无误的，说的话已经是有理有据的，行动已经是遵循事理的，那就像性命对于身体一样不可以被他物所代替。富贵不足以使他增加什么，贫贱也不足以使他减少什么。这样就叫作士人。"

哀公说："什么叫作君子呢？"孔子说："所谓君子，出言一定忠诚守信而心里没有怨忿，自己施行仁义而面无夸耀之色，思虑通达明智而言辞并不自以为是。笃厚地施行所信守的道义，自强不息，态度舒缓，好像很快就能被超过的样子，而最终无法企及。这样的人就是君子。"

哀公问："什么叫作贤人呢？"孔子说："所谓贤人，施德不逾越法度，行事符合准则，言论足以为天下表率而又不会招惹灾祸，学说、主张足以教化百姓而不戕害自己的本性。自己富有了，天下人就可以不积私财；广施德泽，使天下人不担忧贫困。这样的人就是贤人。"

哀公问："什么叫作圣人呢？"孔子说："所谓圣人，德行与天地之道相合，变通自如，推究万事的发展规律，协调万物的自然本性，广布大道从而成就万物的情性。他与日月齐辉，化行天下如同神明。百姓不知道他的德行，见到他的人也识别不出他与一般人的区别。这样的人就是圣人。"

公曰："善哉！非子之贤，则寡人不得闻此言也。虽然，寡人生于深宫之内，长于妇人之手，未尝知哀，未尝知忧，未尝知劳，未尝知惧，未尝知危，恐不足以行五仪之教，若何？"孔子对曰："如君之言，已知之矣。则丘亦无所闻①焉。"

公曰："非吾子②，寡人无以启其心，吾子言也。"孔子曰："君子入庙，如右③，登自阼阶④，仰视榱桷⑤，俯察几筵⑥，其器皆存，而不睹其人。君以此思哀，则哀可知矣。昧爽夙兴⑦，正其衣冠，平旦⑧视朝，虑其危难，一物失理，乱亡之端。君以此思忧，则忧可知矣。日出听政⑨，至于中冥⑩，诸侯子孙，往来为宾，行礼揖让，慎其威仪⑪。君以此思劳，则劳亦可知矣。缅然⑫长思，出于四门，周章⑬远望，睹亡国之墟⑭，必将有数⑮焉。君以此思惧，则惧可知矣。夫君者，舟也；庶人者，水也。水所以载舟，亦所以覆舟。君以此思危，则危可知矣。君既明此五者，又少留意于五仪之事，则于政治何有失矣？"

◎**注释** ①〔闻〕使之闻，告知。②〔吾子〕敬辞。③〔右〕这里指门内东边。④〔阼（zuò）阶〕东阶，主人登降之阶。⑤〔榱桷（cuī jué）〕屋椽。⑥〔几筵（yán）〕此指几席，为祭祀的席位，后泛指灵座为几筵。几，原作"机"。⑦〔昧爽夙兴〕昧爽，拂晓，黎明。夙，早。兴，起。⑧〔平旦〕天刚亮的时候。⑨〔听政〕处理政事。⑩〔中冥〕日过午偏斜。中，日中。⑪〔威仪〕指在祭享等典礼中的仪节。⑫〔缅然〕忧闷的样子。⑬〔周章〕惶惧的样子。⑭〔墟〕遗址。⑮〔有数〕有很多。数，言其多。

◎**大意**　哀公说:"说得好!要不是您贤明,我就听不到这番话了。即便如此,我出生在深宫之中,成长于妇人之手,不曾知道什么是悲哀,什么是忧虑,什么是劳苦,什么是恐惧,什么是危险,恐怕还不足以推行关于五仪的教化,怎么办呢?"孔子回答道:"就您说的这些,已经算是知道怎么办了。我也没什么要告知您的了。"

哀公说:"要不是您,我的心智就不能受到启迪,请您说吧。"孔子说:"君主进入宗庙,向东走,从东阶而上,抬头看屋顶的椽子,低头看陈设的几席,那些器物都在,却看不到故去的先祖了。国君从这里想到悲哀,就可以知道什么是悲哀了。初晓时分就早起,端衣正冠,天刚亮就临朝听政,思虑治国的危难,一件事情处理不当,就会成为国家动乱以致灭亡的端绪。国君从这里忧虑,也就可以知道什么是忧虑了。日出就处理政事,直到太阳西斜,从别国逃亡奔鲁的诸侯的子孙做您的宾客,行礼揖让,各种仪节都很谨慎。国君从这里想到劳苦,也就知道什么是劳苦了。忧闷深思,走出城门,彷徨四顾,极目远望,所看到的亡国故墟一定会有很多。国君从这里去思虑恐惧,就会知道什么是恐惧了。国君是舟,百姓是水,水可以负载舟,也可以使舟覆没。国君从这里思考危险,就知道什么是危险了。国君明白这五种情况后,再稍微留意一下有关五仪的问题,那在政治上还会有什么过失呢?"

哀公问于孔子曰:"请问取人之法。"孔子对曰:"事任于官,无取捷捷①,无取钳钳②,无取啍啍③。捷捷,贪也;钳钳,乱也;啍啍,诞④也。故弓调而后求劲焉,马服而后求良焉,士必悫而后求智能者焉。不悫而多能,譬之豺狼不可迩⑤。"

◎**注释**　①〔捷捷〕花言巧语的样子。②〔钳(qián)钳〕妄言乱语的样子。③〔啍(zhūn)啍〕多言多语的样子。啍,通"谆"。④〔诞〕欺诈寡信。⑤〔迩〕接近。
◎**大意**　哀公向孔子问道:"请问您选取人才的原则是什么?"孔子回答道:"任用官吏分管事务,不要选取花言巧语的人,不要选取妄言乱语的人,不要选取多言多语的人。花言巧语的人会贪得无厌,妄言乱语的人会扰乱是非,多言多语的人会欺诈寡信。所以弓箭要调好之后再求其强劲，马匹要驯服之后再求其精良，士人要诚谨之后再求其才能。不诚谨却又多才干，就如同豺狼一样不可接近。"

哀公问于孔子曰："寡人欲吾国小而能守，大则攻，其道如何？"孔子对曰："使①君朝廷有礼，上下相亲，天下百姓皆君之民，将谁攻之？苟此道，民畔②如归，皆君之仇也，将与谁守？"公曰："善哉！"于是废山泽之禁，弛③关市之税，以惠百姓。

◎ **注释** ①〔使〕假如，如果。②〔畔〕通"叛"。③〔弛〕废除。

◎ **大意** 哀公向孔子问道："我想让我国国势弱小时能防守，国势强大时能攻伐，有什么办法吗？"孔子回答："如果您的朝廷遵守礼制，君臣之间相敬相亲，天下的百姓都是您的臣民，谁还会来攻伐呢？如果违背了这一原则，百姓纷纷叛离各有所归，都是您的仇敌，您还同谁一起防守呢？"哀公说："说得好！"于是废除了禁入山林川泽的各项政令，取消了市场关卡的税敛，使百姓得到实惠。

哀公问于孔子曰："吾闻君子不博①，有之乎？"孔子曰："有之。"公曰："何为？"对曰："为其二乘。"公曰："有二乘②，则何为不博？"子曰："为其兼行恶道也。"哀公惧焉。

有间，复问曰："若是乎？君之恶恶道至甚也。"孔子曰："君子之恶恶道不甚，则好善道亦不甚，好善道不甚，则百姓之亲上亦不甚。《诗》云：'未见君子，忧心惙惙。亦既见止，亦既觏止，我心则悦。'《诗》之好善道甚也如此。"公曰："美哉！夫君子成人之善，不成人之恶。微③吾子言焉，吾弗之闻也。"

◎ **注释** ①〔博〕古代一种两人对局的棋戏。②〔二乘〕指二人相互侵凌争胜。

56

乘，凌。③〔微〕如果没有，表假设。

◎ **大意** 哀公向孔子问道："我听说君子不下棋，有这回事吗？"孔子说："有这回事。"哀公说："为什么呢？"孔子回答："因为二人下棋时相互搏杀争胜。"哀公说："相互搏杀争胜，为什么就不下棋呢？"孔子说："因为争胜的同时会走邪道。"哀公不禁心生恐惧。

过了一会儿，哀公又问道："真像这样吗？那么君子对邪路是深恶痛绝的了。"孔子说："君子对邪路的厌恶如果不十分强烈，那么对正路的称道也就不十分强烈；对正路的称道不强烈，那么百姓对统治者的亲近之情也就不强烈。《诗》云：'没有见到君子，忧心忡忡。等到见了君子，等到遇上君子，满心欢喜。'《诗》对正路的称道也像这样强烈啊！"哀公说："说得好！君子成全别人的好事，不促成别人的坏事。没有您这番话，我就不能听到这些道理。"

哀公问于孔子曰："夫国家之存亡祸福，信①有天命，非唯人也。"孔子对曰："存亡祸福皆己而已，天灾地妖不能加②也。"

公曰："善！吾子之言，岂有其事乎？"孔子曰："昔者殷王帝辛之世，有雀生大鸟于城隅③焉，占之，曰：'凡以小生大，则国家必王而名必昌④。'于是帝辛介⑤雀之德，不修国政，亢暴无极，朝臣莫救⑥，外寇乃至，殷国以亡。此即以己逆天时，诡⑦福反为祸者也。又其先世殷王太戊之时，道缺法圮⑧，以致夭蘖⑨。桑榖⑩于朝，七日大拱，占之者曰：'桑榖野木而不合⑪生朝，意者⑫国亡乎！'太戊恐骇，侧身⑬修行，思先王之政，明养⑭民之道。三年之后，远方慕义，重译⑮至者，十有六国。此即以己逆天时，得祸为福者也。故天灾地妖，所以儆⑯人主者也；寤梦征⑰怪，所以儆人臣者也。灾妖不胜善政，寤梦不胜善行，能知此者，至治之极也，唯明王达此。"

公曰："寡人不鄙固此，亦不得闻君子之教也。"

◎ **注释** ①〔信〕确实。②〔加〕改变。③〔隅〕墙角。④〔昌〕显赫。⑤〔介〕

凭借。⑥〔救〕阻止。⑦〔诡〕违逆。⑧〔圮〕毁，坏。⑨〔夭蘖〕指物类反常的情况。夭，通"妖"。蘖，通"孽"。⑩〔榖〕楮（chǔ）木。⑪〔合〕应该，应当。⑫〔意者〕表猜测。大概，恐怕。⑬〔侧身〕表恐惧不安。侧，倾侧。⑭〔养〕教化。⑮〔重译〕辗转传译。⑯〔儆〕警诫。⑰〔征〕信，验。

◎**大意**　哀公向孔子请教说："国家的存亡祸福，确实是由天命注定的，不是只凭人力能左右的。"孔子回答："存亡祸福都源于自身罢了，反常的现象并不能改变国家的命运。"

哀公说："说得好！您所说的难道有事实根据吗？"孔子说："从前商纣王统治时期，有只小鸟在城墙角生了一只大鸟。占卜的人说：'凡是以小生大，那国家一定会称王于天下，而声名一定会显赫。'于是纣王凭借卜辞中小鸟会带来福祉的预言而不理朝政，残暴无比。朝臣不能阻止他，外敌于是前来攻伐，殷国因此而灭亡。这就是因为自己违逆天时，使上天的福祉变为灾祸的事例。还有他的先祖殷王太戊统治时期，道统缺废，法纪毁坏，以致出现树木生长反常的现象。桑榖在朝堂上长出，七天就有两手合拢那么粗了。占卜的人说：'桑榖是野生的树木，不应生长在朝堂上，恐怕国家要灭亡了吧！'太戊异常惧怕，诚惶诚恐地修习自己的德行，思虑先王的政道，昭明教化百姓的举措。三年之后，远方的国家倾慕他的道义，通过使者辗转传译来朝拜的国家多达十六个。这就是因为自己改变天时，将祸兆变为福祉的事例。所以天降灾异、地生妖孽是用来警诫人主的；各种怪异的梦和怪诞的征兆，是用来警诫人臣的。灾异妖孽胜不过清明的政治，不好的梦兆胜不过良好的品行。能明白这个道理，就达到了天下大治，只有贤明的君主才能实现。"

哀公说："我如果不是这般庸鄙固陋，也就不能听到您这番教诲了。"

哀公问于孔子曰："智者寿乎？仁者寿乎？"孔子对曰："然，人有三死，而非其命也，行己自取也。夫寝处不时，饮食不节①，逸劳过度者，疾共杀之；居下位而上干②其君，嗜欲无厌而求不止者，刑共杀之；以少犯众，以弱侮强，忿怒不类③，动不量力者，兵共杀之。此三者，死非命也，人自取之。若夫智士仁人，将身④有节，动静以义，喜怒以时，无害其性，虽得寿焉，不亦可乎？"

◎**注释** ①〔节〕节制。②〔干〕冒犯。③〔类〕止。④〔将身〕行事。

◎**大意** 哀公向孔子问道："聪明的人长寿吗？仁义的人长寿吗？"孔子回答："是这样。人有三种死亡并非命中注定，而是咎由自取。起居没有规律，饮食不加节制，安逸或劳累过度，各种疾病会使他丧命；身居下位却冒犯君主，嗜好欲望贪得无厌，索求不止的人，各种刑罚会使他丧命；以少数侵犯多数，以弱者侮慢强者，愤怒不合礼法，做事不自量力，各种兵器会使他丧命。这三种死法都不是命中注定的，而是人自己招致的。像那些志士仁人，行事有所节制，居处合乎礼义，喜怒适时而止，不戕害自己的性情，即使能够长寿，不也是应该的吗？"

卷二

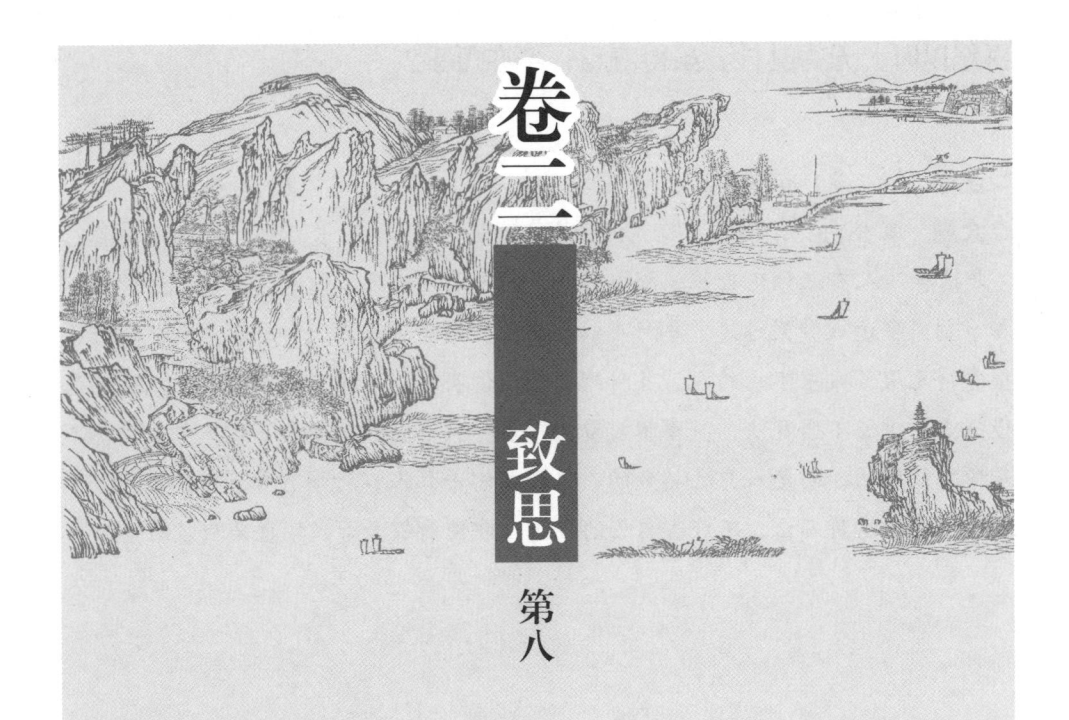

致思 第八

本篇所汇集的故事虽然众多，但并非没有线索可循，这些零乱的记载从不同角度体现了孔子对生活、时事、人物的深邃思考。归纳起来，大致包括三个方面：孔子的为政思想、孔子为人处世的一些理念，以及孔子对事情的思考方式。

"农山言志"章，孔子推崇颜回"不伤财害民"的做法，而将百姓生活安定作为自己追求的目标，正是儒家民本思想的体现；"季羔为政"章，同样体现了儒家将他人、百姓放在心上的民本思想；"王者有似乎春秋"章，孔子将为政与四时变化相比对，认为"春秋致其时而万物皆及，王者致其道而万民皆治"，主张按照社会规律、民众需求循序渐进，上行教化而实现天下大顺；"子贡问三事"章，孔子把治民与驾车相比较，这是孔子论为政时常用的一个比喻。孔子说，"夫通达御之皆人也，以道导之，则吾畜也；不以道导之，则吾仇也"，认为为政者治理百姓要把握好其中的度，用正确的、合乎规律和民众意愿的方式来引导民众。

在为人处世的理念方面,"河梁遇泳者"章,孔子教导弟子忠信乃是立身之本,能行忠信则能无愧于心,故而泳者不惧河流之急,人亦喜欢与忠信之人亲近;"子谓伯鱼"章,孔子教导孔鲤要把学习作为立身之本,勉励其"君子不可以不学",再联系《论语》中孔子对其所言的"不学《诗》,无以言;不学礼,无以立",可知学习《诗》、礼的重要意义;"曾子论安身立命"章,对于人生选择有重要的启迪;"中道闻哭""子路养母"等几章都是对于"孝"的阐释,文中所讲的"夫树欲静而风不停,子欲养而亲不待"是千古名句,而子路所言"二亲之寿,忽若过隙",读起来令人不胜唏嘘。

孔子的思维方式是本篇一个较为难理解的地方。在"楚人送鱼""鲁人送饭""子贡三事""子路救济""子路问管仲"等几章中,孔子的思维与态度,常让弟子们感到疑惑。仔细思考孔子话语之后,我们可以看出,孔子思考问题时,是将其中的内涵与准则理解后,内化为自身的品行,与具体的情景和个人的追求相结合,从更长远的角度去考虑问题,在更宏大的背景下去处理事务。由此看来,孔子既是一位仁人,也是一位智者。

孔子北游于农山,子路、子贡、颜渊侍侧。孔子四望,喟然而叹曰:"于斯致思①,无所不至矣。二三子各言尔志,吾将择焉。"

子路进曰:"由愿得白羽若月,赤羽若日,钟鼓之音上震于天,旂旗缤纷下蟠②于地。由当③一队而敌之,必也攘④地千里,搴旗执馘⑤。唯由能之,使二子者从我焉。"夫子曰:"勇哉!"

子贡复进曰:"赐愿使齐、楚合战于漭瀁⑥之野,两垒相望,尘埃相接，挺刃交兵。赐著缟衣⑦白冠，陈说其间，推论利害，释⑧国之患唯赐能之，使夫二子者从我焉。"夫子曰："辩⑨哉！"

颜回退而不对。孔子曰："回，来！汝奚⑩独无愿乎？"颜回对曰："文武之事，则二子者既言之矣，回何云焉？"孔子曰："虽然，各言尔志也，小子言之。"对曰："回闻薰、莸⑪不同器而藏，尧、桀不共国而治，以其类异也。回愿得明王圣主辅相之，敷其五教，导之以礼乐，使民城郭不修，沟池不越，铸剑戟以为农器，放牛马于原薮⑫，室家无离旷⑬之思，千岁无战斗之患。则由无所施其勇，而赐无所用其辩矣。"夫子凛然曰："美哉德也！"

子路抗手⑭而对曰："夫子何选焉？"孔子曰："不伤财，不害民，不繁词，则颜氏之子有矣。"

◎**注释** ①〔致思〕集中注意力思考。②〔旍旗缤纷下蟠〕旍旗，古时一种用五色羽毛装饰的旗子。旍，同"旌"。蟠，曲折盘绕。③〔当〕主领，率领。④〔攘〕夺取，占领。⑤〔搴（qiān）旗执馘（guó）〕搴，取。馘，指古代战争中割取敌人左耳以计数报功。⑥〔漭瀁（mǎng yǎng）〕宽广辽阔。⑦〔赐著缟衣〕著，同"着"，穿戴。缟衣，白色的丝绢衣服。⑧〔释〕解除。⑨〔辩〕有口才，善言辞。⑩〔奚〕为什么。⑪〔薰、莸（yóu）〕薰，古书上指一种有香味的草。莸，古书上指一种有臭味的草。⑫〔原薮（sǒu）〕原野湖畔。薮，此处指水少而草木茂盛的湖泽。⑬〔离旷〕指丈夫不在家，妻子独处。⑭〔抗手〕举手行礼。

◎**大意** 孔子到鲁国北部游览，登上农山山顶，弟子子路、子贡、颜渊在旁边陪着。孔子四下远望，感叹说："在这个地方静心深入思考，什么都可以想到。你们可以谈谈自己的志向，我将从中做出选择。"

子路走向前说："我愿意秉持像月亮一样洁白的帅旗，挥动像早晨的太阳一样鲜红的战旗，让撞击钟鼓的声音响彻云天，让旌旗迎风飘扬。我率领一队人马与敌人作战，一定能攻占敌人的千里土地，拔取敌军的军旗，割取敌人的左耳计数报功。这一点只有我仲由能做到，老师您就让这两个人跟着我吧。"孔子说："真是勇敢啊！"

◎ 致思第八

　　子贡又走向前说："我希望让齐、楚两国在宽广辽阔的原野上交战，两军营垒遥遥相望，军队激起的尘土飞扬，士兵们手持兵器英勇作战。我穿着白色的衣冠，在两国之间奔走劝告，陈说各种利害，以解除国家的外患。这只有我能做到，老师您就让这两个人跟着我吧。"孔子说："真是有口才啊！"

　　颜回退到后面不说话。孔子说："颜回，过来！为什么只有你不谈一下自己的志向呢？"颜回回答说："文武两方面的事，他们两人已经说过了，我还说什么呢？"孔子说："即使这样，各人也要说说自己的志向，你就说吧。"颜回回答："听说薰草和莸草不存放在同一个器物里面，尧和桀不能共同治理一个国家，是因为他们不是同类。我希望能辅佐贤明的君主，布施父义、母慈、兄友、弟恭、子孝这五种教化，用礼乐教导民众，让百姓不用去修建城墙，无须越过护城河去打仗，将刀枪剑戟熔铸成农具，在原野湖畔放牧牛马，夫妇没有别离的苦痛，天下永远没有战争的灾难。这样仲由就没有地方施展他的勇敢，而端木赐也没有地方发挥他的口才了。"孔子非常严肃地说："真是美好的德行啊！"

　　子路举手行礼问道："老师您将怎样选择呢？"孔子说："不耗费钱财，不危害百姓，不用说太多的话，这样来治理国家，只有颜回能做到。"

　　鲁有俭啬者，瓦鬲①煮食，食之，自谓其美，盛之土型②之器，以进孔子。孔子受之，欢然而悦，如受大牢③之馈。子路曰："瓦甂④，陋器也；煮食，薄膳⑤也。夫子何喜之如此乎？"子曰："夫好谏者思其君，食美者念其亲。吾非以馔具⑥之为厚，以其食厚而我思焉。"

◎ **注释**　①〔瓦鬲（lì）〕指瓦釜，一种陶制炊具。②〔型〕用泥做的铸造器物的模子。③〔大牢〕即"太牢"，指祭祀时牛、羊、猪三牲皆备。大，同"太"。④〔瓦甂（biān）〕小瓦盆。⑤〔薄膳〕平淡无味的饭食。⑥〔馔（zhuàn）具〕盛食物的器具。

◎ **大意**　鲁国有一个节俭吝啬的人，用陶制炊具烧煮食物，熟了一尝，自己认为味道非常鲜美，就用小瓦罐盛好，进献给孔子。孔子接受了这些食物，非常高兴，好像接受了用作太牢的牛、羊、猪这样的馈赠。子路问道："小瓦罐是简陋的器具，煮出来的饭食也平淡无味，老师您为什么如此高兴呢？"孔子说："喜欢进谏的人总是想着自己的国君，吃美味的人总想起自己的父母。我看重的并不是盛食物的器具的好坏，而是他吃到好食物的时候能想起来让我品尝。"

孔子之楚，而有渔者而献鱼焉，孔子不受。渔者曰："天暑市^①远，无所鬻^②也。思虑弃之粪壤，不如献之君子，故敢以进焉。"于是夫子再拜受之，使弟子扫地，将以享祭^③。门人曰："彼将弃之，而夫子以祭之，何也？"孔子曰："吾闻诸，惜其腐馀^④而欲以务施者，仁人之偶^⑤也。恶^⑥有受仁人之馈，而无祭者乎？"

◎**注释** ①〔市〕卖鱼的市场。②〔鬻（yù）〕卖，出售。③〔享祭〕祭祀。④〔馀〕熟食。⑤〔偶〕同伴，同类。⑥〔恶〕古同"乌"，疑问词，哪里。

◎**大意** 孔子到楚国去，有一个捕鱼的人要献给他一些鱼，孔子表示不能接受。捕鱼的人说："天气很热，卖鱼的市场又太远，没有地方去卖鱼。我想与其把鱼扔到粪土里，还不如献给您这样的君子，所以我才敢冒昧地把这些鱼进献给您。"听了这些话，孔子拜了两次才接受了这些鱼，让弟子把地打扫干净，准备举行祭祀。弟子们问："这些鱼差点被那个捕鱼的人扔掉，而老师您要为这些鱼举行祭祀，为什么呢？"孔子说："我听说因怜惜食物会变得腐烂而把它送给别人，这是仁人的同类。哪里有接受仁人的馈赠，而不举行祭祀的呢？"

季羔为卫之士师^①，刖^②人之足。俄而^③，卫有蒯聩之乱，季羔逃之，走郭门。刖者守门焉，谓季羔曰："彼有缺。"季羔曰："君子不逾。"又曰："彼有窦^④。"季羔曰："君子不隧。"又曰："于此有室。"季羔乃入焉。既而追者罢，季羔将去，谓刖者曰："吾不能亏^⑤主之法而亲刖子之足矣。今吾在难，此正子之报怨之时，而逃我者三，何故哉？"刖者曰："断足，固我之罪，无可奈何。曩者^⑥君治臣以法，令先人后臣，欲臣之免也，臣知；狱决罪定，临当论刑，君愀然^⑦不乐，见君颜色，臣又知之。君岂私臣哉？天生君子，其道固然。此臣之所以悦君也。"

孔子闻之曰:"善哉为吏,其用法一也。思仁恕则树德,加严暴则树怨,公以行之,其子羔乎?"

◎ **注释** ①〔士师〕狱官。②〔刖(yuè)〕砍断人的脚,是古代的一种酷刑。③〔俄而〕不久。④〔窦〕洞孔。⑤〔亏〕破坏。⑥〔曩(nǎng)者〕以前,往昔。⑦〔愀(qiǎo)然〕忧戚的样子。

◎ **大意** 季羔担任卫国的狱官,给一个人判了刖足之刑。过了不久,卫国发生蒯聩之乱。季羔准备逃走,跑到了卫国都城门口。正好是那个受刖刑的人守城门,他告诉季羔说:"那边有个缺口。"季羔说:"君子不跳墙。"他又说:"那边有个洞口。"季羔说:"君子不从洞口里钻。"又说:"这里有间房子。"季羔就进去了。不久,追捕季羔的人因没有发现他就走了,季羔将要离去,对受刖刑的人说:"过去我因为不能破坏国君的法令,所以亲自下令砍断你的脚。现在我处在危难之际,正是你报复的时候,你却提供给我三种逃脱的办法,为什么呢?"受刖刑的人说:"被砍掉脚是我罪有应得,这是无可奈何的事情。以前您依据法律审理我的案子,下令先审理别人的再审理我的,这是想延长时间了解案情,希望我能免于罪罚,这是我知道的;案子审理完了,刑罚确定了,到了行刑的时候,您显得忧心忡忡,一点都不高兴,看到您的脸色,我又明白了。您哪里对我存在私心呢?天生的君子,为人之道本来就是这样。这是我欣赏您的原因。"

孔子听说这件事后说:"季羔真是善于做官啊,在审理案情的时候坚持使用同样的法度。常思仁义、宽恕之心就会树立恩德,而用刑严酷暴虐就会树立怨仇,能够公正无私地执行法度的,也就是季羔吧!"

孔子曰:"季孙之赐我粟千钟①也,而交益亲;自南宫敬叔之乘我车也,而道加行。故道虽贵,必有时而后重,有势②而后行。微夫二子之贶③财,则丘之道殆将废矣。"

◎ **注释** ①〔钟〕量器,六石四斗为一钟。②〔势〕条件。③〔贶(kuàng)〕

赐，赠送。

◎**大意** 孔子说："季孙氏送我千钟粮食，我又把这些粮食送给了交往的朋友，从这以后我和朋友的交往更加亲密了。自从南宫敬叔帮我得到乘坐的车子后，我的思想学说可以更好地推行了。因此，思想主张虽然重要，但必须在得到有利的时机后才能被看重，得到有利的条件后才能得以推行。如果没有这两人送我财物，那么我的思想主张就会因得不到推行而几乎被废弃了。"

孔子曰："王者有似乎春秋，文王以王季为父，以太任为母，以太姒为妃，以武王、周公为子，以太颠、闳夭为臣，其本美矣。武王正其身以正其国，正其国以正天下，伐无道，刑①有罪，一动而天下正，其事成矣。春秋致其时②而万物皆及，王者致其道③而万民皆治，周公载己行化，而天下顺之，其诚至矣。"

◎**注释** ①〔刑〕惩罚，惩治。②〔致其时〕季节按一定的规律转换。③〔致其道〕遵循一定的道理进行统治。

◎**大意** 孔子说："能称王的人就好像万物生长的季节一样正确，文王有王季做父亲，有太任做母亲，有太姒做夫人，有武王、周公做儿子，有太颠、闳夭做大臣，所以他的根基是很好的。周武王首先使自身有了很高的修养，然后使自己的国家得到了好的治理，然后使天下得到了好的整治，以此来讨伐暴虐无道的国家，惩罚有罪的人，所以自身一行动天下就得到了治理，功业就成功了。如果春夏秋冬按照正常的规律运转，那么万物的生长就会正常；如果做王的人遵循一定的道理进行统治，那么百姓便能得到有效的治理。周公以身作则来教化天下百姓，天下百姓就都归顺于他，他的诚心应该是已经达到最高境界了。"

曾子曰："入是国也，言信于群臣，而留可也；行忠于卿大夫，则仕可也；泽施于百姓，则富可也。"孔子曰："参之言此，可谓善安身①矣。"

◎ 致思第八

◎ **注释** ①〔安身〕立身。
◎ **大意** 曾子说："一个人进入一个国家，如果该国国君的言论能被众多大臣相信，那么他就可以留下来；如果该国国君的行为被卿大夫们认为是讲求忠信，那么他就可以在这个国家做官了；如果该国国君的恩泽施行于老百姓，那么他就可以在这里求富。"孔子说："曾参说这些话，表明他善于立身了。"

子路为蒲宰，为水备，与其民修沟渎①。以民之劳烦苦也，人与之一箪食、一壶浆。孔子闻之，使子贡止之。子路忿然不悦，往见孔子，曰："由也以暴雨将至，恐有水灾，故与民修沟洫以备之。而民多匮饿者，是以箪②食壶浆而与之。夫子使赐止之，是夫子止由之行仁也。夫子以仁教而禁其行，由不受也。"孔子曰："汝以民为饿也，何不白③于君，发仓廪以赈之④？而私以尔食馈之，是汝明君之无惠，而见己之德美矣。汝速已⑤则可，不则汝之见罪⑥必矣。"

◎ **注释** ①〔沟渎〕沟渠，水渠。②〔箪〕古代盛饭的圆形竹器。③〔白〕报告。④〔发仓廪以赈之〕仓廪，粮仓。赈，救济，赈济。⑤〔已〕停止。⑥〔见罪〕被治罪。见，表示被动，相当于"被"。
◎ **大意** 子路做蒲邑的地方官，为了防备大水，就率领蒲邑的民众修建沟渠。因为百姓的劳动繁重，子路就发给每人一箪饭食、一壶汤水。孔子听说了这件事，就派子贡去阻止子路。子路很不高兴，就去拜见孔子，说："我因为暴雨将要来了，担心有大水灾，所以就率领民众修理沟渠以做防备。民众却因缺少粮食忍受饥饿，所以就发给他们每人一箪饭食、一壶汤水。老师您让端木赐制止我，这是老师阻止我施行仁德。老师用仁德教育弟子，而禁止弟子施行它，我没有办法接受。"孔子说："你认为民众饥饿，为何不向国君报告，请求发放粮仓里的粮食救济他们呢？你私自以自己的食物救济民众，这是你想向民众表明国君没有恩惠，而显示自己的德行之美。你赶快停止这件事还可以，否则你一定会被治罪。"

子路问于孔子曰："管仲之为人何如？"子曰："仁也。"子路曰："昔管仲说①襄公，公不受，是不辩②也；欲立公子纠而不能，是不智也；家残于齐而无忧色，是不慈也；桎梏而居槛车，无惭心，是无丑也③；事所射之君，是不贞也；召忽死之，管仲不死，是不忠也。仁人之道，固若是乎？"孔子曰："管仲说襄公，襄公不受，公之暗④也；欲立子纠而不能，不遇时⑤也；家残于齐而无忧色，是知权命⑥也；桎梏而无惭心，自裁审也；事所射之君，通于变也；不死子纠，量⑦轻重也。夫子纠未成君，管仲未成臣。管仲才度⑧义，管仲不死束缚而立功名，未可非也；召忽虽死，过与取仁，未足多⑨也。"

◎**注释** ①〔说〕劝谏。②〔辩〕有口才，善言辞。③〔桎梏而居槛（jiàn）车，无惭心，是无丑也〕桎梏，原指拘系犯人的脚镣、手铐，此处指戴着脚镣、手铐而被拘禁。槛车，四周设有栅栏的囚车，用以押解犯人。无丑，没有耻恶之心。④〔暗〕无道昏暗。⑤〔时〕好的机会。⑥〔知权命〕懂得审度时命。⑦〔量〕权衡。⑧〔度〕超过。⑨〔多〕称赞。

◎**大意** 子路问孔子："管仲的为人怎么样？"孔子说："是一个有仁德的人。"子路说："过去管仲劝谏襄公，襄公不接受，这是管仲没有口才；想立公子纠为国君而没能做到，这是他没有智谋；家人在齐国因罪被杀，却没有忧伤的神色，这是他没有慈爱之心；戴着脚镣、手铐被关在囚车里，而没有羞惭的表情，这是他没有耻恶之心；转而侍奉他曾经想射杀的齐桓公，这是他不忠贞；召忽为公子纠而死，管仲却没有为之而死，这是他不忠心。做仁人的方法，难道真的是这样吗？"孔子说："管仲劝谏齐襄公，襄公没有接受，这是齐襄公无道昏暗；想立公子纠而不能做到，这是没有遇到好的时机；家人在齐国因罪被杀，却没有忧伤的神色，这是懂得审度时命；戴着脚镣、手铐，被关在囚车里而没有羞惭的表情，这是因为自己裁断慎重；改事齐桓公，这是因为懂得及时变通；不为公子纠而死，这是会权衡生死的轻重。公子纠没有成为国君，管仲没有成为公子纠的臣子。管仲的才智胜过了道德，他没有死于囚禁却建立了功名，这是无可非议的；召忽虽然为公子纠而死，但为了追求仁德做得太过分了，并不值得称赞。"

致思第八

孔子适齐，中路闻哭者之声，其音甚哀。孔子谓其仆曰："此哭哀则哀矣，然非丧者之哀矣。"驱而前，少进，见有异人焉，拥镰带素①，哭者不衰。孔子下车，追而问曰："子何人也？"对曰："吾，丘吾子也。"曰："子今非丧之所，奚哭之悲也？"丘吾子曰："吾有三失，晚而自觉，悔之何及！"曰："三失可得闻乎？愿子告吾，无隐也。"丘吾子曰："吾少时好学，周遍天下，后还，丧吾亲，是一失也；长事齐君，君骄奢失士，臣节不遂，是二失也；吾平生厚交，而今皆离绝，是三失也。夫树欲静而风不停，子欲养而亲不待。往而不来者，年也；不可再见者，亲也。请从此辞。"遂投水而死。孔子曰："小子识②之！斯足为戒矣。"自是弟子辞归养亲者十有三。

◎ **注释** ①〔带素〕束扎着白色的带子。②〔识〕通"志"，记住。

◎ **大意** 孔子去齐国，在路上听到有哭声，声音非常哀伤。孔子告诉学生们："这哭声哀伤倒是哀伤，但不是居丧的人的那种哀伤。"驱车向前，没有多远，见有一位怪人，拿着镰刀，束着白色的带子，不停地哭泣。孔子下了车，追上他问道："您尊姓大名？"他回答说："我，丘吾子。"孔子说："您又不是在举行丧礼的地方，为什么哭得那么悲伤呢？"丘吾子说："我一生有三个大的过失，到了晚年才醒悟，现在后悔也来不及了！"孔子说："我可以听听这三种过失吗？希望您能告诉我，不要隐瞒。"丘吾子说："我年轻的时候爱好学习，求学遍及四方，后来回来，我的父母却都已经去世了，这是我第一个大的过失；我年长的时候做齐国国君的臣下，国君骄傲奢侈而失去臣下的拥护，我没有全尽臣节，这是我第二个大的过失；我一生重视交朋友，但现在他们都离开了我，和我断绝了关系，这是我第三个大的过失。树想静下来而风不停地吹，子女想奉养父母而他们等不到那一天。流逝了再也不会回来的，是岁月；永远不可能再见到的，是去世的父母。请让我们从此诀别吧。"于是他就投水死了。孔子说："你们记住丘吾子的这些话！这些教训完全可以引以为戒了。"从这以后，弟子们告别老师回家奉养父母的有十三人。

孔子谓伯鱼曰："鲤乎，吾闻可以与人终日不倦者，其唯学焉！其容体不足观①也，其勇力不足惮也，其先祖不足称②也，其族姓不足道③也。终而有大名，以显闻四方、流声后裔者，岂非学之效也？故君子不可以不学，其容不可以不饬④，不饬无类⑤，无类失亲，失亲不忠，不忠失礼，失礼不立。夫远而有光者，饬也；近而愈明者，学也。譬之污池，水潦⑥注焉，崔苇生焉，虽或以观之，孰知其源乎？"

◎**注释** ①〔观〕夸耀。②〔称〕向人宣扬。③〔道〕向人称道。④〔饬〕通"饰"，修饰。⑤〔无类〕没有好的容貌。⑥〔水潦〕积水。

◎**大意** 孔子对伯鱼说："鲤呀，我听说，可以使人整天不知厌倦的，恐怕只有学习吧！一个人容貌形体是不值得向人炫耀的，勇猛气力是不能让人害怕的，祖先是不值得向人夸耀的，宗族姓氏是不值得谈论的。最后有好的名声，扬名四方，流芳后世，难道不是学习的功效吗？所以君子不能不学习，容貌不能不修饰。不修饰就没有好的容貌举止，没有好的容貌举止别人就不会亲近，失去了彼此的亲近就会失去忠信，没有忠信就失去了礼，失去了礼就失去了立身的基础。让人远看有光彩，是修饰容貌的结果；让人靠近而感到更加聪明睿智，是学习的作用。就好像一个水池，有雨水流到里面，苇草丛生，虽然有人来观看，但谁又知道它的源头呢？"

子路见于孔子曰："负重涉远，不择地而休；家贫亲老，不择禄而仕。昔者由也事二亲之时，常食藜藿①之实，为亲负米百里之外。亲殁之后，南游于楚，从车百乘，积粟万钟，累茵②而坐，列鼎而食，愿欲食藜藿，为亲负米，不可得也。枯鱼衔索，几何不蠹③？二亲之寿，忽若过隙。"孔子曰："由也事亲，可谓生事尽力，死事尽思者也。"

◎**注释** ①〔藜藿（lí huò）〕这里指粗劣的饭菜。藜，一种野菜，亦称灰菜，嫩叶可吃。藿，豆叶。②〔茵〕车上的垫子。③〔蠹（dù）〕蛀蚀，为蛀虫所坏。

◎**大意** 子路拜见孔子说："如果背着很重的东西，但要走很远的路，就不会只选择好的地方才休息；如果家中贫穷，父母年老需要赡养，就不会只选择高的俸禄才做官。过去我侍奉父母的时候，常吃粗劣的饭菜，为父母到百里之外的地方去背米。父母去世以后，我南下楚国做官，随从的车辆有百乘之多，积蓄的粮食有万钟之多，坐的垫子有好几层，排开大鼎吃饭，但是我想吃粗劣的饭菜，为父母背米，已经没有机会了。枯鱼干用绳子串起来，离生蠹虫还会远吗？父母的寿命，恍若白驹过隙。"孔子说："仲由侍奉父母，可以说父母在世的时候竭尽了全力，父母去世以后倾尽了哀思。"

孔子之郯，遭程子于涂，倾盖而语①，终日，甚相亲。顾谓子路曰："取束帛以赠先生。"子路屑然②对曰："由闻之，士不中间③见，女嫁无媒，君子不以交，礼也。"有间，又顾谓子路。子路又对如初。孔子曰："由，《诗》不云乎：'有美一人，清扬宛兮④。邂逅⑤相遇，适我愿兮。'今程子，天下贤士也。于斯不赠，则终身弗能见也。小子行之！"

◎**注释** ①〔遭程子于涂，倾盖而语〕涂，同"途"，路上。倾盖，车上的伞盖相互倾靠，指两辆车子停放在一起。②〔屑然〕恭敬的样子。③〔中间〕介绍人。④〔清扬宛兮〕清扬，眉目清秀。宛，今本《毛诗》作"婉"，美好。⑤〔邂逅〕不期而遇。

◎**大意** 孔子到郯国去，在路上遇到了程子，便将车子停在一起谈话，一直到天黑，非常亲密。孔子回头对子路说："取一束帛来送给先生。"子路恭敬地回答："我听说，士人没有介绍人就互相见面，女子没有媒人就嫁到丈夫家，君子是不跟这样的人交往的，这是礼的规定。"过了一段时间，孔子又回头对子路说（取一束帛来送给先生）。子路还是像开始那样答复。孔子说："由，《诗》不是说：'有美女一人，清秀妩媚啊。不期而遇，正合我意啊。'现在这位程先生，是天下有名的贤达之士。在这个时候不送给他礼物，那终生也很难见到他了。你还是按我的话去做吧。"

孔子自卫反鲁，息驾于河梁而观焉。有悬水三十仞，圜流九十里，鱼鳖不能导，鼋鼍不能居①。有一丈夫，方将厉②之。孔子使人并涯③止之曰："此悬水三十仞，圜流九十里，鱼鳖鼋鼍不能居也，意者难可济也④。"丈夫不以措意⑤，遂渡而出。孔子问之，曰："子巧乎？有道术乎？所以能入而出者，何也？"丈夫对曰："始吾之入也，先以忠信；及吾之出也，又从以忠信。忠信措⑥吾躯于波流，而吾不敢以用私，所以能入而复出也。"孔子谓弟子曰："二三子识之，水且犹可以忠信成身亲之，而况于人乎？"

◎**注释**　①〔有悬水三十仞，圜（huán）流九十里，鱼鳖不能导，鼋鼍（yuán tuó）不能居〕悬水，瀑布。仞，长度单位。古代以七尺或八尺为一仞。圜流，漩涡急流。导，游走。鼋，大鳖。鼍，鳄鱼的一种，又称鼍龙。②〔厉〕游渡。③〔并涯〕走近河岸边。并，通"傍"。④〔意者难可济也〕意者，推想。济，通过。⑤〔措意〕在意，放在心上。⑥〔措〕置，放。

◎**大意**　孔子从卫国返回鲁国，在桥上停车观赏河上的风景。河上的瀑布高达三十仞，旋转回流的水达九十里长，鱼鳖不能游走，鼋鼍不能停留。有一位壮年男子，正要从那里游渡过河。孔子派人走近河岸边加以劝阻说："这瀑布高三十仞，下面回旋的水流达九十里长，鱼、大鳖、鼋鼍都不能停留，想来应该很难通过。"这名男子不以为意，于是游渡，竟然成功地从对岸水边游出来。孔子问他，说："你有特别的技巧吗？有高明的道术吗？能自如地出入于水中，为什么呢？"这名男子说："开始我游入水中的时候，胸中首先充满忠信；等到我游出水中的时候，又跟以忠信。忠信托着我的身躯在湍流中平稳前进，而我不敢怀着私心，所以能自如地出入于水中。"孔子告诉弟子："你们记住，用忠信成就自身，尚且可以亲近水，更何况人呢？"

◎ 致思第八

孔子将行，雨而无盖。门人曰："商也有之。"孔子曰："商之为人也，甚悋①于财。吾闻与人交，推②其长者，违③其短者，故能久也。"

◎ **注释** ①〔悋（lìn）〕吝啬。②〔推〕推重。③〔违〕避免。
◎ **大意** 孔子将要出行，下起雨来，车子却没有伞盖。门人说："卜商有伞盖。"孔子说："卜商为人非常吝惜钱财。我听说与人交往，要推崇他的长处，避开他的短处，这样交往才能长久。"

楚王渡江，江中有物大如斗，圆而赤，直触王舟。舟人取之。王大怪之，遍问群臣，莫之能识。王使使聘于鲁，问于孔子。子曰："此所谓萍实①者也，可剖而食之，吉祥也，唯霸者为能获焉。"使者反。王遂食之，大美。久之，使来，以告鲁大夫。大夫因②子游问曰："夫子何以知其然乎？"曰："吾昔之郑，过乎陈之野，闻童谣曰：'楚王渡江得萍实，大如斗，赤如日，剖而食之甜如蜜。'此是楚王之应也，吾是以知之。"

◎ **注释** ①〔萍实〕萍草的果实。②〔因〕通过。
◎ **大意** 楚王渡长江的时候，江中有个怪物像斗那样大，圆状、红色，径直向王舟碰过来。舟夫把它取上来。楚王对此感到很奇怪，问遍了大臣，都不认识它。楚王派使者访问鲁国，就这件事向孔子请教。孔子说："这就是所说的萍草的果实，可以剖开食用，是吉祥之物，只有能称霸的国君才能获得。"使者回到楚国告诉了楚王。楚王于是将萍草的果实剖开吃了，味道非常鲜美。很久以后，楚国的使者又来鲁国访问，并把这件事情告诉了鲁国大夫。大夫通过子游请教孔子："先生怎么知道是这样的呢？"孔子回答："我曾经到郑国去，经过陈国都城的郊外，听童谣说：'楚王渡过长江，得到萍草的果实，大得像斗一样，红得像早晨的太阳，剖开吃掉，甜得像蜜一样。'这次楚王真的应验了，所以我能知道这件事。"

子贡问于孔子曰："死者有知乎？将①无知乎？"子曰："吾欲言死之有知，将②恐孝子顺孙妨生以送死；吾欲言死之无知，将恐不孝之子弃其亲而不葬。赐欲知死者有知与无知，非今之急，后自知之。"

子贡问治民于孔子。子曰："懔懔焉若持腐索之扞马③。"子贡曰："何其畏也？"孔子曰："夫通达御之皆人也，以道导之，则吾畜也；不以道导之，则吾仇也。如之何其无畏也？"

鲁国之法，赎人臣妾于诸侯者，皆取金于府④。子贡赎之，辞而不取金。孔子闻之曰："赐失之矣。夫圣人之举事也，可以移风易俗，而教导可以施之于百姓，非独适身之行也。今鲁国富者寡而贫者众，赎人受金则为不廉，则何以相赎乎？自今以后，鲁人不复赎人于诸侯。"

◎**注释**　①〔将〕还是。②〔将〕却，又。③〔懔（lǐn）懔焉若持腐索之扞（hàn）马〕懔懔焉，谨慎恐惧的样子。腐索，腐朽的马缰绳。扞马，烈马。扞，通"悍"。④〔赎人臣妾于诸侯者，皆取金于府〕臣妾，古时对奴隶的称谓。男称臣，女称妾。府，府库，官府储存财物等重要物品的仓库。

◎**大意**　子贡问孔子："死者有知觉呢，还是没有知觉呢？"孔子回答："我想说死人有知觉，却担心孝子顺孙伤害自己的生命来葬送死者；我想说死人没有知觉，又担心不孝顺的子孙遗弃亲人而不埋葬。你想知道死者有无知觉，这并不是现在急着要解决的问题，以后你自己会知道的。"

子贡向孔子请教治民的道理。孔子说："要谨慎恐惧，好像用腐朽的马缰绳驾驭烈马一样。"子贡问道："为什么要那样恐惧呢？"孔子说："驾驭车马能否顺畅通达皆取决于人，用正确的方法引导它，它就会听我的话；不用正确的方法引导它，它就是我的仇敌。这样哪能没有畏惧呢？"

按照鲁国法律的规定，从其他诸侯国赎回做奴仆的鲁国人，都可以从鲁国府库里领取钱财。子贡赎回了奴仆，却推辞不领取钱财。孔子听说了这件事，说："这是端木赐的过失啊。圣人做一件事，可以通过它移风易俗，而且可用来教化开导百姓，并非只是适合自身的行为。现在鲁国富人少而穷人多，如果因为赎人而从府库领取钱财就是不廉洁，那么用什么来赎人呢？从今以后，鲁国不会再有人从其他诸侯国那里赎回人了。"

子路治蒲，请见于孔子曰："由愿受教于夫子。"子曰："蒲其如何？"对曰："邑多壮士，又难治也。"子曰："然，吾语尔，恭而敬，可以摄①勇；宽而正，可以怀强；爱而恕，可以容困；温而断，可以抑②奸。如此而加③之，则正④不难矣。"

◎ **注释** ①〔摄〕通"慑"，慑服。②〔抑〕制服。③〔加〕推行。④〔正〕治理。

◎ **大意** 子路治理蒲邑，请求拜见孔子，说："我希望从老师这里得到教诲。"孔子问道："蒲邑的情况如何呢？"子路回答："蒲邑这个地方有很多勇士，难以治理。"孔子说："如果这样的话，那么我告诉你，对人谦恭尊敬，就可以慑服那些勇士；为人宽厚而正直，就可以安抚强悍的人；对待人仁爱而宽恕，可以容纳困穷的人；处事温和而又果断，可以制服奸邪的人。如此推行措施，那么治理蒲邑就不困难了。"

三恕 第九

本篇主要论述了修身中的"恕"、"谦"、行"中"道等问题,提出了为仁的三种境界,这些都是儒家思想中的重要观念。

"恕"道在孔子思想中具有重要意义,因此,许多学者认为它是孔子思想的核心。朱熹讲"如心为恕",就是推己及人,又返人于己,从而达到"己所不欲,勿施于人"的境界。

"伯常骞"与"孔子见欹器"两章既是讲中道,也是讲谦道。《中庸》讲"中也者,天下之达道也",把握中道,就是考虑具体的情景和条件,选择最合适的方法。事物发展有虚有盈,虚则不能用,盈则易倾,只有得中才能长久。如此,孔子在要求弟子们奋进之时,还要求他们"持满有道",就是谦,谦而不满才能容人、容物,才能不断进取。

孔子善于利用事物的特性来认识社会人生。水是人们日常生活中常见之物,孔子通过观"东流之水"来揭示仁义德行,

◎ 三恕第九

用"江之源头"为喻来开导子路要为人谦敬。与老子借水阐发的柔弱之道不同，孔子借水强调的是将仁爱、道义等"及于鸟兽、草木、虫鱼"，最终及于万物。

在"问智问仁"一章中，子路、子贡、颜回提出了三种不同的境界，层层递进，展现出儒家思想中"为己"的特性。这种为己不是要获取别人的承认，也不是为了功利地获得更多资源，更不是为了使自己显得比别人更聪明以此凸显自己的地位。在儒家看来，天、地、人三才并立，己身便是天地的产物，更兼是父母生命的延续，故而要加倍珍惜自己。重视自己，就会重视自己的言谈行为，进而养成君子品格；珍惜自己，就需要让自己更有价值，而自我价值正是在社会群体中实现的。

该篇最后一章提到"国无道，隐之可也；国有道，则衮冕而执玉"，与郭店楚简《穷达以时》篇体现的"时遇"思想主旨是一致的。

孔子曰："君子有三恕①。有君不能事，有臣而求其使，非恕也；有亲不能孝，有子而求其报，非恕也；有兄不能敬，有弟而求其顺，非恕也。士能明于三恕之本，则可谓端身②矣。"

◎ **注释**　①〔恕〕仁爱待物，推己及人。②〔端身〕正身，使自身端正。
◎ **大意**　孔子说："君子在三种情况下应当做到'恕'。有君主不能去侍奉，有臣下却要役使他们，这不是恕；有至亲不能去孝敬，有子女却要他们报答自己，这不是恕；有兄长不能去尊敬，有弟弟却要求他们柔顺，这不是恕。士人能够明了这三种恕的本质，就可以说能使自身端正了。"

孔子曰："君子有三思①，不可不察②也。少而不学，长无能也；老而不教，死莫之思③也；有而不施，穷莫之救也。故君子少思其长则务④学，老思其死则务教，有思其穷则务施。"

◎注释 ①〔思〕思索，考虑。②〔察〕明察，知晓。③〔思〕怀念，思念。④〔务〕致力于。

◎大意 孔子说："君子在三种情况下应该多加思索，不能不明察：少年的时候不好好学习，长大以后就无所作为；年老的时候不担负教化的职责，死后就不会有人怀念；富有的时候不施舍，穷困之时就不会有人救助。所以，君子少年时能想到年长后的事情，就会致力于学习；年老的时候能想到死后的事情，就会热心教化；富有的时候能想到穷困之时的情况，就会注重施舍。"

伯常骞问于孔子曰："骞固①周国之贱吏②也，不自以不肖③，将北面④以事君子。敢问正道宜行，不容于世；隐道宜行，然亦不忍。今欲身亦不穷，道亦不隐，为之有道乎？"孔子曰："善哉子之问也！自丘之闻，未有若吾子所问辩且说⑤也。丘尝闻君子之言道矣，听者无察，则道不入；奇伟不稽⑥，则道不信。又尝闻君子之言事矣，制无度量⑦，则事不成；其政晓察，则民不保。又尝闻君子之言志矣，罢折者不终⑧，径⑨易者则数伤，浩倨⑩者则不亲，就利者则无不弊⑪。又尝闻养世之君子矣，从轻勿为先，从重勿为后，见像⑫而勿强，陈道而勿怫⑬。此四者，丘之所闻也。"

◎注释 ①〔固〕本来，原来。②〔吏〕据孙星衍考证，此处"吏"当作"史"。③〔不肖〕不好。④〔北面〕古代臣属拜见君主、晚辈拜见尊长，皆面朝北行敬拜之礼。⑤〔辩且说〕思辨和论证在理。辩、说，古代的逻辑名词，指思辨和论证。⑥〔稽〕考，考察。⑦〔度量〕本义指计量长短、容积、轻重等，此处引申为标准。⑧〔罢折者不终〕罢折，刚正不阿，敢于当面指摘人的过失。不终，不能寿终。⑨〔径〕轻。⑩〔浩倨〕浩，高傲。倨，傲慢不逊。⑪〔弊〕破败，破落。⑫〔见像〕见，介绍，推行。像，榜样，法式。⑬〔怫〕通"悖"，违犯，悖逆。

◎**大意**　伯常骞请教孔子："我本来是周王室的下级官吏，自认还不算太差，准备向君子请教，拜他为师。向您请教：如果遵循道义原则使行事合宜，却不为世道所容；如果隐藏道义使行为合乎时宜，又不忍心。现在我想使自己既不困窘，又不用隐居，有办法做到吗？"孔子说："您提的问题太好了！据我的见闻，还没有谁像您这样提的问题既富有思辨又论说在理的。我曾听说君子讲授道义，听者如果不认真思考，道义就不可能被接受；如果讲的是一些无法考证而奇特怪异的事，道义就不可能被相信。又曾听说君子论证国家大事，制度上没有一定的标准，国家就治理不好；为政过于苛刻，百姓又会感到不安。我还曾听说君子谈论志节，刚正不阿的人往往不能寿终，轻易改变志节的人屡屡损害道义，傲慢不恭的人不会有人亲近，一味追求个人利益的人最后没有不败落的。我还听说善于安身处世的君子，遇到忧患和劳苦的事情，轻微的不争先，重大的不落后，推行法令不强迫世人接受，陈述道义不违逆于世。这四种情况，都是我所听说的。"

　　孔子观于鲁桓公之庙，有欹器①焉。夫子问于守庙者曰："此谓何器？"对曰："此盖为宥②坐之器。"孔子曰："吾闻宥坐之器，虚则欹，中则正，满则覆。明君以为至诫③，故常置之于坐侧。"顾谓弟子曰："试注水焉。"乃注之水，中则正，满则覆。夫子喟然④叹曰："呜呼！夫物恶有满而不覆哉？"

　　子路进曰："敢问持满有道乎？"子曰："聪明睿智，守之以愚；功被⑤天下，守之以让；勇力振世，守之以怯；富有四海，守之以谦。此所谓损⑥之又损之之道也。"

◎**注释**　①〔欹（qī）器〕倾斜易覆的器具。古代指改装过的汲水陶罐。②〔宥〕同"右"。③〔至诫〕深诫。④〔喟然〕叹气的样子。⑤〔被〕及，遍及。⑥〔损〕减损。

◎**大意** 孔子率弟子到祭祀鲁桓公的宗庙里观礼，见到一件倾斜的器皿。孔子问守庙人："这是什么器物？"守庙人回答："这大概就是宥坐之器。"孔子说："我听说宥坐之器空的时候倾斜，水装得适中就垂直端正，水灌满后就会倾覆。圣明的君主深以为戒，所以常常把它放在座位右边。"孔子回头对弟子们说："灌上水试试看。"于是，弟子们将水加入欹器，当水不多不少时，欹器端正垂直，加满水时，欹器就倾覆了。孔子感叹说："唉！事物哪有盈满了而不倾覆的呢？"

子路上前问道："请问有没有既能保持盈满，又能不倾覆的方法？"孔子说："聪明智慧，就用愚笨来持守；功勋遍及天下，就用辞让来持守；勇力闻名于世，就用怯懦来持守；富有四海之财，就用谦和来持守。这就是所说的用尽可能谦抑来保持盈满的办法。"

　　孔子观于东流之水。子贡问曰："君子所见大水必观焉，何也？"孔子对曰："以其不息，且遍与诸生①而不为也，夫水似乎德：其流也，则卑下，倨拘必修②其理，似义；浩浩③乎无屈尽④之期，此似道；流行赴百仞之溪而不惧，此似勇；至量必平之，此似法；盛而不求概⑤，此似正；绰约⑥微达，此似察；发源必东，此似志；以出以入，万物就以化洁，此似善化也。水之德有若此，是故君子见必观焉。"

◎**注释** ①〔诸生〕各种生物。②〔倨拘必修〕倨拘，也作"倨句"，器物弯曲的形状角度。曲度较小的叫倨，大的叫拘。修，循，遵循。③〔浩浩〕水盛大的样子。④〔屈尽〕竭尽，穷尽。⑤〔概〕量米粟时刮平斗斛用的木板。此为刮平、修平，不使过量之义。⑥〔绰约〕柔弱的样子。

◎**大意** 孔子正在观察东流的河水，子贡问道："君子对所见到的大水，一定会仔细观察，这是何故？"孔子回答："因为水流动不息，它的恩惠普遍地施于天下苍生，却又显得无所作为。水就好像有德性似的：它流动时，就奔向低洼之处，即使弯弯曲曲，也必然遵循着这一原理，这种品性像义；它浩浩荡荡，没有穷竭的时候，这种品性像道；它可以流行各处，即使流赴百仞溪谷也无所畏惧，这种品性像勇；水达到一定的量，凭自身本性就能达到平均，这种品性像法；盈满时无须刮去，自身满了就不会再装，这种品性像正；本性柔弱却无论多么细微的地方都能到达，这种品性像察；发源以后必然奔流向东，这种品性像志；既有流入的又有流出的，万物靠它趋向新鲜洁净，这种品性像善于教化。水具有如此的德性，因此君子见到后一定要认真观察。"

子贡观于鲁庙之北堂，出而问于孔子曰："向①也赐观于太庙之堂，未既辍②，还瞻北盖③，皆断焉，彼将有说④耶？匠过之也？"孔子曰："太庙之堂，官致⑤良工之匠，匠致良材，尽其功巧，盖贵久矣。尚⑥有说也。"

◎ 注释 ①〔向〕以前。②〔辍〕止。③〔盖〕同"盍"，"阖"之借字，门。④〔说〕道理。⑤〔致〕招引，搜求。⑥〔尚〕必，一定。
◎ 大意 子贡参观鲁国太庙的北堂，出来后问孔子："刚才我参观太庙的北堂，快要参观完了的时候，回头看看北面的门，发现都是用断开的木料做成的。那是蕴含特定的道理，还是工匠失误弄断的呢？"孔子说："修造太庙的厅堂时，官府搜求工艺高超的工匠，工匠搜求上好的木材，极尽其功力和技巧，是为了追求长久保存。这里必然有一定的道理。"

孔子曰："吾有所耻，有所鄙，有所殆①。夫幼而不能强学，老而无以教，吾耻之；去其乡，事君而达，卒②遇故人，曾③无旧言④，吾鄙之；与小人处而不能亲贤，吾殆之。"

◎ 注释 ①〔殆〕危险。②〔卒〕突然，偶尔。③〔曾〕竟然。④〔旧言〕平素交往的言谈。
◎ 大意 孔子说："我有自己认为耻辱的事情，有自己认为浅薄的事情，有自己认为危险的事情。年幼时不能勤奋学习，年老时无法教诲别人，我认为这是耻辱；

离开故乡，侍奉君主而发达了，偶尔遇见老友，竟然不谈论往事，不念及旧情，我认为这是浅薄；只和小人混在一起却不去亲近贤人，我认为这很危险。"

子路见于孔子。孔子曰："智者若何？仁者若何？"子路对曰："智者使人知己，仁者使人爱己。"子曰："可谓士①矣。"

子路出，子贡入。问亦如之。子贡对曰："智者知人，仁者爱人。"子曰："可谓士矣。"

子贡出，颜回入。问亦如之。对曰："智者自知，仁者自爱。"子曰："可谓士君子②矣。"

◎**注释** ①〔士〕智者，贤者。②〔士君子〕古人称"士君子"有多种含义，一般指上层统治者，这里指有学识而品德高尚的人。

◎**大意** 子路被孔子召见。孔子问他："智者应该是什么样？仁者应该是什么样？"子路回答："智者应该能使别人了解自己，仁者应该能使别人爱护自己。"孔子说："你可以称得上士了。"

子路出来，子贡进去。孔子问他同样的问题。子贡回答："智者应该懂得了解别人，仁者应该懂得爱护别人。"孔子说："你也可以称得上士了。"

子贡出来，颜回进去。孔子还是问他同样的问题。颜回回答："智者应该自己了解自己，仁者应该自己爱惜自己。"孔子说："你可以称得上士君子了。"

子贡问于孔子曰："子从父命，孝乎；臣从君命，贞乎。奚疑焉？"孔子曰："鄙①哉赐！汝不识也。昔者明王万乘之国，有争②臣七人，则主无过举；千乘之国，有争臣五人，则社稷不危也；百乘之家，有争臣三人，则禄位不替③；父有争子，不陷无礼；士有争友，不行不义。故子从父命，奚讵为孝？臣从君命，奚讵为贞？夫能审其所从，之谓孝，之谓贞矣。"

◎**注释** ①〔鄙〕孤陋寡闻，见识浅薄。②〔争〕通"诤"。③〔替〕废弃，废除。

◎**大意** 子贡请教孔子说："儿子顺从父亲的命令，就是孝顺；臣下顺从君主的命令，就是忠贞。这有什么可怀疑的？"孔子说："太浅薄了，端木赐！你不了解啊！从前圣明君王统领下的有万乘兵车的国家，有谏诤之臣七人，君主就不会有过失的举动；有千乘兵车的诸侯国家，有谏诤之臣五人，江山就不会有危机；有百乘兵车的大夫之家，有谏诤之臣三人，俸禄、爵位就不会被废弃；父亲有敢于谏诤的儿子，就不至于陷入不守礼法的境地；士人有善于谏诤的朋友，就不会再做出不道义的事情。因此，儿子顺从父命难道就是孝顺，臣下顺从君命难道就是忠贞吗？能够认真考虑自己所顺从的道理，这才称得上真孝顺，真忠贞。"

    子路盛服①见于孔子。子曰："由，是倨倨②者，何也？夫江始出于岷山，其源可以滥觞③；及其至于江津④，不舫舟⑤，不避风，则不可以涉。非唯下流水多耶。今尔衣服既盛，颜色充盈⑥，天下且孰肯以非告汝乎？"

    子路趋而出，改服而入，盖自若也。子曰："由，志之！吾告汝：奋⑦于言者华，奋于行者伐⑧，夫色智而有能者，小人也。故君子知之曰知，言之要也；不能曰不能，行之至也。言要则智，行至则仁。既仁且智，恶不足哉？"

◎**注释** ①〔盛服〕整齐华丽的衣服。②〔倨倨〕神色傲慢的样子。③〔滥觞〕浮起酒杯，比喻事情的开始。觞，酒杯。④〔江津〕江边渡口。⑤〔舫（fǎng）舟〕合并两艘小船来载人。⑥〔颜色充盈〕颜色，脸色，面容。充盈，自满，骄傲。⑦〔奋〕振作，指抢先。⑧〔伐〕自吹自擂，夸耀自己。

◎**大意** 子路穿着华丽的衣服拜见孔子。孔子问道："仲由，你这样神气傲慢，为什么呢？长江发源于岷山，它源头的水流只能浮起酒杯；当它流到江边有渡口的地方时，不合并小船，不避开大风，人们就无法渡过江面。不只是因为下游水多。现在你衣着华美，神色傲慢，那么天下有谁肯把你的错误告诉你呢？"

    子路快步走出去，换了衣服又进来，表情显得非常自然。孔子说："仲由，记住！我告诉你：言语矜夸的人往往华而不实，行为骄傲的人往往自我夸耀，外表看起来十分聪明、很有能力的往往是小人。因此，君子知道的就说知道，这是言谈的要领；不能做的就说不能做，这是行为的最高准则。言谈合乎要领，就是明智；行为合乎最高准则，就是仁爱。既仁爱又明智，还有什么不足之处呢？"

子路问于孔子曰："有人于此，披褐①而怀玉②，何如？"子曰："国无道③，隐之可也；国有道，则衮冕而执玉④。"

◎**注释** ①〔褐〕指粗布或粗布衣。最早用葛、兽毛制成，后通常指麻、兽毛的粗加工品，古时贫贱人穿。②〔怀玉〕怀抱仁德。③〔无道〕政治昏暗。④〔衮冕而执玉〕衮冕，衮衣和冕，古代帝王与上公的礼服和礼冠，借指登朝入仕。执玉，手捧玉圭。古代以不同形制的玉圭区分爵位，因而以"执玉"代称仕宦。

◎**大意** 子路问孔子："如今有这样的人，身怀才智而不显露于外，如同穿着粗布衣服，却怀揣着宝玉，这样做怎么样？"孔子说："国家政治昏暗，隐居起来是可以的；国家政治清明，就应该登朝入仕实现自己的仁德理想。"

好生 第十

  本篇中,"好生""楚王失弓""论《甘棠》"等章展现了孔子思想中的人文因素。这些章节强调要胸怀天下、心系百姓,在处理事情的时候应把人放在最重要的位置,"好生而恶杀"。孔子把人的共同感情作为其学说的出发点,如"论《甘棠》"章,孔子讲"思其人,必爱其树;尊其人,必敬其位,道也",用人思虑的共性来评述《甘棠》一诗,此处所讲的合乎道义,指要符合人的共同感情。

  "孔子常自筮其卦"章,记载了孔子亲自占卜之事。孔子曾说:"赞而不达于数,则其为之巫;数而不达于德,则其为之史……吾求其德而已,吾与史巫同途而殊归者也。"孔子占卜并非预测吉凶、问道鬼神,而是观其德行,是以卦象卜辞中所包含的史实条目来反省自身行为,以增进修养。孔子观《贲》卦,虽吉不悦,实则是孔子对于自身的反省。

  "鲁公索氏"与"君子而强气"两章阐明了见微当知著、

思虑应深远的道理。文中讲"言其动于近，行于远也"，正是说做事、察人之时要见微知著，思虑深远。除此之外，两者既是方法论，也是修养论，微能致远，故而儒家提倡常积小善，勿为小恶。

"鲁人有独处室者"章讲述了鲁人有自知之明，谨守礼法的故事。孔子评价："期于至善，而不袭其为。"鲁人之所为告诫我们：要量力而行，根据自身的境遇做出选择。

除此之外，本篇其他故事还记叙了孔子善于听从他人意见的品格、对于心性之学的探讨以及对于文质问题的看法等。

鲁哀公问于孔子曰："昔者舜冠①何冠乎？"孔子不对。

公曰："寡人有问于子，而子无言，何也？"对曰："以君之问不先其大②者，故方思所以为对。"

公曰："其大何乎？"孔子曰："舜之为君也，其政好生而恶杀，其任授贤而替不肖，德若天地而静虚，化若四时而变物，是以四海承风，畅于异类，凤翔麟至，鸟兽驯德，无他也，好生故也。君舍此道而冠冕是问，是以缓对。"

◎**注释**　①〔冠〕戴。②〔大〕重要。

◎**大意**　鲁哀公问孔子："从前舜戴什么样的帽子？"孔子没有回答。

哀公说："我有问题问您，您却不说话，这是为何？"孔子答道："因为您提问题不是先从重要的开始提，所以我刚才正考虑应该怎样回答您。"

哀公问道："什么是重要的问题呢？"孔子回答："舜做君主的时候，为政爱惜生灵、不嗜杀戮。他任命官职，授予贤明之士而摒弃不肖之徒。他的德行如天地运转而虚静无欲，教化如四时交替而孕育万物。因此，天下之人普遍接受舜的教化，并通达于四方异族，凤凰飞翔集聚，麒麟也纷纷到来，连鸟兽也顺从德

◎ 好生第十

化。出现这种现象没有别的原因，就是由于舜爱惜生灵。您放弃这个大道理却询问冠冕之类的小事，所以我才回答得慢了。"

子读史，至楚复陈，喟然叹曰："贤哉，楚王！轻千乘之国而重一言之信。匪①申叔之信不能达其义，匪庄王之贤不能受其训。"

◎ 注释 ①〔匪〕通"非"，不，不是，没有。
◎ 大意 孔子读史书，当读到楚国恢复陈国政权一节时，感叹说："楚庄王真是贤明啊！把拥有千乘兵车的国家看得很轻，而看重一句话的信誉。没有申叔时的坚守信誉，就无法促成楚庄王实行道义；没有楚王的贤明，也不能接受申叔时的劝谏。"

孔子常自筮①其卦，得《贲》②焉，愀然有不平之状③。

子张进曰："师闻卜者得《贲》卦，吉也。而夫子之色有不平，何也？"孔子对曰："以其离④耶。在《周易》，山下有火谓之《贲》，非正色之卦也。夫质也，黑白宜正焉。今得贲⑤，非吾兆也。吾闻丹漆不文，白玉不雕。何也？质有余，不受饰故也。"

◎ 注释 ①〔常自筮〕常，通"尝"，曾经。筮，用蓍草卜问吉凶祸福或占卜疑难的事。②〔《贲（bì）》〕卦名。《易》六十四卦之一，卦象为离下艮上。③〔愀然有不平之状〕愀然，形容神色变得严肃或不愉快。不平，愤慨，不满。状，样子。④〔离〕模糊不清。⑤〔贲〕通"斑"，颜色斑杂不纯。
◎ 大意 孔子曾经自己占筮，一次筮得《贲》卦，于是神色严肃，显出不平和的面色。

子张上前问道："我听说占筮者筮得《贲》卦，是吉祥之兆。而夫子面露不平和的神色，这是为何？"孔子说："因为它含有迷离之义。在《周易》中，山下有火为《贲》卦，不是颜色纯正的卦象。就本质而言，黑色、白色应当是纯正

87

的颜色。现在我筮得色彩斑驳的卦象，并不是吉祥之兆。我听说红漆不用纹饰，白玉不用雕琢，为什么呢？因为它本质就很好了，不用再接受任何修饰。"

孔子曰："吾于《甘棠》，见宗庙之敬甚矣。思其人，必爱其树；尊其人，必敬其位，道也。"

◎**大意**　孔子说："我通过《甘棠》这首诗，可以看出宗庙之中人们对祖先极大的敬慕之情。想念一个人，必定爱惜他曾驻足过的树木；尊敬一个人，必定敬慕他停留过的地方，这是合乎道义的。"

子路戎服①见于孔子，拔剑而舞之，曰："古之君子，以剑自卫乎？"孔子曰："古之君子，忠以为质，仁以为卫，不出环堵②之室，而知千里之外。有不善则以忠化之；侵暴③，则以仁固之，何持剑乎？"子路曰："由乃今闻此言。请摄齐④以受教。"

◎**注释**　①〔戎服〕军服。此处意为穿着军服。②〔堵〕墙壁。③〔侵暴〕侵犯欺凌。④〔摄齐〕摄，牵曳，提起。齐，古代指长衣下部的缉边，后泛指长衣的下摆。

◎**大意**　子路身穿军服去拜见孔子，拔出宝剑舞了起来，对孔子说："古代的君子也用剑自卫吗？"孔子说："古代君子以忠诚为特质，用仁爱来护卫，不出房间就能知道千里之外的事情，有对自己不友善的人，便以忠诚感化他；对待侵犯欺凌自己的人，就用仁爱来稳住他，为何一定要用剑呢？"子路说："我今天才听到这样一番话。请允许我再次郑重地行礼，接受您的教诲。"

楚恭王出游，亡乌嗥之弓，左右请求之。王曰："止，楚王失弓，楚人得之，又何求之！"孔子闻之，曰："惜乎其不大①也，不曰人遗弓，人得之而已，何必楚也？"

◎ 好生第十

◎ **注释** ①〔大〕指心胸开阔。

◎ **大意** 楚恭王外出游猎，丢失了良弓，侍从请求找回来。楚王说："不要找了，楚王丢了弓，楚人会把它拾起来，又何必寻找呢？"孔子闻知此事，说："可惜楚王的心胸还不算开阔，不说有人丢了弓，肯定会有人捡走，为什么非得是楚国人呢？"

孔子为鲁司寇，断狱讼①，皆进众议者而问之，曰："子以为奚若？某以为何若？"皆曰云云如是，然后夫子曰："当从某子，几是②。"

◎ **注释** ①〔断狱讼〕断，判决，判罪。狱讼，诉讼的事情或案件。②〔几是〕几，接近。是，对。

◎ **大意** 孔子做了鲁国的司寇，审理案件时，都要邀请许多参与议论的人，向他们咨询，说："你认为怎么样？某某以为如何？"大家都纷纷发表见解，说应该这样那样，然后孔子说："应该听从某人的建议，接近是对的了。"

孔子问漆雕凭曰："子事①臧文仲、武仲及孺子容，此三大夫孰贤？"对曰："臧氏家有守龟②焉，名曰蔡。文仲三年而为一兆③，武仲三年而为二兆，孺子容三年而为三兆。凭从此之见，若问三人之贤与不贤，所未敢识也。"孔子曰："君子哉，漆雕氏之子！其言人之美也，隐而显；言人之过也，微而著。智而不能及，明而不能见，孰克如此？"

◎ **注释** ①〔事〕有供奉意，此处引申为尊崇。②〔守龟〕天子、诸侯、卿大夫占卜之龟。③〔兆〕本义为卜兆，即龟甲烧后的裂纹，古人以此判断吉凶。此处泛指占卜。

◎ **大意** 孔子问漆雕凭："你看臧文仲、武仲及孺子容，这三位大夫哪位是贤人？"漆雕凭回答："臧氏家中有一只用来占卜的龟，名叫蔡。文仲三年才用它占卜了一次，武仲三年占卜了二次，孺子容三年竟然占卜了三次。我对此有自己的见解，但如果要问三人哪个贤德哪个不贤德，我不敢贸然判断。"孔子说："漆雕氏的后代真是君子啊！他说别人的长处时，表述含蓄却能使意思明晰；他说别人的过失时，表述细微却能使意思不隐晦。那些有智慧却达不到，有眼光却不能发现的人，谁能做到这样呢？"

鲁公索氏将祭而亡其牲①。孔子闻之，曰："公索氏不及二年将亡。"后一年而亡。门人问曰："昔公索氏亡其祭牲，而夫子曰不及二年必亡。今过期②而亡，夫子何以知其然？"孔子曰："夫祭者，孝子所以自尽于其亲。将祭而亡其牲，则其余所亡者多矣。若此而不亡者，未之有也。"

◎**注释** ①〔亡其牲〕亡，丢失，走失。牲，供祭祀、盟誓和食用的家畜，这里特指供祭祀用的家畜。②〔期〕一周年。

◎**大意** 鲁国公索氏将要祭祀的时候，祭祀用的牲畜却丢了。孔子听说此事，说："公索氏不到两年就会衰亡。"一年以后，公索氏果然败亡了。孔子的弟子问他："从前公索氏丢失了用来祭祀的牲畜，您说用不了两年他必定衰亡。如今才过了一年公索氏果然败亡了，您根据什么知道一定会发生这样的事？"孔子说："祭祀，是孝子竭心尽力供奉先祖亲人的仪式。将要祭祀却把要用的牲畜弄丢了，那么其余丢失的东西就会更多了。像这样还不灭亡，是从来没有的现象。"

虞、芮二国争田而讼，连年不决。乃相谓曰："西伯仁也，盍往质①之？"入其境，则耕者让畔②，行者让路；入其朝，士让为大夫，大夫让为卿。虞、芮之君曰："嘻！吾侪③小人也，不可以履君子之庭。"遂自相与而退，咸以所争之田为闲田也。孔子曰："以此观之，文王之道，其不可加焉。不令而从，不教而听，至矣哉！"

◎ **注释** ①〔质〕询问。②〔畔〕田界。③〔侪（chái）〕同辈，同类的人。
◎ **大意** 虞、芮两国因争夺田地而打起了官司，连续多年没有结果。于是两国国君相互提出："西伯是仁德的君主，为什么不去请他给主持公道呢？"当他们进入西伯直接管辖的地区，就看到耕地的人互相推让田界，走路的人互相让道；到了西伯的朝廷，又看到士人互相推让做大夫，大夫彼此推让做卿。虞、芮两国国君说："唉！我等真是小人啊，怎么能踏入君子的朝堂呢。"于是各自互相推让着回去，都把原先有争议的田地作为无人耕种的空闲地对待。孔子说："从这件事来看，文王的道德已经到了无以复加的地步了。不用下达命令人们就能顺从，不用进行教化人们就能听从，真是达到至高无上的境界了。"

曾子曰："狎①甚则相简②，庄甚则不亲。是故君子之狎足以交欢③，其庄足以成礼④。"孔子闻斯言也，曰："二三子志⑤之，孰谓参也不知礼乎！"

◎ **注释** ①〔狎（xiá）〕亲近，接近。②〔简〕轻贱，怠慢。③〔交欢〕一起欢乐。④〔成礼〕符合礼仪，保持礼仪。⑤〔志〕记住。
◎ **大意** 曾子说："过分亲近就会显得轻贱，过分庄重就会显得不亲近。所以，君子应该做到，亲近，只要能结交朋友并取得对方的欢心就足够了；庄重，只要能保持礼仪就足够了。"孔子听到曾子的话，说："你们要记住这些话，谁说曾参不懂礼制呀！"

哀公问曰："绅、委、章甫①，有益于仁乎？"孔子作色而对曰："君胡然焉？衰麻苴杖②者，志不存③乎乐，非耳弗闻，服使然也；黼黻衮冕④者，容不亵慢⑤，非性矜庄，服使然也；介胄⑥执戈者，无退懦之气，非体纯猛，服使然也。且臣闻之，好肆不守折⑦，而长者不为市。窃⑧夫其有益与无益，君子所以知。"

◎**注释** ①〔绅、委、章甫〕绅，古代士大夫束于腰间，一头下垂的大带。委，委貌，周代冠名。章甫，商代的一种冠，后来用以称儒者之冠。②〔衰（cuī）麻苴杖〕衰麻，古代的丧服，用粗麻布制成，披在胸前，缠于头部和腰间。苴杖，古代孝子居父丧时所用的竹杖，也称哭丧棒。③〔存〕在。④〔黼黻衮冕〕黼黻，古代礼服所绣的花纹，也指礼服。衮冕，朝服。⑤〔亵慢〕举止不庄重。⑥〔介胄〕披甲戴盔。⑦〔折〕折本，亏损。⑧〔窃〕谦辞，私自，私下。这里是"私下认为"的意思。

◎**大意** 鲁哀公向孔子询问："各种礼制用的大带、委貌、章甫等衣冠，有益于仁政吗？"孔子突然变了脸色，回答："君主为什么这样问呢？身穿丧服、手执丧杖的人，心思不在音乐上，并不是耳朵听不见，而是身上穿的丧服使他这样；身穿华丽礼服、头戴礼冠的人，容貌举止庄重，这并不是本性矜持端庄，而是身上穿的礼服使他这样；身着铠甲、手持兵器的人，毫无退缩、怯懦的样子，并不是他本身纯正勇猛，而是身上穿的军服使他这样。而且我还听说，善于经商的人不会做亏本的生意，忠厚长者不会去做买卖。我私下认为，有益与无益，君子是可以分辨的。"

孔子谓子路曰："见长者而不尽其辞①，虽有风雨，吾不能入其门矣。故君子以其所能敬人，小人反是。"

◎**注释** ①〔尽其辞〕把话说完。

◎**大意** 孔子对子路说："见到长者没把该说的话说完，即使遇上风雨，我也不会进入他的家门。所以君子尽自己的能力来敬重别人，小人正好与这相反。"

孔子谓子路曰："君子以心导耳目，立义以为勇；小人以耳目导心，不愻①以为勇。故曰退之而不怨，先之斯可从已②。"

◎**注释** ①〔愻〕通"逊"，驯服。②〔已〕语气词，相当于"啊"。

◎**大意** 孔子对子路说："君子用心志引导耳目，把宣扬施行道义作为勇敢；小人用耳目引导心，把不驯服当作勇敢。所以说君子被屏退也不抱怨，让他带头也能做好表率，使别人能跟着他做。"

孔子曰："君子有三患。未之闻，患不得闻；既得闻之，患弗得学；既得学之，患弗能行。有其德而无其言，君子耻之；有其言而无其行，君子耻之；既得之，而又失之，君子耻之；地有余，民不足，君子耻之；众寡均而人功倍己焉，君子耻之。"

◎ **大意** 孔子说："君子有三种情况值得忧虑。没有听说的知识，担心无法听到；已经听说的知识，担心无法学到；已经学到的知识，担心无法付诸行动。具有良好品德而无法用语言表述，君子应该感到羞愧；言语能够表达清楚而无法付诸实施，君子应该感到羞愧；通过努力得到的而又失去，君子应该感到羞愧；田地有余，而拥有的百姓不够多，君子应该感到羞愧；领导的百姓人数多少一样，而他人取得的功绩是自己的数倍，君子应该感到羞愧。"

鲁人有独处室者，邻之釐妇①亦独处一室。夜，暴风雨至，釐妇室坏，趋而托焉。鲁人闭户而不纳，釐妇自牖②与之言："何不仁而不纳我乎？"鲁人曰："吾闻男女不六十不间居，今子幼，吾亦幼，是以不敢纳尔也。"妇人曰："子何不如柳下惠然？妪不逮③门之女，国人不称其乱。"鲁人曰："柳下惠则可，吾固不可。吾将以吾之不可，学柳下惠之可。"

孔子闻之曰："善哉！欲学柳下惠者，未有似于此者。期于至善，而不袭④其为，可谓智乎！"

◎ **注释** ①〔釐妇〕寡妇。釐，通"嫠"。②〔牖〕窗户。③〔妪不逮〕妪，妪伏，鸟类以体伏卵，使之孵化，此指以体相温。逮，赶上，来得及。④〔袭〕沿袭，照搬。

◎**大意** 鲁国有个人单独住在一间屋子里,邻居家的寡妇也独处一室。一天夜里,风雨交加,寡妇的房子被毁坏,便跑去要求借宿。那个鲁国人关上自己的房门不接纳她。寡妇通过窗户对他说:"为什么你这样不讲仁义,不让我进去?"那人说:"我听说男女不到六十岁不能同处一室。而现在你这么年轻,我也年轻,所以我不敢让你进来。"寡妇说:"你为什么不像柳下惠那样?他怀抱没来得及走出郭门的女子,鲁国上下却不说他淫乱。"那人说:"柳下惠能做到,而我不行。我准备用我做不到的事情效仿柳下惠能够做到的事情。"

孔子听闻此事,说:"太好了!想要学习柳下惠,从没有像这样做的。追求至善的境界,但不盲目照搬前人的做法,这可以说是明智的了!"

孔子曰:"小辩①害义,小言②破③道。《关雎》兴于鸟,而君子美之,取其雄雌之有别;《鹿鸣》兴于兽,而君子大④之,取其得食而相呼。若以鸟兽之名嫌之,固不可行也。"

◎**注释** ①〔小辩〕辩说琐碎的小事。②〔小言〕精微的言论。③〔破〕剖析,分析。④〔大〕认为……重要,即推崇。

◎**大意** 孔子说:"辩说琐碎的小事会损害大义,精微的言论却能剖析出大道理。《关雎》以鸟起兴,君子却认为它具有美感,是由于雎鸟雌雄分别有序;《鹿鸣》用兽起兴,君子却认为它非常重要,是由于鹿得到美食后互相招呼。如果因为这些诗以鸟兽取名而嫌弃它们,一定是行不通的。"

孔子谓子路曰:"君子而①强气②,而不得其死;小人而强气,则刑戮荐蓁③。《豳诗》曰:'殆天之未阴雨,彻彼桑土,绸缪牖户④,今汝下民,或敢侮余。'"

孔子曰:"能治国家之如此,虽欲侮之,岂可得乎?周自后稷,积行累功,以有爵土,公刘重之以仁。及至大王亶甫,敦以德让,其树根置本,备豫⑤远矣。初,大王都豳,翟⑥人侵之。事之以皮币⑦,

◎ 好生第十

不得免焉；事之以珠玉，不得免焉。于是属耆老⑧而告之：'所欲吾土地。吾闻之，君子不以所养而害人。二三子何患乎无君？'遂独与大姜去之，逾梁山，邑⑨于岐山之下。豳人曰：'仁人之君，不可失也。'从之如归市⑩焉。天之与⑪周，民之去殷，久矣，若此而不能王天下，未之有也。武庚恶能侮？《鄁诗》⑫曰：'执辔如组，两骖如儛⑬。'"

孔子曰："为此诗者，其知政乎！夫为组者，总纰⑭于此，成文于彼。言其动于近，行于远也。执此法以御民，岂不化乎？《竿旄》之忠告，至矣哉！"

◎ **注释** ①〔而〕如果。②〔强（jiàng）气〕桀骜不驯。③〔荐蓁（zhēn）〕同"荐臻"，连续不断地到来，一再遇到。荐，再，又，接连。④〔殆天之未阴雨，彻彼桑土，绸缪牖户〕殆，趁着。彻，剥。桑土，桑根。绸缪，紧密缠缚的样子。⑤〔备豫〕也作"备预"，预防，防备。⑥〔翟〕通"狄"，活动在我国北方地区的少数民族。⑦〔皮币〕毛皮和布帛。⑧〔属耆老〕召集当地的年长者。属，召集。耆老，泛指年长者或老年人。古人六十称耆，七十称老。⑨〔邑〕修建城邑。⑩〔归市〕趋向集市，形容多而踊跃。⑪〔与〕帮助。⑫〔《鄁（bèi）诗》〕下面所引诗句出自《诗经·郑风·大叔于田》，故"鄁"应为"郑"之误。⑬〔执辔如组，两骖（cān）如儛〕组，丝织的带子。骖，周代马车有驷马，外边两马为骖。儛，同"舞"。⑭〔总纰（pī）〕总，聚合，汇集。纰，指丝织物稀疏。

◎ **大意** 孔子对子路说："君子桀骜不驯，就不可能得以善终；小人桀骜不驯，刑罚和杀戮就会接连降临。《豳诗》上说：'趁着天还没下雨，急剥桑根把巢筑，尤其缠好门窗户。如今树下这些人，谁还敢来欺侮我！'"

孔子说："能够像这样治理国家，即使有人想欺侮他，难道可能做到吗？周朝自后稷以来，修积德行、勤累功绩，从而拥有爵位和土地，公刘更用仁义来推动。到周太王亶甫时期，进一步用德行和礼让来加强治理，他树立了立国的根本，有长远的准备和预见。当初，太王建都于豳地，翟族人来侵犯，于是太王送给他们毛皮和布帛，却没能避免被侵犯；送给他们珠宝、美玉，也没能免除被侵犯。于是太王召集当地的长老，告诉他们：'翟人想要的是我们的土地。我听说，君子不会为了养育人的土地而使百姓遭受祸害。你们哪用担心没有君主呢？'于是他只和太姜一起离开，翻越梁山，在岐山下建起新的城邑。豳地的百姓说：'这是一位对百姓仁德的君主，我们不能失去他。'于是人们追随太王，好像赶集一样纷纷而去。上天帮助周朝，百姓与殷朝离心离德由来已久。像这样如果还不能统治天下，那是没有的。武庚怎么能够欺侮他呢？《郑风》说：'手握缰绳如同编织丝带，条理分明；两旁马儿奔驰像舞蹈，有条不紊。'"

孔子说："作这首诗的人，确实很懂得为政的道理啊！织丝带的人，这头汇聚稀疏的丝缕，那头却织成了各色锦绣花纹。这是说在近处有行动，却能影响到深远之处。掌握这个方法用来管理百姓，怎么能不化育天下呢？《竿旄》的忠告，达到最高境界了啊！"

卷三 观周 第十一

春秋末期，周王室虽然衰微，但依然具有浓厚的礼制文化底蕴，所以孔子西至洛邑"观周"。

孔子观明堂，得出周兴盛的原因，认为君主应致力于学习如何安身立命；孔子参观庙堂，教导弟子们立身行事应审慎；孔子还问礼于老聃，访乐于苌弘。观周之行显露出孔子对周朝政治制度的向往，也使孔子对周公更加敬仰；观周之行，使得孔子"道弥尊矣"。

本篇最后一章孔子与老子的对话，表现了两位先贤明知道不可为，却依然为之的精神。

此外，本篇第一章有关孔子先祖世系的记载，对于研究孔子的生平和思想有重要价值；问礼老聃的记载，对于研究早期儒、道关系也具有重大意义。

孔子谓南宫敬叔[1]曰："吾闻老聃博古知今，通礼乐之原，明道德之归，则吾师也。今将往矣。"对曰："谨受命。"遂言于鲁君曰："臣受先臣之命云，'孔子，圣人[2]之后也，灭于宋[3]，其祖弗父何始有国而授厉公，及正考父，佐戴、武、宣，三命[4]兹益恭。故其鼎铭[5]曰："一命而偻，再命而伛，三命而俯[6]，循墙而走，亦莫余敢侮。饘[7]于是，粥于是，以糊其口。"其恭俭也若此。臧孙纥有言："圣人之后，若不当世[8]，则必有明德而达者焉。"孔子少而好礼，其将在矣。'属[9]臣曰：'汝必师之。'今孔子将适周，观先王之遗制，考礼乐之所极，斯大业也，君盍以乘资之？臣请与往。"公曰："诺。"与孔子车一乘，马二匹，竖子侍御[10]。敬叔与俱至周。

问礼于老聃，访乐于苌弘，历郊社[11]之所，考明堂[12]之则，察庙朝之度。于是喟然曰："吾乃今知周公之圣，与周之所以王也。"

及去[13]周，老子送之，曰："吾闻富贵者送人以财，仁者送人以言。吾虽不能富贵，而窃仁者之号，请送子以言乎：凡当今之士，聪明深察而近于死者，好讥议人者也；博辩闳达而危其身，好发人之恶者也。无以有己为人子者，无以恶己为人臣者。"孔子曰："敬奉教。"

自周反鲁，道弥尊矣。远方弟子之进，盖三千焉。

◎ **注释** ①〔南宫敬叔〕鲁国贵族孟僖子的儿子，受父嘱而师从于孔子。②〔圣人〕指商汤。汤为殷商开国之君，宋为殷商之后，孔子先祖为宋国公族，故称孔子为圣人之后。③〔灭于宋〕孔子的六世祖孔父嘉之妻貌美，宋国的华督杀害孔父嘉，夺其妻，孔父嘉后人为避祸而奔鲁。④〔三命〕当时命数表示地位的高低差异。正考父为三命之卿，已是非常尊显。⑤〔鼎铭〕鼎上铸刻的铭文。古时臣有功德，君命铭于宗庙之鼎。⑥〔一命而偻，再命而伛(yǔ)，三命而俯〕偻、伛，都是弯腰之意。俯，弯腰屈身，表示更加谦虚、恭敬。⑦〔饘(zhān)〕稠粥。⑧〔当世〕当政，执政，指在位为君。⑨〔属〕通"嘱"，嘱咐，嘱托。⑩〔侍御〕为尊者驾车。⑪〔郊社〕郊，冬至日祭天于南郊。社，夏至日祭地于北郊。鲁国承周公之后，得享天子之礼，也有郊社之礼。⑫〔明堂〕周天子宣明政教之处，也作为祭祀、选贤、纳谏、庆赏、教学或其他国家重大事务的活动场所。⑬〔去〕离开。

◎ **大意**　孔子对南宫敬叔说："我听说老聃博古知今，懂得礼乐的根本，明了道德的宗旨，他就是我的老师了。现在我要去拜访他。"南宫敬叔回答："谨从您的吩咐。"于是他进见鲁国国君昭公，说："我曾领受我父亲的遗命，遗命说，'孔子是圣人的后代，家族在宋国灭绝了。他的十世祖弗父何本来享有宋国的继承权，但是让给了他的弟弟宋厉公。他的七世祖正考父辅佐了宋国戴、武、宣三代国君，在享有三命的爵禄后却越发恭谨。他自己的鼎上铭文说："一命低头曲背，二命弯腰躬身，三命俯身躬背，沿着墙快步小跑，也没有人敢侮辱我。稠粥在这里烧煮，稀粥在这里烧煮，都是为了糊口而已。"他的恭俭庄敬就是这样。臧孙纥曾经说过："圣人的后代如果不能做国君，那么必定有明德而显达的。"孔子少年时代就喜好学习礼制，显达的人恐怕就是孔子了。'他嘱咐我说：'你一定要拜他为师。'现在孔子将要访问宗周，学习先王遗留的政教制度，考察礼乐文化的最高境界，这是一项重大的事业啊，您为什么不以车马资助他呢？我请求与他一同去。"昭公说："好。"给了孔子一辆车、两匹马，以及童仆和驾车的人。敬叔与孔子一同到了宗周。

孔子向老聃学习礼制，与苌弘交流音乐知识，游历郊社之所，考察宗周的明堂制度，了解宗周的宗庙、朝廷的法度。孔子感慨地说："我现在终于知道周公圣明和周取得天下的原因了。"

到孔子离开宗周的时候，老子为孔子送行说："我听说在送行的时候，富贵的人送给人钱财，仁德的人送给人箴言。我不是富贵的人，姑且冒用仁者的称号，送给你几句话吧：但凡当今的士人君子，聪明智慧，认识深刻，却陷入危险而濒临死亡境地的，是喜好讥讽、议论别人的缘故；博学雄辩，胸怀大志，自身却陷入危难境地的，是喜好揭露、昭示别人隐恶的缘故。作为儿子不应该时刻惦记自己的存在，作为臣下不应该使君主憎恶自己。"孔子说："谨从您的教诲。"

从宗周返回鲁国后，孔子的道术更加被尊崇，远近来求学的弟子大约有三千人。

孔子观乎明堂，睹四门墉有尧舜之容①、桀纣之象，而各有善恶之状、兴废之诫焉。又有周公相成王，抱之负斧扆②，南面以朝诸侯之图焉。孔子徘徊而望之，谓从者曰："此周之所以盛也。夫明镜所以察形，往古者所以知今。人主不务袭迹③于其所以安存，而忽怠④所以危亡，是犹未有以异于却走而欲求及前人也，岂不惑哉！"

孔子观周，遂入太祖后稷之庙。庙堂右阶之前，有金人焉。三缄⑤其口，而铭其背曰："古之慎言人也，戒之哉！无多言，多言多败；无多事，多事多患。安乐必戒，无所行悔。勿谓何伤，其祸将长；勿谓何害，其祸将大；勿谓不闻，神将伺⑥人。焰焰⑦不灭，炎炎⑧若何？涓涓不壅，终为江河；绵绵不绝，或成网罗；毫末不札，将寻斧柯⑨。诚能慎之，福之根也。口是何伤⑩？祸之门也。强梁⑪者不得其死，好胜者必遇其敌。盗憎主人，民怨其上。君子知天下之不可上也，故下之；知众人之不可先也，故后之。温恭慎德，使人慕之；执雌持下，人莫踰之。人皆趋彼，我独守此；人皆或之，我独不徙。内藏我智，不示人技。我虽尊高，人弗我害，谁能于此？江海虽左，长于百川，以其卑也。天道无亲，而能下人。戒之哉！"

孔子既读斯文也，顾谓弟子曰："小子识之！此言实而中，情而信。《诗》曰：'战战兢兢，如临深渊，如履薄冰。'行身如此，岂以口过患哉？"

孔子见老聃而问焉，曰："甚矣，道之于今难行也。吾比⑫执道，而今委质⑬以求当世之君，而弗受也。道于今难行也。"老子曰："夫说者流⑭于辩，听者乱⑮于辞，如此二者，则道不可以忘⑯也。"

◎**注释** ①〔睹四门墉（yōng）有尧舜之容〕墉，门口的墙壁。容，像。②〔负斧扆（yǐ）〕负，背对。斧扆，古代宫殿内设在门和窗之间的大屏风。③〔袭迹〕沿袭他人的行径，引申为从师学习。④〔忽怠〕轻慢，轻视。⑤〔缄〕封。⑥〔伺〕

候望，观察。⑦〔焰焰〕火苗初起。⑧〔炎炎〕火苗升腾。⑨〔毫末不札，将寻斧柯〕毫末，毫毛的末端，比喻极其细微。札，拔。寻，用。⑩〔伤〕创伤，损害。⑪〔强梁〕粗暴、残忍、凶狠、欺凌弱小的人。⑫〔比〕先前，本来。⑬〔委质〕又作"委贽"，指人臣拜见君主时，屈膝委体于地，后引申为托身、归顺。质，形体。⑭〔流〕流连，沉溺。⑮〔乱〕扰乱，迷惑。⑯〔忘〕舍弃，遗忘。

◎**大意**　孔子参观了宗周的明堂，看到四个门口的墙上分别画有尧、舜和桀、纣的肖像，各有善恶不同的形状；以及有关王朝兴盛与灭亡的戒语；还有周公辅佐成王，抱着年幼的成王背对屏风，面向南接受诸侯朝拜的图像。孔子缓慢行走，仔细观望之后，对跟从的人说："这就是周朝兴盛的原因了。明镜是用来审察形体容貌的，借助学习古代的东西可以了解当今。君主不能致力于学习如何安身立命，却忽视、怠慢陷入危亡境地的因素，就如同向后跑却想追上前面的人一样，难道不是很糊涂吗？"

孔子在宗周参观，进入太祖后稷的庙堂。庙堂右边台阶的前面立有铜人，嘴巴被封了三层，而背上有这样的铭文："这是古时审慎说话的人，以此为戒！不要多说话，说话多则过失多；不要多事，多事则多忧患。安逸快乐时一定要警醒，不做任何使自己后悔的事情。不要说有什么损害，不然祸患将一天天增长；不要说没有别人听到，神灵会暗暗地观察着人的行为。火苗初起的时候不去扑灭，等到烈火熊熊时又将怎么办呢？涓涓细流不去堵塞，最终或许就会汇集成江河；绵绵细丝不予斩断，或许就会织成罗网；草木萌芽时不能拔除，将来一定要用大斧。如果确实能够谨慎行事，也就确立了福佑的基础。人的嘴巴有什么坏处呢？它是招祸之门。好勇斗狠的人不得好死，争强好胜的人必定遇到匹敌的对手。盗贼憎恨财物的主人，百姓怨恨他们的上级长官。君子知道自己不能位居天下人之上，因此甘居人下；知道自己不能位列天下人之先，因此甘居人后。温和恭敬，谨慎仁德，使别人倾慕自己的品德；示弱处下，也没有人凌驾于自己之上。别人都奔向别处，只有我坚守此处；别人都在转移，我却坚定不移。胸中埋藏着我的智慧，不向别人显示我的技能。这样，即使我位尊爵高，别人也不会伤害我，谁能做到这些呢？江海虽然位居东边，但是百川之长，正是由于位置卑下。天道行事没有偏爱，还能谦逊对人。以此为戒！"

孔子读完这段铭文，回头对弟子们说："你们记住这些话！这些话实在、中肯，合情可信。《诗》中说：'战战兢兢，就像面临深渊，就像脚踩薄冰。'如果这样立身行事，怎么会因为说话招来祸患呢？"

孔子拜见老子，请教老子说："如今实行道真是太难了！我本来执守大道，现在却请求当今的国君贯彻执行，然而没有被接受。如今实行道真是太难了。"老子说："那些宣扬道的人沉溺于巧辩，接受道的人又被浮华的言辞迷惑，在这两种情况下，更不可以舍弃大道。"

弟子行 第十一

在这一篇中,子贡据其所知,向卫将军文子介绍了孔子几位主要弟子的情况。

在篇首,卫将军指出孔门施教的顺序:《诗》以达情,《书》以言志;用孝悌、仁义来规整人的感情,平衡情感与理智的世界,学会表达自己的感情;然后学习礼乐,礼乐是与他人交流、生存于世、为政从政的主要方式;通达了这些内容以后,还需要"成之以文德"。

子贡分别对颜回、冉雍、仲由等他所熟知的几位孔门弟子进行了评价。事后,子贡又以其所言俱告孔子,由此引发了孔子对于知人、识人问题的谈论。

本篇的后半部分,记载了孔子对伯夷、叔齐、赵文子等古代贤人的评鉴。孔子进一步论证了知人、识人需要"目之所睹,耳之所闻",透过表象了解其内在品质。

卫将军文子问于子贡曰："吾闻孔子之施教①也，先之以《诗》《书》，而道②之以孝悌，说之以仁义，观之以礼乐，然后成之以文德。盖入室升堂者，七十有余人。孰为贤③？"子贡对以不知。

◎**注释** ①〔施教〕施行教育。②〔道〕同"导"，引导。③〔贤〕胜，优秀。
◎**大意** 卫国将军文子询问子贡说："我听说孔子施行教化，先是教给弟子有关《诗》《书》方面的知识，然后用孝和悌的思想引导弟子，用仁义说服弟子，用礼乐启示弟子，最后使弟子成就道艺并成为德行高尚的人。孔门弟子中学问进入高深境界的有七十多人，其中谁又是最优秀的呢？"子贡回答说不知道。

文子曰："以吾子①常与②学，贤者也，不知何谓？"子贡对曰："贤人无妄，知贤即难，故君子之言曰：'智莫难于知人。'是以难对也。"

◎**注释** ①〔吾子〕对对方的尊称，相当于"您"。②〔与〕跟随。
◎**大意** 文子说："您常常和他们一起学习，您也是位贤者，怎么说不知道呢？"子贡回答说："贤德的人不能对人妄加评论，知道谁贤能就更难了，所以君子说：'最大的智慧莫过于认识别人。'因此我很难回答您的问题。"

文子曰："若夫知贤，莫不难。今吾子亲游焉，是以敢问。"子贡曰："夫子之门人，盖有三千就①焉。赐有逮及②焉，未逮及焉，故不得遍知以告也。"

◎**注释** ①〔就〕靠近，接近。②〔逮及〕在一起。
◎**大意** 文子说："至于了解贤人，没有不困难的。现在您在孔子处游学，所以我才敢冒昧地问您。"子贡说："先生的弟子，大约有三千人。有些是我交往过的，有些是没有交往过的，所以不能把他们的情况全都清楚地告诉您。"

文子曰："吾子所及者，请问其行！"子贡对曰："夫能夙兴夜寐，讽诵崇礼，行不贰过，称①言不苟，是颜回之行也。孔子说之以《诗》曰：'媚兹一人，应侯慎德'，'永言孝思，孝思惟则'。若逢有德之君，世受显命②，不失厥③名；以御于天子，则王者之相也。

◎**注释** ①〔称〕举，这里有"说"的意思。②〔显命〕显赫的恩命。指帝王给予的美誉。③〔厥〕代词，他的。

◎**大意** 文子说："就您所交往的这些人，我想问问他们的品行。"子贡回答："能够早起晚睡，背诵经书，崇尚礼义，不再犯已犯过的错误，说话从不苟且的，这是颜回的品行。孔子用《诗》中的话来评价他：'足以得到天子爱，唯有慎德更应该'，'永把孝心来保持，可为法则示后代'。如果颜回遇上有德行的君主，就会世代享用帝王给予的美誉，名号不会丧失；如果被君主任用，就会成为君主的辅佐者。

"在贫如客，使其臣如借，不迁怒，不深怨，不录旧罪，是冉雍之行也。孔子论其材曰：'有土之君子也，有众使也，有刑用也，然后称怒。'孔子告之以《诗》曰：'靡不有初，鲜克有终。'①匹夫不怒，唯以亡其身。

◎**注释** ①〔靡不有初，鲜克有终〕靡，没有。鲜，很少。克，能。

◎**大意** "身处贫困之中，却能矜持庄重如同做客一样，役使臣子如同借用他们的力量一般，不迁怒于别人，不深深地抱怨别人，不记恨旧仇，这是冉雍的品行。孔子评论他的品行说：'先成为有土地的君子，有百姓可以役使，有刑法可以施用，然后才会说些发怒的话。'孔子用《诗》的话告诉他：'善良本性谁都有，始终保持却很难。'一般人不会轻易发怒，就因为一发怒只会伤害身体。

"不畏强御，不侮矜寡①，其言循性，其都以富，材任治戎②，是仲由之行也。孔子和之以文，说之以《诗》曰：'受小拱大拱，而为下国骏厖。荷天子之龙'③，'不戁④不悚'，'敷奏⑤其勇'。强乎武⑥哉！文不胜⑦其质。

◎**注释** ①〔不侮矜寡〕侮，侵犯，欺负。矜，通"鳏"。老而无妻曰鳏，老而无夫曰寡。②〔戎〕军旅。③〔而为下国骏厖（máng）。荷天子之龙〕厖，厚。龙，通"宠"，光宠。④〔戁（nǎn）〕恐。⑤〔奏〕推荐。⑥〔武〕勇敢。⑦〔胜〕超过。
◎**大意** "不畏强暴，不欺负鳏寡，说话遵循本性，居官富庶一方，才能足够治理军队，这就是子路的品行。孔子以文章与他唱和，用《诗》评价他说：'遵守大法和小法，对下国仁厚和宽大。担负上天的光宠'，'毫不恐惧和忧虑'，'施展他的勇气'。真是勇敢刚强啊！他的文采掩饰不了他的朴实。

"恭老恤幼，不忘宾旅①，好学博艺，省物而勤也，是冉求之行也。孔子因而语之曰：'好学则智，恤孤②则惠③，恭则近礼，勤则有继④。尧舜笃恭，以王天下。'其称之也曰：'宜为国老⑤。'

◎**注释** ①〔宾旅〕在外的旅客。②〔孤〕幼而无父。③〔惠〕仁爱，仁惠。④〔继〕增益。⑤〔国老〕古代退职的卿大夫。
◎**大意** "尊敬长辈，同情幼孤，不忘在外的旅客，喜好学习，博通技艺，办事俭省而又勤劳，这是冉求的品行。孔子因而对他说：'喜好学习就会聪明，抚恤幼孤就会仁爱，对人恭敬就能接近礼义的要求，辛勤就有接连不断的收获。尧和舜忠诚谦恭，所以统有天下。'孔子称赞说：'他适合担任国老。'

"齐庄①而能肃，志通而好礼，摈相②两君之事，笃雅有节，是公西赤之行也。子曰：'礼经三百，可勉能也；威仪③三千，则难也。'公西赤问曰：'何谓也？'子曰：'貌以傧礼，礼以傧辞，是谓难焉。'众人闻之，以为成也。孔子语人曰：'当宾客之事，则达

矣。'谓门人曰：'二三子之欲学宾客之礼者，其于赤也。'

◎**注释** ①〔齐庄〕恭敬。齐，同"斋"。②〔摈相〕为君主主持礼仪之事。出接宾曰摈，入赞礼曰相。③〔威仪〕祭享等典礼中的动作仪节及待人接物的礼仪。

◎**大意** "恭敬端庄而且态度严肃，志向通达而且喜欢礼仪之事，在两君相会时出任摈相，忠诚典雅而且遵守礼节，这是公西赤的品行。孔子说：'礼经三百，可以通过努力掌握；三千项威严的礼仪，施行起来就不容易了。'公西赤问：'为什么这样说呢？'孔子说：'做摈相要根据不同人的容貌来行礼，辞令需要根据礼仪要求来讲，所以说很困难。'众人听孔子这么说，认为公西赤已经有所成就了。孔子对弟子说：'如果是迎送宾客这件事，公西赤他已经做到了。'孔子又对弟子们说：'你们想学习迎送宾客的礼仪，就向公西赤学习吧。'

"满①而不盈，实而如虚，过之如不及，先王难之；博无不学，其貌恭，其德敦；其言于人也，无所不信；其骄大人也，常以浩浩，是以眉寿②。是曾参之行也。孔子曰：'孝，德之始也；悌，德之序③也；信，德之厚也；忠，德之正也。参中④夫四德者也。'以此称之。

◎**注释** ①〔满〕充足。②〔眉寿〕长寿。③〔序〕次第相从，此为接续义。④〔中〕符合，恰好对上。

◎**大意** "充足却不外溢，充实却如同虚空，已经远远超过却像是还未达到，对此先王也难以做到；知识广博，无所不学，他的外表恭敬，他的德行敦厚；他对别人说的话，没有不可信的；他能够傲视那些富贵者，始终保持一种浩然之气，因此能够长寿。这是曾参的品行。孔子说：'孝，是德行的开端；悌，是德行的次序；信，是德行的加深与丰厚；忠，是德行的准则。曾参符合这四种德行。'孔子就是这样赞扬曾参的。

"美功不伐，贵位不善①，不侮不佚②，不傲无告，是颛孙师之行也。孔子言之曰：'其不伐则犹可能也，其不弊③百姓，则仁也。'诗云：'恺悌君子，民之父母。'夫子以其仁为大。

◎ **注释** ①〔不善〕面无喜色。②〔佚〕逸乐，放荡。③〔弊〕蒙蔽，愚弄。
◎ **大意** "有美德和功劳却不夸耀，处于尊贵的地位却不沾沾自喜，不自我放任以贪功慕势，不凌傲贫苦无告的百姓，这是颛孙师的品行。孔子评价他说：'不自夸，一般人也可以做到，能够不愚弄百姓却是他突出的仁义之举。'《诗》说：'君子和乐而又平易，为民父母顺民意。'先生最看重他的仁德。

"学之深，送迎必敬，上交下接若截①焉，是卜商之行也。孔子说之以《诗》曰：'式夷②式已，无小人殆。'若商也，其可谓不险矣。

◎ **注释** ①〔若截〕喻区别严格，界限分明。②〔式夷〕式，用。夷，平。
◎ **大意** "学习能够深入，迎送宾客一定恭敬，交往上层和接触下层都界限分明，这是卜商的品行。孔子用《诗》的话评价他说：'心平气和已可贵，不因小人而殆危。'像卜商这样，大概是不会有什么危险的。

"贵之不喜，贱之不怒，苟利于民矣，廉于行己，其事上也以佑其下，是澹台灭明之行也。孔子曰：'独贵独富，君子耻之，夫也中①之矣。'

◎ **注释** ①〔中〕当。
◎ **大意** "地位高贵的时候不自喜，地位低贱的时候不怨怒，只求对百姓有利，注重自身行为廉洁，侍奉上司，以此来佑助部下，这是澹台灭明的品行。孔子说：'只求独自一人富贵，君子认为这是可耻的，澹台灭明就是这样的君子。'

"先成其虑①，及事而用之，故动则不妄，是言偃之行也。孔子曰：'欲能则学，欲知则问，欲善则详，欲给则豫②，当是而行，偃也得之矣。'"

◎ **注释** ①〔虑〕谋划。②〔欲给则豫〕给，指成功，实现。豫，指事先准备。
◎ **大意** "先做好计划，等到有事时就按计划而行，所以从不会轻举妄动，这就是言偃的品行。孔子说：'想要有才能就要学习，想要掌握知识就要多问别人，想把事情做好就要周详慎重，想要达到目的就要事先有准备。应当这样来行动的，而言偃已经做到了。'"

"独居思仁，公言仁义，其于《诗》也，则一日三复'白圭之玷'，是宫縚①之行也。孔子信其能仁，以为异士②。"

◎ **注释** ①〔宫縚（tāo）〕孔子弟子，即南宫縚，又称南宫适，鲁国人。②〔异士〕不同寻常的人。
◎ **大意** "独处时思考仁义，在公众面前宣扬仁义，读《诗》时一天重复三次'白圭之玷'，这就是南宫縚的品行。孔子相信他能够施行仁爱，把他看成是不同寻常的人。"

"自见孔子，出入于户，未尝越礼；往来过之，足不履①影；启蛰不杀，方长不折；执亲之丧，未尝见齿。是高柴之行也。孔子曰：'柴于亲丧，则难能也；启蛰不杀，则顺人道；方长不折，则恕仁也。成汤恭而以恕，是以日跻②。'"

◎ **注释** ①〔履〕踩。②〔跻（jī）〕升。
◎ **大意** "自从拜见孔子之后，进出门户，未曾违背礼节；来来往往经过门口，两脚从未踩到别人的身影上;春分时候动物从冬眠中醒来活动时,从来不杀害它们,草木生长时不折断它们;为双亲守孝时,从未见他开口笑过。这是高柴的品行。孔子说:'高柴为父母守孝的诚心,一般人很难做到;动物启蛰出来活动时不杀生,是顺应为人之道的;草木生长时不去折断它们,是推己及物和仁爱的表现。成汤谦恭而且推己及人,因而能日渐发展起来。'

"凡此诸子,赐之所亲睹者也。吾子有命而讯赐,赐也固①,不足以知贤。"

◎**注释** ①〔固〕愚陋。
◎**大意** "以上所说的这几位的品行,是我亲眼所见的。您有命令问我,我不得不答复,只是我很愚钝,无法真正了解贤人。"

文子曰:"吾闻之也,国有道则贤人兴焉,中人用焉,乃百姓归之。若吾子之论,既富茂矣。壹①诸侯之相也,抑②世未有明君,所以不遇也。"

◎**注释** ①〔壹〕皆,一律。②〔抑〕可是,然而。
◎**大意** 文子说:"我听说国家政治清明时,贤能的人就出来,就会有中庸之人被任用,于是老百姓纷纷归附。至于您所谈论的,已经非常丰富、全面了。他们都可以做诸侯的辅佐者,只是居于当今之世而没有圣明君主出现,所以得不到任用,才能无法施展。"

子贡既与卫将军文子言,适①鲁,见孔子曰:"卫将军文子问二三子之于赐,不壹而三②焉。赐也辞不获命,以所见者对矣,未知中否,请以告。"

◎ 弟子行第十二

◎ **注释** ①〔适〕到。②〔不壹而三〕再三询问。
◎ **大意** 子贡与卫国将军文子交谈完后,到了鲁国,拜见孔子说:"卫将军文子向我问起师兄弟们的情况,并且再三询问。我推辞不过,就把看到的一些情况告诉了他,不知道是否合适,请让我讲给您听。"

孔子曰:"言之乎。"子贡以其辞状①告孔子。子闻而笑曰:"赐,汝次②为人矣。"子贡对曰:"赐也何敢知人,此以赐之所睹也。"

◎ **注释** ①〔状〕情况,情形。②〔次〕编次,排次序。
◎ **大意** 孔子说:"讲吧。"子贡把他与卫将军文子的话陈述给孔子听。孔子听了笑着说:"端木赐,你已经懂得人的高下次序了。"子贡回答:"我哪里敢说了解别人,这仅仅是我目睹的情况。"

孔子曰:"然。吾亦语汝耳之所未闻,目之所未见者,岂思之所不至,智之所未及哉?"子贡曰:"赐愿得闻之。"

◎ **大意** 孔子说:"是的。我还要告诉你一些没有听过,没有看到过的东西,这些恐怕是你思虑无法达到,智慧无法赶上的吧!"子贡说:"我想听听。"

孔子曰:"不克①不忌,不念旧怨,盖伯夷、叔齐②之行也;思天而敬人,服义而行信,孝于父母,恭于兄弟,从善而不教,盖赵文子③之行也;其事君也,不敢爱其死,然亦不敢忘其身,谋其身不遗其友,君陈则进而用之,不陈则行而退,盖随武子④之行也;其为人之渊源也,多闻而难诞⑤,内植⑥足以没其世⑦,国家有道,其言足以治,无道,其默足以生,盖铜鞮伯华⑧之行也;外宽而内正,自极于隐括⑨

之中，直己而不直人，汲汲⑩于仁，以善自终，盖蘧伯玉⑪之行也；孝恭慈仁，允德图义，约货去怨，轻财不匮⑫，盖柳下惠之行也；其言曰：君虽不量于其身，臣不可以不忠于其君。

◎**注释** ①〔克〕喜欢与人争胜。②〔伯夷、叔齐〕商末孤竹君之子。伯夷为长子。初，孤竹君以次子叔齐为继承人。孤竹君死后，叔齐让位，伯夷却不接受。后两人奔周。及周武王灭商，天下宗周，伯夷、叔齐以之为耻，不食周粟，隐居首阳山，后来饿死。两人被认为是品德高尚的典范。③〔赵文子〕即赵武，春秋时晋国大夫，赵朔之子。④〔随武子〕又称随会、范会、士会、范武子，春秋时晋国大夫。⑤〔诞〕欺诈，欺骗。⑥〔植〕指性情刚直。⑦〔没其世〕指长久，终其身。⑧〔铜鞮（dī）伯华〕即羊舌氏，名赤，字伯华，春秋时晋国大夫。铜鞮是羊舌氏的食邑名，治今山西沁县南。⑨〔隐括〕矫正邪曲的器具，引申为标准、规范。⑩〔汲汲〕急切的样子。⑪〔蘧（qú）伯玉〕即蘧瑗，春秋时卫国大夫。孔子在卫国时，曾住在他家。⑫〔匮〕缺乏。

◎**大意** 孔子说："不与人争胜，不嫉妒旁人，不计较往日仇恨，这大概是伯夷、叔齐的品行；心存天意而且尊敬别人，信服于义而行事有信，对父母孝顺，对兄弟恭敬，一心向善而又不需要教化，这大概是赵文子的品行；侍奉君主，不敢苟且偷生，然而也不敢轻易死于非义，为自己着想但也不忘掉朋友，君主重用时就尽心尽力地去干，不被任用时就退隐，这大概是随武子的品行；为人思虑深沉不测，博闻多识而又不轻易被欺骗，内心刚直并终生坚持，天下太平时，他的言语足以用来治理国家，天下黑暗时，他的沉默足以求得生存，这大概是铜鞮伯华的品行；外表宽仁而内心正直，遵循一定的标准而随时端正自己的行为，只求自身正直却不强求别人也正直，心情急切地追求仁德，终身行善，这大概是蘧伯玉的品行；孝顺恭敬，慈善仁爱，修养德行，一心向义，节省财货而消除怨恨，轻视财物却无所匮乏，这大概是柳下惠的品行；曾有言曰：君主虽然不考虑臣下的才能，但臣下不可以不效忠君主。

"是故君择臣而任之，臣亦择君而事之。有道顺命，无道衡命。盖晏平仲之行也；蹈①忠而行信，终日言不在尤②之内，国无道，处贱不闷，贫而能乐，盖老子之行也；易行以俟③天命，居下不援其上，其观于四方也，不忘其亲，不尽其乐，以不能则学，不为己终身之忧，盖介子山④之行也。"

◎ **注释** ①〔蹈〕实行。②〔尤〕过。③〔俟（sì）〕等待。④〔介子山〕即介之推，或作介子推、介推，春秋时晋国大夫。后与母亲隐居绵上（今山西介休东南）山中而死。

◎ **大意** "所以君主要选择臣下而加以任用，臣子也要选择君主而加以侍奉。君主圣明就顺从他的命令，君主昏庸就不受其命。这大概就是晏平仲的品行；按忠信来行动，终日言谈也不会有任何过失，国家昏暗时，地位低贱却不忧闷，身处贫困却依然安乐，这大概是老子的品行；修养德行以等候天命，地位低下却不攀附上司，游观四方时，不忘双亲，不尽情享乐，没有能力就去学习、请教，不使它成为终身的忧虑，这大概是介子推的品行。"

子贡曰："敢问夫子之所知者，盖尽于此而已乎？"孔子曰："何谓其然？亦略举耳目之所及①而矣。昔晋平公问祁奚②曰：'羊舌大夫③，晋之良大夫也。其行如何？'祁奚辞以不知。公曰：'吾闻子少长乎其所，今子掩④之，何也？'祁奚对曰：'其少也恭而顺，心有耻而不使其过宿；其为大夫，悉善而谦其端；其为舆尉⑤也，信而好直其功；至于其为容也，温良而好礼，博闻而时出其志。'公曰：'曩者⑥问子，子奚曰不知也？'祁奚曰：'每位改变，未知所止，是以不敢得知也。'此又羊舌大夫之行也。"子贡跪曰："请退而记之。"

◎ **注释** ①〔及〕达到。②〔祁奚〕晋国大夫，祁午之父。③〔羊舌大夫〕春秋时晋国大夫，叔向祖父，史佚其名。羊舌是其食邑名。④〔掩〕隐瞒。⑤〔舆尉〕负责国君车驾的军尉。⑥〔曩者〕从前。

◎ **大意** 子贡说："我冒昧地问先生，您知道的大概就是这些吗？"孔子说："怎么能这么说呢？我也只是举出耳闻目睹的罢了。从前，晋平公问祁奚说：'羊舌大夫是晋国优秀的大夫，他的品行怎么样？'祁奚推辞说不知道。晋平公又问：'我听说您小时候在他家长大。现在您掩饰不说，为什么呢？'祁奚回答：'他年轻的时候，谦恭和顺，心中感觉羞耻的事情能在当天立即改正；他担任大夫之后，能尽善道而又谦恭正直；他出任舆尉以后，能够诚实地直言自己的军功；至于他的仪表，则是温和善良而且爱好礼节，博闻多识而又时时显示出自己的志向。'晋平公问：'刚才我问您，您为什么说不知道呢？'祁奚答道：'地位经常改变，不知道止于何处，因而不敢说能够了解他。'这又是羊舌大夫的品行。"子贡向孔子行跪拜之礼，说道："请允许我回去记下您的话。"

贤君
第十三

本篇记载了孔子与诸侯国君以及弟子们的谈话,表现了孔子的政治思想。

孔子赞赏卫灵公、鲍叔、子皮的行为,指出了评判贤君、贤臣的标准。孔子认为,评判君主贤明与否,应看其"朝廷行事",而"不论其私家之际也";作为臣子,"进贤者"贤于"用力者"。孔子通过向哀公论说夏桀灭亡的原因,教导颜渊处世的道理,以及自己读《诗》的感受;列举中行氏和周公治国之道,从侧面指出,国君应克己修身、亲贤重才。孔子告诉齐景公,为政重在"节财";孔子告诉鲁哀公,为政重在"使民富且寿也";孔子告诫卫灵公,应反躬自省。

本篇孔子所阐述的"崇德循礼""尊贤重才""选贤任能""重民教民"等思想,具有重要的实践价值。

哀公问于孔子曰："当今之君，孰为最贤？"孔子对曰："丘未之见也，抑①有卫灵公乎？"公曰："吾闻其闺门②之内无别，而子次之贤，何也？"孔子曰："臣语其朝廷行事，不论其私家之际也。"

公曰："其事何如？"孔子对曰："灵公之弟曰公子渠牟，其智足以治千乘，其信足以守之。灵公爱而任之。又有士曰林国者，见贤必进之，而退③与分其禄，是以灵公无游放之士，灵公贤而尊之。又有士曰庆足者，卫国有大事则必起④而治之；国无事则退而容贤。灵公悦而敬之。又有大夫史鰌，以道去卫，而灵公郊舍三日，琴瑟不御，必待史鰌之入而后敢入。臣以此取之，虽次之贤，不亦可乎。"

◎**注释** ①〔抑〕大概。②〔闺门〕宫苑、内室的门，借指家庭。③〔退〕这里指谦退，辞去官职。④〔起〕出仕，被举用。

◎**大意** 鲁哀公问孔子："当今的君主，谁最贤能呢？"孔子回答："我未曾见过最贤能的君主，如果有，大概是卫灵公吧？"哀公说："我听说他连自己家庭内部的事情都处理不好，而您将他列为贤君，为什么呢？"孔子说："我是就他在朝廷上的行为处事来说的，对他在家庭内部处事如何不加评判。"

哀公问道："他在朝廷上处事如何呢？"孔子回答："灵公的弟弟叫公子渠牟，他的智慧足以用来治理一个诸侯大国，他的诚信足以用来守住该国，灵公因此非常喜爱他并委以重任。又有个叫林国的士人，发现有才能的人必定要推荐他做官，而那人辞官后，林国又将自己的俸禄拿出来与他分享，因而灵公那里没有游荡放纵的士人，灵公认为林国是贤士并且非常尊敬他。又有一个叫庆足的士人，卫国出现大事的时候，他必定会被荐举出来处理事务，国家平安无事时他就隐退，以让其他贤能的人被容纳于朝廷，灵公因而喜欢他并且非常敬重他。又有一个叫史鰌的大夫，因实践自己的主张而离开卫国，灵公就在城郊住了三天，不近声乐，一定要等到史鰌回国之后才敢回宫。我就是根据这些情况来选取卫灵公的，虽然把他列为贤君，难道不可以吗？"

◎ 贤君第十三

　　子贡问于孔子曰："今之人臣，孰为贤？"子曰："吾未识也。往者齐有鲍叔，郑有子皮①，则贤者矣。"

　　子贡曰："齐无管仲，郑无子产？"子曰："赐，汝徒知其一，未知其二也。汝闻用力为贤乎？进贤为贤乎？"子贡曰："进贤贤哉！"子曰："然。吾闻鲍叔达②管仲，子皮达子产，未闻二子之达贤己之才者也。"

◎ **注释**　①〔子皮〕春秋时郑国大夫，姓罕，名虎。②〔达〕引进。这里是推荐的意思。

◎ **大意**　子贡问孔子："当今做臣子的，谁能称得上贤人呢？"孔子说："我不知道。从前齐国有鲍叔，郑国有子皮，他们都是贤人。"

　　子贡问："齐国的管仲、郑国的子产不在贤人之列吗？"孔子说："端木赐，你只知其一，不知其二。你听说努力做事的人贤能，还是举荐贤人的人贤能呢？"子贡说："举荐贤人的人贤能！"孔子说："对。我听说鲍叔举荐了管仲，子皮举荐了子产，却没有听说这二人举荐过比自己更为贤能的人才。"

　　哀公问于孔子曰："寡人闻忘之甚者，徙①而忘其妻，有诸？"孔子对曰："此犹未甚者也，甚者乃忘其身。"

　　公曰："可得而闻乎？"孔子曰："昔者夏桀贵为天子，富有四海，忘其圣祖之道，坏其典法，废其世祀，荒于淫乐，耽湎于酒；佞臣谄谀，窥导其心；忠士折口②，逃罪不言。天下诛桀而有其国，此谓忘其身之甚矣。"

◎ **注释**　①〔徙〕搬家。②〔折口〕闭口，不说话。
◎ **大意**　鲁哀公问孔子："我听说有忘事很严重的人，搬家的时候竟然忘记带走自己的妻子，有这种人吗？"孔子回答："这还算不上忘事严重的，严重的连他自己都会忘掉。"

哀公说："能讲给我听听吗？"孔子说："从前夏桀贵为天子，富有天下，但他忘记了圣明祖先的为政之道，破坏了祖先制定的典章法制，废弃了世代相继的祭祀礼仪，放纵地淫逸享乐，沉迷于饮酒；佞臣巧言献媚阿谀奉承，揣摩诱导他的心思；忠臣闭口，为逃避罪责而不敢发表言论；天下人起而灭桀，并占有了他的国家。这就是严重到忘记自身的情况。"

颜渊将西游①于宋，问于孔子曰："何以为身②？"

子曰："恭敬忠信而已矣。恭则远于患，敬则人爱之，忠则和于众，信则人任之。勤斯四者，可以政③国，岂特④一身者哉？故夫不比于数而比于疏⑤，不亦远乎？不修其中，而修外者，不亦反乎？虑不先定，临事而谋，不亦晚乎？"

◎**注释** ①〔游〕游学。②〔为身〕立身处世。③〔政〕通"正"，治理。④〔岂特〕不但，不仅。⑤〔数而比于疏〕数，密，此处代指应该亲近的贤者。比，近。疏，远，此处代指应该疏远的人。

◎**大意** 颜渊准备西行去宋国，出行前向孔子请教说："我应该靠什么来立身处世呢？"

孔子说："做到恭、敬、忠、信就可以了。为人谦恭可以远离祸患，对人尊敬可以获得人们的喜爱，对人忠实可以与人和睦相处，待人诚信可以得到人们的任用。努力做到这四点，就可以治理国家了，哪里仅仅是能够立身处世呢？所以在立身处世时不去亲近那些应该亲近的贤者，而去亲近那些应该疏远的人，这样做，不是离自己追求的目标更远了吗？不注重内心修养而只是修饰外表，不是反其道而行之吗？事先不考虑周全，遇事才开始谋划，不是太晚了吗？"

孔子读《诗》，于《正月》六章，惕焉如惧，曰："彼不达之君子，岂不殆哉！从上依世则道废，违上离俗则身危。时不兴善，己独由①之，则曰非妖②即妄③也。故贤也既不遇天，恐不终其命焉。桀杀龙逢，纣杀比干，皆类是也。《诗》曰：'谓天盖高，不敢不局④。谓地盖厚，不敢不蹐⑤。'此言上下畏罪，无所自容也。"

◎ **注释**　①〔由〕践行，践履。②〔妖〕古时称各种反常、怪异的东西或现象为妖。③〔妄〕行为不正当，不合于礼法。④〔局〕曲。⑤〔蹐（jí）〕累足，指用最小的步子走路，后脚紧跟着前脚，为戒慎小心之状。

◎ **大意**　孔子读《诗》，读到《正月》第六章时，一副恐惧不安的样子，并说道："那些仕途不得志的君子，不是很危险吗？顺从君主，迎合世俗，那么大道就会废弃；违背君主，远离世俗，那么自身就会遭遇危险。时代不提倡善行，自己却独自去推行善，那样不是被说成是反常怪异之举，就是被认为是不法行为。因此，贤人没有逢遇天时，还得时常担心性命难保。夏桀杀龙逢，商纣杀比干，都属于此类情况。《诗》说：'都说天是多么高啊，可是人们不敢不蜷着身子。都说地是多么厚啊，可是人们不敢不轻轻落脚，小步前行。'这是说对上对下都害怕得罪，唯恐失去自己的容身之地。"

子路问于孔子曰："贤君治国，所先①者何？"孔子曰："在于尊贤而贱不肖②。"子路曰："由闻晋中行氏③尊贤而贱不肖矣，其亡何也？"孔子曰："中行氏尊贤而不能用，贱不肖而不能去。贤者知其不用而怨之，不肖者知其必己贱而仇之。怨仇并存于国，邻敌搆兵④于郊，中行氏虽欲无亡，岂可得乎？"

◎ **注释**　①〔先〕首要的事情。②〔不肖〕不贤。③〔中行氏〕指中行文子，即荀寅，春秋时晋国卿。后与范宣子（范吉射）被赵鞅打败而奔齐。④〔搆（gòu）兵〕交兵，交战。

◎ **大意**　子路问孔子："贤君治理国家，首要的事情是什么呢？"孔子说："在于尊重贤人而轻视不贤的人。"子路说："我听说晋国中行氏尊重贤人而轻视不贤的人，那他为什么会败亡呢？"孔子说："中行氏尊重贤人却不能加以任用，轻视不贤的人却不能罢退。贤能的人知道自己不能被任用而埋怨他,不贤的人知道自己必定会被轻视而仇恨他。埋怨和仇恨并存于他的封地之中,邻近的敌对势力也来侵犯,两军交战于城郊,中行氏即使不想败亡,又怎么能做得到呢?"

孔子闲处,喟然而叹曰:"向使①铜鞮伯华无死,则天下其有定矣。"

子路曰:"由愿闻其人也。"子曰:"其幼也,敏而好学;其壮也,有勇而不屈;其老也,有道而能下②人。有此三者,以定天下也,何难乎哉?"

子路曰:"幼而好学,壮而有勇,则可也。若夫有道下人,又谁下哉?"子曰:"由不知,吾闻以众攻寡,无不克也;以贵下贱,无不得也。昔者周公居冢宰③之尊,制④天下之政,而犹下白屋⑤之士,日见百七十人。斯岂以无道也?欲得士之用也。恶⑥有道而无下天下君子哉?"

◎**注释** ①〔向使〕假使,假如。②〔下〕谦下。这里指谦恭地对待。③〔冢宰〕周代辅佐天子的最高长官。④〔制〕治理。⑤〔白屋〕草屋。⑥〔恶〕疑问代词,怎么,如何。

◎**大意** 孔子闲居在家,长叹一声说:"假使铜鞮伯华不死,那么天下大概可以安定了。"

子路说:"我想听听这个人的情况。"孔子说:"他小时候聪敏好学,壮年时英勇不屈,老年时身怀道艺而且谦恭待人。具备这三方面,想安定天下,又有什么困难呢?"

子路说:"小时候聪敏好学,壮年时英勇不屈是可以的,至于身怀道艺而能谦恭待人,那又是对待哪些人呢?"孔子说:"仲由你不知道,我听说以多攻少,没有不取胜的;身份高贵的人谦恭地对待出身卑微的人,没有什么做不到的。从前周公身居冢宰这样的尊贵地位,治理天下的政务,他还谦恭地对待贫

◎ 贤君第十三

寒的士人，每天要接见一百七十人。这样做难道是因为不具备道艺吗？这是想得到贤士而为自己所用啊！怎么能说具备了道艺就不必谦恭地对待天下君子呢？"

齐景公来适鲁，舍于公馆①，使晏婴迎孔子。孔子至，景公问政焉。孔子答曰："政在节财。"

公悦，又问曰："秦穆公国小处僻而霸，何也？"孔子曰："其国虽小，其志大，处虽僻，而其政中，其举②也果，其谋也和，法无私而令不愉③。首拔五羖④，爵之大夫，与语三日而授之以政。以此取之，虽王可，其霸少矣。"景公曰："善哉！"

◎ **注释** ①〔馆〕接待宾客的房舍。②〔举〕用事，行事。③〔愉〕通"偷"，苟且。④〔五羖（gǔ）〕指百里奚。他原为虞国大夫，虞亡后辗转多国，后被楚人所获。秦穆公用五张黑公羊皮将他赎回，任为大夫，故称"五羖大夫"。羖，黑色公羊。

◎ **大意** 齐景公到鲁国来，住在公馆里，派晏婴去迎接孔子。孔子到了之后，景公便向他请教为政之道。孔子回答："治理国家关键是要节省财物。"

景公听了很高兴，又问道："秦穆公所统治的国家不大，又处在偏僻的地方，而他成就了霸业，这是为什么呢？"孔子说："他的国家面积虽小，但他的志向远大；地理位置虽然偏僻，但他的政策正确。他做事果敢，虑事恰当，制定的法律无所偏私，颁布的政令也不是随意而定的。他亲自提拔了百里奚，授给他大夫的爵位，和他交谈了三天就把政事交给他处理。按照他这种为政的方式去做，即使成就帝王之业也是可以的，称霸只不过是小成就而已。"景公说："说得好啊！"

哀公问政于孔子。孔子对曰："政之急①者，莫大乎使民富且寿也。"公曰："为之奈何？"孔子曰："省力役，薄赋敛，则民富矣；敦②礼教，远罪疾，则民寿矣。"公曰："寡人欲行夫子之言，恐吾国贫矣。"孔子曰："《诗》云：'恺悌君子，民之父母。'未有子富而父母贫者也。"

◎**注释** ①〔急〕急切，急迫。②〔敦〕敦促，督促。
◎**大意** 哀公向孔子请教为政之道。孔子回答："为政最急迫的举措，没有什么比得上使老百姓富足和长寿的。"哀公说："怎样才能做到这一点呢？"孔子说："减少劳役，减轻赋税，百姓就会富足；敦促人们实行礼仪，接受教化，使他们远离罪恶、疾病，百姓就会长寿。"哀公说："我想按您说的去做，可又担心我的国家因此而贫困。"孔子说："《诗》上说：'君和乐又平易，为民父母顺民意。'从来就没有孩子富足而父母贫困的现象啊。"

卫灵公问于孔子曰："有语寡人：'有国家者，计之于庙堂①之上，则政治②矣。'何如？"孔子曰："其可也。爱人者则人爱之，恶人者则人恶之。知得之己者，则知得之人。所谓不出环堵之室而知天下者，知反己③之谓也。"

◎**注释** ①〔庙堂〕指朝廷。②〔政治〕国家太平。政，政务。治，治理得好，太平。③〔反己〕求诸己，指依靠自己。
◎**大意** 卫灵公问孔子："有人告诉我：作为国家的统治者，只要将政务在朝廷上谋划好了，国家就可以治理好。您认为这种说法怎么样呢？"孔子说："这种说法对啊。爱别人的人别人也会爱他，恨别人的人别人也会恨他。知道依靠自己取得成功的人，也会知道依靠别人取得成功。所谓不出斗室却能了解天下大事，说的就是反省自身、严格要求自己的道理。"

孔子见宋君。君问孔子曰："吾欲使长有国而列都①得②之，吾欲使民无惑，吾欲使士竭力，吾欲使日月当③时，吾欲使圣人自来，吾欲使官府治理，为之奈何？"孔子对曰："千乘之君，问丘者多矣，而

◎ 贤君第十三

未有若主君④之问之悉也。然主君所欲者，尽可得也。丘闻之，邻国相亲，则长有国；君惠臣忠，则列都得之；不杀无辜，无释罪人，则民不惑；士益之禄，则皆竭力；尊天敬鬼，则日月当时；崇道贵德，则圣人自来；任能黜否⑤，则官府治理。"宋君曰："善哉！岂不然乎！寡人不佞⑥，不足以致之也。"孔子曰："此事非难，唯欲行之云耳。"

◎ **注释** ①〔列都〕各座城邑。②〔得〕保有，不丧。③〔当〕适当，恰当。④〔主君〕对一国之君的称呼。⑤〔否（pǐ）〕恶，低劣的人。⑥〔不佞〕谦辞，相当于"不才"。

◎ **大意** 孔子拜见宋国国君，宋君问孔子："我想使国家长存，各座城邑保而不丧，我想让百姓没有困惑，我想让士人竭尽其力，我想让日月正常运行，我想让圣人自愿前来，我想使官府得到很好的治理，怎样才能做到这些呢？"孔子回答："诸侯国君中向我询问的很多，但是都没有像您问得这样详细。不过您所希望的这些都是能够实现的。我听说，邻国之间和睦相处，国家就会长久地保存下去；君主仁惠而臣下忠心，各座城邑就能够保有而不丧失；不滥杀无罪的人，不放过有罪的人，就能使老百姓没有困惑；增加士人的俸禄，就能让他们竭尽其力尽心尽职；尊奉天命，敬事鬼神，就能让日月正常运行；推崇道艺，重视道德，就能使圣人自愿前来；任用贤能，罢斥奸邪小人，就能使官府得到很好的治理。"宋君说："说得好啊！哪里不是这样呢！可我不才，怕是没有能力做到这种程度。"孔子说："这些做起来并不难，只要想做就能做到。"

辩政
第十四

  本篇九章所讲孔子辩明政治的言论，从不同方面体现了孔子的政治思想。

  对于同一问题，因为对象不一样，孔子的回答也可能不同。孔子对齐君、鲁君、叶公问政的不同回答，既表现了孔子的政治思想，又展现了孔子高超的政治智慧。本篇还讲述了为臣"谏"与为君"治"的问题。这两者是建立在用正确的方式来了解政事与用正确的方法进行治理、劝导的基础上。孔子对于子路治蒲的认识，所讲的子西之谏，以及五种进谏方式，都是孔子政治智慧的较好展现。

  在"宓子贱为政"这一章中，孔子说道："夫贤者，百福之宗也，神明之主也。"再一次强调了用贤的重要性。而"子贡为政"一章所讲"以贤代贤，是谓之夺""取善自与，谓之盗"，都表现了孔子选贤任能的人才观。

  本篇主要体现了孔子的德治思想，内容联系紧密，应围绕这一主题从整体把握。

◎ 辩政第十四

子贡问于孔子曰:"昔者齐君问政于夫子,夫子曰'政在节财';鲁君问政于夫子,夫子曰'政在谕①臣';叶公②问政于夫子,夫子曰'政在悦近而来远'。三者之问一也,而夫子应之不同。然政在异端③乎?"孔子曰:"各因④其事也。齐君为国,奢乎台榭⑤,淫于苑囿⑥,五官伎乐⑦,不解⑧于时,一旦⑨而赐人以千乘之家者三,故曰'政在节财'。鲁君有臣三人,内比周⑩以愚其君,外距⑪诸侯之宾以蔽其明,故曰'政在谕臣'。夫荆之地广而都狭,民有离心,莫安其居,故曰'政在悦近而来远'。此三者所以为政殊矣。《诗》云:'丧乱蔑资,曾⑫不惠我师!'此伤奢侈不节以为乱者也;又曰:'匪其止共,惟王之邛⑬。'此伤奸臣蔽主以为乱也;又曰:'乱离瘼⑭矣,奚其适归?'此伤离散以为乱者也。察此三者,政之所欲,岂同乎哉?"

◎ **注释** ①〔谕〕告诫。②〔叶公〕即沈诸梁,字子高,楚国叶地(今河南叶县南)的地方官。③〔异端〕其他不同的看法。④〔因〕根据,依据。⑤〔台榭〕建筑在台上的房屋。⑥〔苑囿〕畜养禽兽的圈地,多指帝王游乐打猎的地方。⑦〔五官伎乐〕五官,宫中女官名。伎乐,歌舞女艺人。⑧〔解〕通"懈",懈怠。⑨〔一旦〕一天,一日。⑩〔比周〕勾结。⑪〔距〕通"拒",拒绝,排斥。⑫〔曾〕怎么。⑬〔匪其止共,惟王之邛(qióng)〕共,通"恭"。邛,病。⑭〔离瘼(mò)〕离,忧。瘼,病。

◎ **大意** 子贡问孔子:"以前齐国国君向先生请教为政的方法,您说'为政的关键在于节省财货';鲁国国君向您请教为政的方法,您说'为政的关键在于告诫臣下';叶公向您请教为政的方法,您说'为政的关键在于使近处的人悦服,使远方的人归附'。三人请教的问题一样,然而您给出的回答并不相同。那么,这是不是说如何为政有不同的方法?"孔子说:"我是针对各国不同的现实状况而做出不同的回答。齐国国君治理国家,建造亭台楼阁十分奢侈,过分迷恋宫苑园林的嬉戏游乐,宫中女官掌管的音乐舞蹈一刻也不懈怠,一天就把有着千辆兵车的封邑赏赐给人三次，所以我说'管理政事的关键在于节财'；鲁国国君有三位大臣，他们在国内结党营私，愚弄君主，对外排斥与各诸侯国的交往以掩蔽鲁君的圣明，所以我说'为政的关键在于告诫臣下'；楚国地域辽阔但都邑狭小，百姓有叛离的念头，不能安心居住，所以我说'为政的关键在于使近处的人悦服，使远方的人归附'。这三种情况就是为政用不同方法的原因。《诗》说：'死丧祸乱民穷财尽，怎么不爱护我庶民百姓！'这是哀叹不加节制地追求奢侈而导致祸乱。《诗》又说：'群小奸邪，无礼又不恭，实为周王大弊病。'这是悼伤奸臣蒙蔽君主而导致祸乱。《诗》还说：'祸乱使我忧病深，何处能容我栖身？'这是悼伤百姓离散而导致祸乱。洞察了这三种情况，再看为政者所追求的目标，哪里能完全相同呢？"

孔子曰："忠臣之谏君，有五义①焉：一曰谲谏②，二曰戆谏③，三曰降谏④，四曰直谏，五曰风谏⑤。唯度⑥主而行之，吾从其风谏乎！"

◎**注释** ①〔义〕合适，适宜，此指合适的方法。②〔谲（jué）谏〕言辞委婉，不直指过失。③〔戆（zhuàng）谏〕鲁莽而刚直。④〔降谏〕和颜悦色、心平气和地劝谏。⑤〔风谏〕即讽谏，指以婉言隐语相劝谏。风，通"讽"。⑥〔度〕揣测，估计。

◎**大意** 孔子说："忠臣规劝君主，有五种合适的方法：一是言辞委婉地进谏，二是刚直鲁莽地进谏，三是心平气和地进谏，四是直接进谏，五是以婉言隐语进谏。应该揣摩君主的心理来采取相应的方式，我是赞同采用婉言隐语进行劝谏的！"

子曰："夫道不可不贵①也，中行文子倍②道失义以亡其国③，而能礼贤以活其身。圣人转祸为福，此谓是与！"

◎**注释** ①〔贵〕重视，尊崇。②〔中行文子倍〕中行文子，即荀寅，晋国大夫，六卿之一。后在政治斗争中失败，被迫逃亡。倍，通"背"，违背，背弃。③〔国〕

封地。

◎ **大意** 孔子说："大道不能不尊崇。中行文子背弃道义而丢失了封地，但能够礼贤下士，从而保全了性命。圣人能够将祸患转化成福祉，说的就是这样！"

楚王将游荆台，司马子祺①谏，王怒之。令尹子西②贺③于殿下，谏曰："今荆台之观，不可失也。"王喜，拊④子西之背曰："与子共乐之矣。"

子西步马⑤十里，引辔⑥而止，曰："臣愿言有道，王肯听之乎？"王曰："子其言之。"子西曰："臣闻为人臣而忠其君者，爵禄不足以赏也；谀其君者，刑罚不足以诛⑦也。夫子祺者，忠臣也；而臣者，谀臣也。愿王赏忠而诛谀焉。"王曰："我今听司马之谏，是独能禁我耳。若后世游之何也？"子西曰："禁后世易耳。大王万岁⑧之后，起山陵⑨于荆台之上，则子孙必不忍游于父祖之墓以为欢乐也。"王曰："善！"乃还。

孔子闻之，曰："至哉，子西之谏也！入之于十里之上，抑之于百世之后者也。"

◎ **注释** ①〔司马子祺（qí）〕司马，官名。子祺，楚公子结。②〔令尹子西〕楚平王庶长子。令尹，春秋战国时期楚国执政官名，相当于宰相。③〔贺〕赞许，附和。④〔拊〕抚摸。⑤〔步马〕牵马调习，训练。⑥〔引辔（pèi）〕拉住马缰绳。⑦〔诛〕惩罚。⑧〔万岁〕帝王死的婉称。⑨〔山陵〕帝王或皇后的坟墓。

◎ **大意** 楚王打算到荆台游玩，司马子祺进行劝阻，楚王非常恼怒。令尹子西却在宫殿下附和楚王，进言道："眼下到荆台参观游玩的机会，不能错过。"楚王听了很高兴，抚摸子西的后背说："我要和你一起去享受游玩的乐趣。"

子西牵着马走了十里路，拉住马缰绳停了下来，说："我希望说说关于政治清明的情况，大王您愿意听吗？"楚王说："你说吧。"子西说："我听说忠于自己君主的臣下，爵位俸禄不足以表现对他的奖赏；阿谀奉承君主的臣下，各种刑罚也不足以表现对他的惩罚。子祺是忠臣，而我是谀臣。希望大王赏赐忠臣而诛杀谀臣。"楚王说："我现在可以听从司马的劝谏，可是这只能禁止我一个人。假如后世的人来此游玩，怎么办呢？"子西说："禁止后人来游乐很容易。大王去世后，在荆台上修建陵墓，那么后世子孙必定不忍心在父祖的陵墓上游玩来寻求欢乐。"楚王说："好！"于是返回国都。

孔子听到这件事，说："子西的劝谏真是奇妙至极！这真是十里之上的劝谏被采纳，阻止了百世之后人们的游玩啊！"

子贡问于孔子曰："夫子之于子产、晏子，可为至矣。敢①问二大夫之所为目②，夫子之所以与③之者。"孔子曰："夫子产，于民为惠主④，于学为博物。晏子，于君为忠臣，而行为恭敬。故吾皆以兄事之，而加爱敬。"

◎**注释** ①〔敢〕敬辞，冒昧的意思。②〔目〕要点。③〔与〕称赞，赞赏。④〔惠主〕仁慈的大夫。

◎**大意** 子贡请教孔子："您对于子产、晏子的评价，可以说到了极点。我冒昧地请教您，两位大夫的所作所为，突出的是什么，您为什么这样称赞他们。"孔子说："子产对百姓来说是一位仁慈施惠的大夫，在学识上通晓各种事物。晏子对君主来说是忠臣，而且行为恭敬勤勉。因此，我把他们当作兄长来侍奉，并且加以爱戴和敬重。"

齐有一足之鸟，飞集于宫朝①，下止于殿前，舒翅而跳。齐侯大怪之，使使聘鲁问孔子。孔子曰："此鸟名曰商羊②，水祥③也。昔童儿有屈其一脚，振讯④两眉而跳且谣⑤曰：'天将大雨，商羊鼓舞⑥。'今齐有之，其应至矣。急告民趋治沟渠，修堤防，将有大水为灾。"

顷之大霖雨⑦，水溢泛诸国，伤害民人，唯齐有备，不败⑧。景公曰："圣人之言，信而有征矣。"

◎ 辩政第十四

◎**注释** ①〔宫朝〕宫室。②〔商羊〕传说中的鸟名。据说，大雨前，此鸟常屈足欢舞。③〔祥〕凶吉的预兆，预先显露出来的迹象。④〔振讯〕抖动。⑤〔谣〕唱着歌谣。⑥〔鼓舞〕手足舞动。表现出欢欣或兴奋的样子。⑦〔霖雨〕久雨不停。⑧〔败〕伤害，伤亡。

◎**大意** 齐国飞来只有一条腿的鸟，它们集聚到宫室，飞到宫殿前停了下来，张开翅膀跳跃着。齐君感到非常奇怪，便派使者出访鲁国，向孔子请教。孔子说："这种鸟名叫商羊，能显示有关水的预兆。从前有小孩弯曲一条腿，抖动着双眉，蹦蹦跳跳，并且唱着歌谣说：'天将要下大雨，商羊就欢快地跳跃而至。'现在齐国有了这种鸟，歌谣的内容就要应验了。尽快通告百姓，让他们赶紧去整治沟渠，修筑堤防，大概将会发生大水灾。"

不久，大雨下个不停，大水漫溢，泛滥各国，危及百姓。唯独齐国因为有所防备，没有造成人员伤亡。齐景公说："圣人的话，确实可信并经得起验证。"

孔子谓宓子贱①曰："子治单父②，众悦，子何施而得之也？子语丘所以为之者。"对曰："不齐之治也，父恤其子，其子恤诸孤而哀丧纪③。"孔子曰："善。小节也，小民附矣，犹未足也。"曰："不齐所父事④者三人，所兄事者五人，所友事者十一人。"孔子曰："父事三人，可以教孝矣；兄事五人，可以教悌矣；友事十一人，可以举善矣。中节也，中人附矣，犹未足也。"曰："此地民有贤于不齐者五人，不齐事之而禀度⑤焉，皆教不齐之道。"孔子叹曰："其大者乃于此乎有矣！昔尧舜听⑥天下，务求贤以自辅。夫贤者，百福之宗⑦也，神明之主也。惜乎不齐之所以治者小也。"

◎**注释** ①〔宓（fú）子贱〕孔子弟子，名不齐，字子贱，鲁国人。②〔单父（shàn fǔ）〕鲁邑，在今山东单县。③〔丧纪〕丧事。④〔父事〕像侍奉父亲那样来侍奉。⑤〔禀（bǐng）度〕指受教。⑥〔听〕治理，管理或执行事务。⑦〔百福之宗〕各种福佑的根本。

◎**大意** 孔子对宓子贱说："你治理单父，那里的百姓都心悦诚服，你是如何施政而得到他们拥护的？请你告诉我是如何做到的。"宓子贱回答："我治理单父的方法，就像父亲一样爱抚他们的儿子，又像对待他们的儿子一样爱抚所有的孤儿，并且深深地哀悼他们的丧事。"孔子说："好。不过，这些都是小的方面，能使一般的民众亲附，还做得不够。"宓子贱说："被我像侍奉父亲那样来侍奉的有三人，像侍奉兄长那样来侍奉的有五人，像侍奉朋友那样来侍奉的有十一人。"孔子说："像侍奉父亲那样来侍奉的有三人，可以教化人们恪守孝道；像侍奉兄长那样来侍奉的有五人，可以教化人们敬爱兄长；像侍奉朋友一样来侍奉的有十一人，可用来推荐德才兼备的人。这都是中等的善行，能使中等的人亲附，但做得还是不够。"宓子贱说："这个地方有五位比我贤明的人，我侍奉他们并且能接受他们的教诲，他们都教给我为政的方法。"孔子感叹说："成就大业的关键，就在这里显示出来了啊！从前尧、舜治理天下，一定搜求贤人来辅佐自己。贤人是各种福佑的根本，是能主宰神明的根本。可惜啊，不齐治理的地方太小了。"

子贡为信阳宰①，将行，辞于孔子。孔子曰："勤之慎之，奉天子之时，无夺无伐，无暴无盗。"子贡曰："赐也少而事君子，岂以盗为累②哉？"

孔子曰："汝未之详也。夫以贤代贤，是谓之夺；以不肖代贤，是谓之伐；缓令急诛，是谓之暴；取善自与，谓之盗。盗非窃财之谓也。吾闻之：知为吏者，奉法以利民；不知为吏者，枉法以侵民。此怨之所由③也。治官莫若平，临财莫如廉。廉平之守，不可改也。匿人之善，斯谓蔽④贤；扬人之恶，斯为小人。内不相训而外相谤，非亲睦也。言人之善，若己有之；言人之恶，若己受之。故君子无所不慎焉。"

◎**注释**　①〔信阳宰〕信阳的地方长官。信阳，楚邑，在今河南信阳南。宰，古代对官吏的通称。②〔累〕过失。③〔由〕萌生，产生。④〔蔽〕埋没。

◎ **大意**　子贡要做信阳宰，临行前，向孔子辞别。孔子说："勤勉谨慎地做事，尊奉天子颁行的应时法令，不要侵夺、不要攻伐，不要暴虐、不要盗窃。"子贡说："我从小就侍奉君子，怎么会犯盗窃的罪呢？"

孔子说："你知道得还不详细。用贤人取代贤人，称之为侵夺；用不肖的人取代贤人，称之为攻伐；法令松弛而诛杀峻急，称之为暴虐；把别人的功绩据为己有，称之为盗窃。盗说的并不是盗窃财物。我听说，懂得为官之道的人，奉行法令使民众得利；不懂为官之道的人，歪曲和破坏法令以侵害民众，这就是怨怒产生的原因。管理官吏最重要的是公平，身临财物最重要的是廉洁。坚持廉洁公平的操守，是不能更改的。隐匿别人的优点，这叫作蒙蔽贤人；张扬别人的缺点，这就是小人。在内不相互教诲，在外却相互诽谤，这样就没法做到亲近和睦。赞扬别人的优点时，应该像自己拥有这些优点一样；诉说别人的缺点时，就像自己应该把它承受下来一样难受。因此，君子时时处处都要谨慎。"

　　子路治蒲三年，孔子过之。入其境①，曰："善哉！由也恭敬以②信矣。"入其邑③，曰："善哉！由也忠信而宽矣。"至庭④，曰："善哉！由也明察以断矣。"

　　子贡执辔而问曰："夫子未见由之政，而三称其善，其善可得闻乎？"孔子曰："吾见其政矣。入其境，田畴尽易⑤，草莱⑥甚辟，沟洫深治，此其恭敬以信，故其民尽力也；入其邑，墙屋完固，树木甚茂，此其忠信以宽，故其民不偷⑦也；至其庭，庭甚清闲，诸下用命⑧，此其言明察以断，故其政不扰⑨也。以此观之，虽三称其善，庸⑩尽其美乎？"

◎ **注释**　①〔境〕疆界，地域。②〔以〕而且，并且。③〔邑〕城邑。④〔庭〕官署。⑤〔田畴尽易〕田畴，田地。易，整治。⑥〔草莱〕荒地。⑦〔偷〕苟且，怠惰。⑧〔用命〕服从命令。⑨〔扰〕烦乱。⑩〔庸〕难道，哪里。

◎ **大意**　子路治理蒲地三年，孔子路过那里，进入他管辖的地界，说："好啊！仲由恭敬而讲诚信。"进入城邑，说："好啊！仲由忠信而敦厚。"到了子路的官署，说："好啊！仲由明察而果断。"

子贡握着缰绳问道："夫子还没有见到仲由的政事如何，却三次称好，好的地方可以说给我听听吗？"孔子说："我已经看到他是怎样执政的了。进入蒲地，看到田地都得到了整治，荒地大都得到开辟，沟渠都得到了深挖，这说明他为政恭敬而诚信，所以百姓全力劳作；进入蒲邑，看到城墙房屋都很完整坚固，树木非常茂盛，这是因为他忠信敦厚，所以当地百姓毫不懈怠懒惰；进入蒲地官署，看到官署内清静闲暇，手下人都听从命令，这说明他遇事明察而果断，所以他处理政事毫不烦乱。由此看来，即使三次称好，哪里能全面概括他好的方面呢？"

卷四 六本 第十五

做事先做人，立志为立本。《论语》中有子说，"君子务本，本立而道生"，学术与学术、人与人之间的差异非在其用，而在其本。儒学是"君子之学"，是"入世之学"。君子要在纷繁的社会中安身立命，不随波逐流，分清本末、志道据德是重中之重。

本篇由二十一章组成，每章都是单独的事件。初看显得凌乱无章，实际上这二十一章皆强调为人处世之本，教人做世之明君子。在学习本篇的同时，应注意思考君子之本是什么、如何保持和涵养君子之本、怎样在本末之间权变等问题，这样可能会有更大收获。

本篇首章先强调了君子有"六本"，这与《论语》中有子说"孝悌"为君子之本恰能相互印证。君子六本以"孝"为重中之重，《论语》以"正实而切事"为原则，故只言"孝"本；《孔子家语》以保存孔子遗说为目的，有详细的资料。

"君子之道，费而隐"，把握日常生活中的"根本"，恪守君子之道，见一善拳拳服膺才能日有所进。如本篇中，孔子告诫"良药苦于口而利于病，忠言逆于耳而利于行"，做人要谦虚谨慎，善于听取别人的意见，勇于改过；在看到捕鸟者捕到的均是黄嘴小鸟时，孔子教育弟子要以道从而不应以利从，要慎重地选择所跟从的对象；读《易》时，孔子得出"谦受益""满招损"的结论，教导学生"道弥益而身弥损"。

孟子说，"执中无权，犹执一也"，在注重根本的同时，还应注意权变。如在本篇中，孔子批评曾子的"孝"太过愚直，告知他应学会"小棰则待过""大杖则逃走"的权变；子夏、闵子虽然在三年之丧毕后表现不同，但孔子认为"断""引"皆是君子，可见坚守"孝道"并不是千篇一律；而孔子论及颜回"能信而不能反"、子贡"能敏而不能诎"、子路"能勇而不能怯"、子张"能庄而不能同"，更可见孔子的通达精神。

总而言之，孔子及其弟子的这些简单而又不平凡的对话，被一遍遍地阐述，其中的深意需要我们仔细思考。我们要时常吟诵经典，检讨自身，做到知行合一，这样，经典才能真正起到人生路上指明灯的作用。

孔子曰："行己[①]有六本焉，然后为君子也。立身有义矣，而孝为本；丧纪有礼矣，而哀为本；战阵有列矣，而勇为本；治政有理矣，而农为本；居国有道矣，而嗣[②]为本；生财有时矣，而力为本。置本不固，无务农桑；亲戚不悦，无务外交；事不终始，无务多业；记闻而言[③]，无务多说；比近[④]不安，无务求远。是故反本修迩[⑤]，君子之道也。"

◎**注释** ①〔行己〕己行，自己行走。也就是立身处世。②〔嗣〕子孙，此处指确立继嗣。③〔记闻而言〕指道听途说的言论。④〔比近〕邻近。比，紧靠，挨着。⑤〔修迩〕从近处修行。迩，近。

◎**大意**　孔子说："人立身行世要有六大根本，这样以后才能成为君子。立身要有道义，而行孝道是其根本；举办丧事要有礼节，而尽哀情是其根本；交战对阵时要部署好队列，而勇敢无畏是其根本；治理政事要有条理，而农业生产是其根本；治理国家有大道，而立嗣是其根本；发财要把握时机，而个人的努力是其根本。如果自己立身行事的根本不牢固，就不必去从事农桑；自己的家人亲友不喜欢，就不必结交外面的朋友；做事有始无终，就不必多做事；道听途说的言论，就不必多说；邻近的事不能安置妥当，就不必奢求做远处的事情。因此，返回根本，从近处做起，这是君子之道。"

孔子曰："良药苦于口而利于病，忠言逆于耳而利于行。汤、武以谔谔①而昌，桀、纣以唯唯②而亡。君无争臣，父无争子，兄无争弟，士无争友，无其过者，未之有也。故曰：君失之，臣得之；父失之，子得之；兄失之，弟得之；己失之，友得之。是以国无危亡之兆，家无悖乱之恶，父子兄弟无失，而交友无绝也。"

◎**注释**　①〔谔（è）谔〕直言进谏的样子。②〔唯唯〕随声附和的应答声，如成语"唯唯诺诺"。

◎**大意**　孔子说："良药吃起来苦却对疾病有利，忠言听起来不顺耳却对行事有好处。商汤和周武王因为能听取直言进谏而国运昌盛，夏桀和商纣王因为喜欢听唯唯诺诺的恭顺之辞而国破身亡。因此，如果国君没有敢于直言劝谏的臣子，父亲没有直言劝谏的儿子，兄长没有直言劝谏的弟弟，士人没有直言劝谏的朋友，那么，不犯错误的人还从来没有过呢。所以说：君主有了过失，臣下可以补救；父亲有了过失，儿子可以补救；兄长有了过失，弟弟可以补救；自己有了过失，朋友可以补救。如此，则国家没有危亡的兆头，家庭没有犯上作乱的恶行，父子兄弟之间不会失和，朋友之间的交往也不会断绝。"

孔子见齐景公，公悦焉，请置廪丘①之邑以为养。孔子辞而不受。入谓弟子曰："吾闻君子当功受赏。今吾言于齐君，君未之有行②，而赐吾邑，其不知丘亦甚矣。"于是遂行。

◎**注释** ①〔廪（lǐn）丘〕邑名，齐邑。②〔行〕行动。与后一个行字不同，后"行"意思为离开。

◎**大意** 孔子拜见齐景公，景公十分高兴，表示愿意将廪丘赐予孔子作为食邑。孔子推辞不接受。回到住处后，他对弟子说："我听说君子因为有功而接受赏赐。现在我向齐景公进言，他并没有采取实际的行动，却赏赐我城邑，他也太不了解我孔丘了。"于是就离开了。

孔子在齐，舍于外馆①，景公造焉。宾主之辞既接，而左右白②曰："周使适至，言先王庙灾。"景公复问："灾何王之庙也？"孔子曰："此必釐王③之庙。"

公曰："何以知之？"

孔子曰："《诗》云：'皇皇上天，其命不忒。天之以善，必报其德。'④祸亦如之。夫釐王变文武之制，而作玄黄华丽之饰，宫室崇峻，舆马奢侈，而弗可振⑤也，故天殃所宜加其庙焉。以是占⑥之为然。"公曰："天何不殃其身而加罚其庙也？"孔子曰："盖以文、武故也。若殃其身，则文、武之嗣无乃殄⑦乎？故当殃其庙，以彰其过。"

俄顷，左右报曰："所灾者，釐王庙也。"景公惊起，再拜曰："善哉！圣人之智，过人远矣。"

◎**注释** ①〔外馆〕客舍，客馆。②〔白〕报告。③〔釐王〕周釐王，亦作僖王。姬姓，名胡齐，在位5年（前681—前677）。④〔皇皇上天，其命不忒。天之以善，必报其德〕这是逸诗。上天美盛又伟大，天命不会有偏差。上天福佑那些好人，一定会回报他们的美好德行。皇皇，美盛鲜明的样子。忒，差。⑤〔振〕救。⑥〔占〕预测，猜测。⑦〔殄（tiǎn）〕消灭，灭绝。

◎**大意** 　孔子在齐国，住在旅馆里，齐景公前来拜访。宾主互致问候之辞以后，左右的人报告说："周王室的使者刚到，说先王的宗庙遭了火灾。"齐景公问："遭火灾的是哪个先王的宗庙？"孔子说："肯定是釐王的宗庙。"

齐景公问："凭什么知道是此庙？"

孔子说："《诗》说：'上天美盛又伟大，天命不会有偏差。上天福佑那些好人，一定会回报他们的美好德行。'灾祸也是一样。周釐王改变周文王、周武王制定的制度，而制作色彩华丽的服饰。宫室高大挺拔，车马奢侈浪费，而且达到了不可救药的地步，所以上天把灾祸降到他的宗庙里是理所当然的。因此我才推测是釐王的宗庙。"齐景公说："上天为什么不降祸到他的身上，而是加罪于他的宗庙呢？"孔子说："大概是周文王、周武王的缘故。倘若降灾于他本人，那么文王、武王的后代不就灭绝了吗？所以应当降祸于他的宗庙，以彰显他的过错。"

过了一会，左右的人又来报告说："受灾的是釐王的宗庙。"齐景公吃惊地站了起来，向孔子拜了两拜，说道："好啊！圣人真是有过人的智慧。"

　　子夏①三年之丧②毕，见于孔子。子曰："与之琴，使之弦。"侃侃③而乐，作④而曰："先王制礼，不敢不及。"子曰："君子也！"

闵子三年之丧毕，见于孔子。孔子与之琴，使之弦。切切⑤而悲，作而曰："先王制礼，弗敢过也。"子曰："君子也！"

子贡曰："闵子哀未尽，夫子曰'君子也'；子夏哀已尽，又曰'君子也'。二者殊情而俱曰君子，赐也或⑥，敢问之。"孔子曰："闵子哀未忘，能断之以礼；子夏哀已尽，能引之及礼。虽均之君子，不亦可乎？"

◎**注释** 　①〔子夏〕有本作"子贡"，据四库本、同文本、《礼记》、《说苑》及下文文意改。②〔三年之丧〕古代丧服中最重的一种，臣为君、子为父、妻为夫皆服丧三年。③〔侃侃〕和乐的样子。④〔作〕起来，起身。⑤〔切切〕悲哀、忧伤的样子。⑥〔或〕通"惑"，疑惑。四库本、备要本、同文本作"惑"。

◎**大意**　子夏服完三年之丧，前来拜见孔子。孔子说："给他琴，让他弹奏。"子夏愉悦地弹奏起来，站起来对孔子说："先王制定的礼仪，不敢不达到。"孔子说："真是君子啊！"

闵子骞服完三年之丧，前来拜见孔子。孔子给他琴，让他弹奏。闵子骞弹琴时流露出悲哀的神色，起身对孔子说："先王制定的礼仪，不敢超过。"孔子说："真是君子啊！"

子贡问："闵子骞还沉浸在悲痛里，先生称他为'君子'；子夏已经不再伤心，您也称他为'君子'。两个人感情不同而您都称为'君子'，我很困惑，请问个中原因。"孔子说："闵子骞不忘悲哀而能用礼制来约束；子夏已经不再悲哀，却能引导感情趋向礼制。即使把他们都称为君子，不也是应该的吗？"

孔子曰："无体之礼①，敬也；无服之丧，哀也；无声之乐，欢也。不言而信，不动而威，不施而仁，志。夫钟之音，怒而击之则武，忧而击之则悲。其志变者，声亦随之。故志诚感之，通于金石②，而况人乎？"

◎**注释**　①〔无体之礼〕指没有完全按照程序的礼仪。体，形式，仪式。②〔金石〕泛指乐器。金，指金属制成的乐器，如钟、铃等。石，石类乐器，如磬。

◎**大意**　孔子说："礼仪即使没有完全依照程序，也有真正的恭敬之心；丧事即使没有穿丧服，也有真正的悲哀之情；即使是无声的音乐，也有发自内心的欢乐。不说话就有信用，不行动就有威严，不施与就有仁爱，这是心志使然。钟的声音，发怒的时候敲打它就感觉勇猛，忧伤时敲打它就感觉悲凉。心志改变了，声音也随之改变。所以心志真诚有所触动时，能和乐器相通，何况是人呢？"

孔子见罗①雀者所得皆黄口②小雀。夫子问之曰："大雀独不得，何也?"罗者曰:"大雀善惊③而难得,黄口贪食而易得。黄口从大雀则不得,大雀从黄口亦不得。"

孔子顾谓弟子曰:"善惊以远害,利④食而忘患,自其心矣,而以所从为祸福。故君子慎其所从。以长者之虑,则有全身之阶⑤;随小者之戆⑥,而有危亡之败也。"

◎ **注释** ①〔罗〕网罗,捕捉。此记载又见于《说苑·敬慎》。②〔黄口〕指小鸟。幼鸟未长成时嘴黄,故称之。③〔善惊〕容易惊觉,即警觉。④〔利〕贪,贪求。⑤〔阶〕凭借。⑥〔戆(gàng)〕痴,傻,愚。

◎ **大意** 孔子看到捕鸟的人捉到的全都是黄嘴小鸟。孔子问他:"偏偏捉不到大雀,为什么?"捕鸟的人说:"大雀警觉,所以难以捉到;小鸟贪食,所以容易捉到。小雀跟着大雀时就捉不到,大雀跟着小雀时也捉不到。"

孔子回过头来对弟子说:"警觉可以远离祸害,贪食就忘记了灾祸。这是源于内心,由所跟从的对象决定是福是祸。所以君子在选择跟随对象时要谨慎。按照长者的忧虑行事,就有保全自身的凭借;依从年轻人的愚昧无知行事,就有灭亡的灾祸。"

孔子读《易》,至于《损》《益》,喟然而叹。子夏避席①问曰:"夫子何叹焉?"孔子曰:"夫自损者必有益之,自益者必有决②之,吾是以叹也。"

子夏曰:"然则学者不可以益乎?"子曰:"非道益之谓也。道弥益而身弥损。夫学者损其自多,以虚受人,故能成其满。博哉天道,成而必变。凡持满而能久者,未尝有也。故曰:'自贤者,天下之善言不得闻于耳矣。'昔尧治天下之位,犹允③恭以持之,克④让以接下,是以千岁而益盛,迄今而逾彰。夏桀、昆吾⑤自满而无极,亢意⑥而不节,斩刈⑦黎民如草芥⑧焉。天下讨之如诛匹夫。是以千载而恶著,迄今而不灭。观此,如行则让长,不疾先;如在舆,遇三人则下之，遇二人则式⑨之。调其盈虚，不令自满，所以能久也。"

子夏曰："商请志之，而终身奉行焉。"

◎**注释** ①〔避席〕离开席位，表示尊敬。②〔决〕同"缺"，破裂。③〔允〕诚信，诚实。④〔克〕能。⑤〔昆吾〕昆吾是夏朝的同盟部落首领，己姓，曾与夏桀一起作乱，助纣为虐，后为商汤所灭。⑥〔亢意〕随心所欲，恣意妄为。⑦〔斩刈（yì）〕斩杀。刈，割。⑧〔草芥〕小草。比喻最轻微、无价值的东西。⑨〔式〕通"轼"。以手扶住车前的横木，是古人表达敬意的一种礼节。

◎**大意** 孔子读《易》，读到《损》《益》二卦时，长长地叹了口气。子夏离开席位，问："先生您为什么叹气？"孔子说："那些自以为不足的人一定会有所增加，自满的人必然有缺失，我因此而感叹。"

子夏问："难道不能通过学习增加吗？"孔子说："这不是道的增加。道越是增加，自己越感觉不足。学习的人自认为不足的地方很多，以谦虚的态度接受别人的指教，所以能达到盈满的程度。天道，真是广博啊！凡自满而又能长久的，是不曾有过的。所以说：'自认为贤能的人，天下的好言论都进不了他们的耳朵。'从前尧登上治理天下的位子，仍然诚信恭敬地待人，能够用谦让的态度对待臣下，因此千百年来名声日盛，到今天更加显著。夏桀、昆吾自满而没有限度，恣意妄为，不加节制，斩杀老百姓如同割草一样，天下人讨伐他们如同诛杀独夫民贼。所以千百年来他们的罪恶越发彰显，到今天也没有消失。依此看来，如果走在路上，就让年长者先走，不要抢先；如果乘车，遇到三个人就应该下车，遇到两个人就应该扶轼而立，以示敬意。调节盈满和空虚，不让自满情绪发生，所以能保持长久。"

子夏说："我请求记下这番教诲，并终身奉行。"

子路问于孔子曰："请释①古之道而行由之意，可乎？"子曰："不可。昔东夷之子，慕诸夏之礼，有女而寡，为内私婿②，终身不嫁。不嫁则不嫁矣，亦非贞节之义也。苍梧娆③娶妻而美，让与其兄，让则让矣，然非礼之让矣。不慎其初，而悔其后，何嗟及矣。今汝欲舍古之道，行子之意，庸知子意不以是为非，以非为是乎？后虽欲悔，难哉！"

◎**注释** ①〔释〕放下，放弃。②〔内私婿〕内，同"纳"，纳入。私婿，非正式婚配的女婿。③〔苍梧娆〕与孔子同时代人。

◎**大意** 子路问孔子："我请求放弃古人的道而按照自己的意志行事，可以吗？"孔子说："不可以。从前东夷人仰慕中原礼仪，有女子成了寡妇，便为她招纳一个未正式婚配的丈夫，此女子则终身不再嫁。虽说是不嫁，但也不是贞节的本义了。苍梧娆娶的妻子貌美，就让给他的兄长。虽说是谦让，却是不合礼仪的谦让。当初做事不谨慎，事后又后悔，叹气又有什么用呢？如今你想放弃古之道，按照你自己的意志行事，怎么知道你的主张不是以对为错，以错为对呢？以后即使想后悔，也难了。"

　　曾子耘①瓜，误斩其根。曾晳怒，建②大杖以击其背。曾子仆地而不知人③，久之。有顷乃苏，欣然而起，进于曾晳曰："向也，参得罪于大人，大人用力教参，得无疾乎？"退而就房，援④琴而歌，欲令曾晳而闻之，知其体康也。孔子闻之而怒，告门弟子曰："参来，勿内。"

　　曾参自以为无罪，使人请⑤于孔子。子曰："汝不闻乎，昔瞽瞍⑥有子曰舜。舜之事瞽瞍，欲使之，未尝不在于侧；索而杀之，未尝可得。小棰⑦则待过，大杖则逃走，故瞽瞍不犯不父之罪，而舜不失烝烝⑧之孝。今参事父，委身以待暴怒，殪⑨而不避。既身死而陷父于不义，其不孝孰大焉？汝非天子之民也？杀天子之民，其罪奚若？"

　　曾参闻之，曰："参罪大矣。"遂造孔子而谢过。

◎**注释** ①〔耘（yún）〕除草。②〔建〕拿起。③〔不知人〕不省人事。④〔援〕操，拿。⑤〔请〕问，询问。⑥〔瞽瞍（gǔ sǒu）〕舜的父亲。相传他溺爱舜的弟弟，屡次想害死舜。瞽、瞍均为瞎眼之意，因此也有一种说法是，因为舜父不能辨别好恶，故称之为瞽瞍。⑦〔小棰〕用小棍棒打。棰，杖，棍棒。⑧〔烝烝〕通

"烝烝"，厚美意。⑨〔殪（yì）〕死。

◎**大意**　曾参在瓜地里除草，不小心错把瓜苗的根斩断了。曾皙很生气，就拿起大棍子打他的背。曾参倒在地上，不省人事很久。过了很长时间才苏醒过来，他很高兴地爬起来，上前对曾皙说："刚才得罪了父亲大人，父亲大人用力教训我，没有伤着吧？"然后退回房中，弹琴唱歌，想让曾皙听到，知道他身体安然无恙。孔子听说之后非常生气，告诉他的门人弟子说："曾参来了，不要让他进来。"

曾参自认为没有过错，托人询问孔子。孔子说："你没有听说过吗？从前瞽瞍有个儿子叫舜。舜侍奉瞽瞍，父亲想要使唤他时，他没有不在旁边的；父亲想要找到他把他杀掉时，却从未得手。父亲用小棍子打他，他就等着受过挨打；用大棍子打他，他就逃跑。因此，瞽瞍没有犯不行父道之罪，而舜也不失厚美的孝道。如今曾参侍奉父亲，舍身承受暴怒，死也不躲。自己死了又将父亲陷于不义之地，有哪种不孝比这个更严重呢？你不是天子的臣民吗？杀死了天子的百姓，这应该是什么样的罪行呢？"

曾参听了这番话后，说："我的罪过真是太严重了。"于是前往孔子那里谢罪。

荆公子行年①十五而摄②荆相事。孔子闻之，使人往观其为政焉。使者反，曰："视其朝，清净而少事，其堂上有五老焉，其廊下有二十壮士焉。"孔子曰："合二十五人之智，以治天下，其固免矣，况荆乎？"

◎**注释**　①〔行年〕经历的年岁，指当时的年龄。②〔摄〕代理。

◎**大意**　楚公子十五岁就代理楚相的职位。孔子听说后，派人前往观察他为政的情况。派去的人回来报告说："看他的朝政，清净而少有事务，在厅堂上有五位老人，廊下有二十个壮士。"孔子说："集合二十五个人的智慧，来治理天下，本来就可以免除灾祸了，何况仅仅一个楚国呢？"

子夏问于孔子曰："颜回之为人奚若？"子曰："回之信①贤于丘。"曰："子贡之为人奚若？"子曰："赐之敏②贤于丘。"曰：

◎ 六本第十五

"子路之为人奚若?"子曰:"由之勇贤于丘。"曰:"子张之为人奚若?"子曰:"师之庄③贤于丘。"

子夏避席而问曰:"然则四子何为事先生?"子曰:"居,吾语汝。夫回能信而不能反④,赐能敏而不能诎⑤,由能勇而不能怯,师能庄而不能同⑥。兼四子者之有以易吾,弗与也。此其所以事吾而弗贰⑦也。"

◎ 注释 ①〔信〕诚实,诚信。②〔敏〕机敏聪慧。③〔庄〕庄重,严肃。④〔能信而不能反〕能做到诚信却不能灵活地应用。孟子曰:"大人者,言不必信,行不必果,唯义所在。"指君子说话不必句句都是诚实的,只要符合道义就可以了。⑤〔诎〕通"屈",屈服,屈抑。⑥〔同〕混同,合群。⑦〔贰〕离心,不专一。

◎ 大意 子夏问孔子:"颜回的为人怎么样?"孔子说:"颜回在诚信方面比我强。"子夏问:"子贡的为人怎么样?"孔子说:"端木赐在机敏聪慧方面比我强。"子夏问:"子路的为人怎么样?"孔子说:"仲由在勇敢方面比我强。"子夏问:"子张的为人怎么样?"孔子说:"颛孙师在庄重方面比我强。"

子夏离开席位,问道:"为什么这四个人都跟先生您学习呢?"孔子说:"坐下,我告诉你。颜回能做到诚信却不能灵活地应用,端木赐机敏却不能委屈自己,仲由勇敢却不知退避,颛孙师庄重却不合群。即使同时兼有这四个人的长处来跟我交换,我也不会同意。这就是他们侍奉我而且忠贞不二的原因。"

孔子游于泰山,见荣声期①行乎郕②之野,鹿裘带索③,鼓瑟而歌。孔子问曰:"先生所以为乐者,何也?"期对曰:"吾乐甚多,而至者三。天生万物,唯人为贵。吾既得为人,是一乐也。男女之别,男尊女卑,故人以男为贵。吾既得为男,是二乐也。人生有不见日月④,不免襁褓者,吾既以行年九十五矣,是三乐也。贫者,士之常;死者,人之终。处常得⑤终,当何忧哉?"孔子曰:"善哉!能自宽者也。"

◎ 注释 ①〔荣声期〕或作荣启期、荣益期,春秋时期著名隐士。②〔郕

(chéng)〕鲁邑。③〔鹿裘带索〕以鹿皮为衣，以绳索为衣带。④〔不见日月〕指胎死腹中。⑤〔得〕王肃注："得，宜为待。"《说苑》作"待"，义同。

◎**大意**　孔子到泰山游历时，遇到荣声期。他正走在郕的郊外，穿着鹿皮做的衣服，以绳索为衣带，鼓瑟唱歌。孔子问："先生您这么快乐，所为何事？"荣声期对他说："值得我快乐的事很多，而最值得高兴的有三件。天生万物，只有人最尊贵。我已经做了人，这是一乐。男女有别，而男尊女卑，所以人们以男子为贵。我已经做了男子，这是二乐。有的人还未出生就胎死腹中，有的人在襁褓之中就夭折了，而我已经活到九十五岁，这是三乐。贫穷，是士人的常态；死亡，是人的终结。我处于常态中等待终结，又有何事忧虑呢？"孔子说："好呀！真是个能自我宽慰的人。"

孔子曰："回有君子之道四焉：强于行义，弱于受谏，怵于待禄①，慎于治身。史鰌②有君子之道三焉：不仕而敬上，不祀而敬鬼，直己而曲人③。"曾子侍，曰："参昔常闻夫子三言，而未之能行也。夫子见人之一善而忘其百非，是夫子之易事也；见人之有善，若己有之，是夫子之不争也；闻善必躬行之，然后导之，是夫子之能劳也。学夫子之三言而未能行，以自知终不及二子者也。"

◎**注释**　①〔怵于待禄〕接受俸禄的时候很害怕。怵，害怕。待，得到。②〔史鰌〕子鱼，卫国大夫。③〔直己而曲人〕要求自己正直却能宽以待人。直己，要求自身守正不阿。曲，不直。曲人，与直己相对，指宽以待人。

◎**大意**　孔子说："颜回具备君子的四种品德：实行道义时很坚强，接受劝谏时很虚心，接受俸禄的时候很害怕，立身行事时很谨慎。史鰌具备君子的三种品德：不做官却尊敬身居上位的人，不祭祀却能敬事鬼神，要求自己正直却能宽以待人。"曾子在旁边陪侍，说："我曾听您说过三句话，却没能实行。您见到别人一处优点就忘掉了他所有的缺点，因此您容易与人相处；看到别人身上有好的东西，就好像自己也有了，因此您不与人争胜；听到善行就亲自实践，然后引导别人，因此您能吃苦耐劳。学习了您的这三句话，却未能实行，因而我知道自己最终也赶不上颜回、史鳅他们两人。"

孔子曰："吾死之后，则商也日益，赐也日损。"曾子曰："何谓也？"子曰："商也好与贤己者处，赐也好说不若己者。不知其子，视其父；不知其人，视其友；不知其君，视其所使①；不知其地，视其草木。故曰：与善人居，如入芝兰②之室，久而不闻其香，即与之化矣；与不善人居，如入鲍鱼之肆③，久而不闻其臭，亦与之化矣。丹④之所藏者赤，漆之所藏者黑。是以君子必慎其所与处者焉。"

◎**注释** ①〔所使〕所任命的人。②〔芝兰〕两种香草，二者连用常指美好的环境或德行。芝，通"芷"，白芷。兰，兰草。③〔鲍鱼之肆〕腌或卖咸鱼的店铺。鲍鱼，咸鱼，用盐腌渍后气味腥臭。肆，店铺。④〔丹〕朱砂。

◎**大意** 孔子说："我死了之后，卜商会越来越进步，而端木赐会越来越退步。"曾子说："为什么呢？"孔子说："卜商喜欢与比自己贤能的人相处，而端木赐喜欢谈论那些不如自己的人。不了解儿子，就看他父亲如何；不了解某人，就看他结交的朋友如何；不了解君主，就看他任命的大臣如何；不了解某块土地，就看那里草木的生长情况如何。所以说：与贤能的人相处，就像进入放有香草的房间，时间久了闻不出他的香气，这是与之同化了；与不好的人相处，就像进入卖咸鱼的铺子，时间久了就闻不到它的腥臭味，这也是与之同化了。用来装丹砂的容器会变成红色，用来藏漆的容器会变成黑色。因此，君子一定要慎重对待自己所处的环境。"

曾子从孔子之齐，齐景公以下卿①之礼聘曾子，曾子固辞。将行，晏子②送之，曰："吾闻之，君子遗③人以财，不若善言。今④夫兰本三年，湛⑤之以鹿醢⑥，既成，啜⑦之，则易之匹马。非兰之本性也，所以湛者美矣。愿子详其所湛者。夫君子居必择处，游必择方，仕必择君。择君所以求仕，择方所以修道。迁风移俗者，嗜欲移性，可不慎乎？"

145

孔子闻之，曰："晏子之言，君子哉！依贤者固不困，依富者固不穷。马蚿[8]斩足而复行，何也？以其辅之者众。"

◎**注释**　①〔卿〕古代高级官员的名称，西周、春秋时分为上、中、下三等。②〔晏子〕指晏婴，齐国宰相。③〔遗〕赠送。④〔今〕若，假设之意。⑤〔湛(jiān)〕同"渐"，浸渍。⑥〔鹿䐹(yìn)〕指鹿肉做成的肉酱。⑦〔啖(dàn)〕同"啖"，吃。⑧〔马蚿〕一种多足、有节肢的虫。

◎**大意**　曾子跟随孔子到齐国，齐景公以下卿的礼节礼聘曾子，曾子坚决推辞。曾子将要离开齐国时，晏婴前来送行，说："我听说，君子送给别人财物，不如赠给他有益的言辞。如果兰草的根已经生长了三年，用鹿肉酱来浸渍，做成之后非常好吃，可以用来交换马匹。并非兰草本性使然，是因为浸渍它的东西好。希望您审慎地对待用来浸渍它的汤。君子居住一定要选择处所，交游一定要选择品类，入仕一定要选择君主。选择君主是为了求仕，选择品类是为了修行道德。那些改变风气、移风易俗的人，十分喜欢改变本性，能不慎重吗？"

孔子听说后，说："晏婴的话，真是君子之言啊！依靠贤人就不会困厄，依靠富人就不会贫穷。马蚿被砍断了脚还可以爬行，为什么？这是因为辅助的脚很多。"

孔子曰："以富贵而下人，何人不尊？以富贵而爱人，何人不亲？发言不逆，可谓知言矣；言而众向[①]之，可谓知时矣。是故以富而能富人者，欲贫不可得也；以贵而能贵人者，欲贱不可得也；以达而能达人者，欲穷不可得也。"

◎**注释**　①〔向〕通"响"，响应。

◎**大意**　孔子说："身处富贵而能谦逊待人，又有什么人不尊重他？身处富贵而能敬爱别人，又有谁能不亲附他？发言时不忤逆众人的意愿，可以说是懂得讲话；说了话众人就响应，可以说懂得抓住时机。因此，自己富有又能使别人富有的人，想贫穷也办不到；自己尊贵又能使别人显得尊贵的人，想卑贱也办不到；自己显达又能使别人显达的人，想陷入困境也办不到。"

孔子曰："中人①之情也，有余则侈，不足则俭，无禁则淫②，无度则逸，从③欲则败。是故鞭扑之子，不从父之教；刑戮之民，不从君之令。此言疾④之难忍，急之难行也。故君子不急断，不急制，使饮食有量，衣服有节，宫室有度，畜积有数，车器有限，所以防乱之原也。夫度量不可不明，是中人所由⑤之令。"

◎ **注释** ①〔中人〕一般人，中等人。②〔淫〕过分，无节制。③〔从〕通"纵"，放纵。④〔疾〕急剧而猛烈，此指要求过分。⑤〔由〕奉行，遵从。

◎ **大意** 孔子说："一般人的常情是，财富有余就奢侈浪费，不足就节俭，没有禁令就恣肆无节制，没有限制就会放纵，随心所欲就会败亡。因此，遭受鞭打的儿子，不听从父亲的教诲；遭受刑罚的百姓，不听从君主的命令。这就是说，过速就会让人难以忍受，操之过急就难以实行。所以君子不急于决断，不急于定制，使饮食有限量，衣服有节制，公室有度量，积蓄有定数，车辆器械有限量，这是为了防范祸乱的根源。法度不能不明确，这是一般人遵守的法令。"

孔子曰："巧而好度①必攻②，勇而好问必胜，智而好谋必成。以愚者反之。是以非其人，告之弗听；非其地，树之弗生。得其人，如聚砂而雨之；非其人，如会聋而鼓之。夫处重擅宠，专事妒贤，愚者之情也。位高则危，任重则崩，可立而待。"

◎ **注释** ①〔度〕揣度，推测。②〔攻〕坚固，坚定。

◎ **大意** 孔子说："灵巧而又喜欢揣度的人必然坚定，勇敢而又善于请教的人必然胜利，聪明而又喜欢谋划的人必然成功。愚蠢的人正好相反。因此，不合适的人，告诉他也不会听从；不合适的地方，栽上树也不会生长。合适的人，就像往聚拢的沙上倒水，很容易吸收；不合适的人，就像把聋子集合起来，敲鼓给他们听。身居要位，独受宠信，专揽政事，嫉妒贤能的人，这是愚蠢者的常情。地位高就面临危险，责任重就可能垮台，这些情况不多久就可以看到。"

孔子曰："舟非水不行，水入舟则没；君非民不治，民犯上则倾。是故君子不可不严也，小人不可不整一也。"

◎ **大意**　孔子说："船没有水就不能行驶，水进入船里，船就会沉没；君主没有百姓就无法治理国家，百姓犯上作乱，国家就会倾覆。因此，君子不可以不严谨，小人不可不一概整治。"

齐高庭问于孔子曰："庭不旷①山，不直②地，衣穰③而提贽④，精⑤气以问事君子之道，愿夫子告之。"孔子曰："贞⑥以干⑦之，敬以辅之，施仁无倦。见君子则举之，见小人则退之。去汝恶心，而忠与之，效⑧其行，修其礼，千里之外，亲如兄弟。行不效，礼不修，则对门不汝通矣。夫终日言，不遗己之忧；终日行，不遗己之患，唯智者能之。故自修者，必恐惧以除患，恭俭以避难者也。终日为善，一言则败之，可不慎乎！"

◎ **注释**　①〔旷〕隔。②〔直〕通"值"，价值。这里引申为计较。③〔穰（ráng）〕菅草衣。④〔贽（zhì）〕初次见面时所提的礼物。⑤〔精〕精诚，真诚。⑥〔贞〕忠贞。⑦〔干〕主干。⑧〔效〕尽力，效劳。

◎ **大意**　齐国的高庭问孔子："我不怕高山阻隔，不计较地域遥远，穿着菅草衣，拿着见面礼，诚心诚意地来见您，向您请教侍奉君子的方法，希望您告诉我。"孔子说："以忠贞正直为主干，以恭敬为辅助，施行仁义而不知疲倦。看见君子就加以举荐，看见小人就加以斥退。去除邪恶的念头，而忠诚地与人相处，行事尽力，修行礼仪，千里之外的人也会亲如兄弟。做事不尽心，不修行礼仪，那么即使住在对面也不来往。整日言谈，不给自己留下隐忧；整日做事，不给自己留下隐患，只有聪明的人才能做到。因此，注意自我修行的人，一定怀着恐惧的心理来消除祸患，保持恭敬节俭的态度来避免灾难。终日都做好事，却因为一句话而导致灾祸，能不谨慎吗？"

辩物
第十六

《易·系辞传下》讲"开而当名辨物，正言断辞则备矣"，事物只有名实相符，才能各得其所、观物知义。本篇记载了孔子及其弟子对各种事物的评析和论断，表现了孔子的博学多识与类通而明达的深邃智慧。

例如，在"防风氏之骨"一章中，使者言"敢问谁守为神？"其实透露出吴王以得防风之骨为灵异，认为有神明所守的心态；而孔子阐明了人与神的区别，表明守社稷山川者都属于王，暗指守护社稷百姓都是人事，不能寄托神明。"子贡论邾隐公见定公""阳虎奔晋"这两章，则体现了孔子及其弟子对于礼制和道德的深刻认识。子贡把礼作为评论两人的标准，从进行相见礼的态度上得出谁会"先亡"的结论；而孔子评论"阳虎奔晋"亦是以人的德行为依据，印证了《中庸》里"至诚之道，可以前知……祸福将至，善必先知之，不善必先知之，故至诚如神"的说法。

除此之外，本篇最后几章所记"孔子答矢闻""子服景伯与吴王夫差""西狩获麟"几件事，不仅表现了孔子渊博的学识，而且展现了礼坏乐崩的社会情形。编排者特地将这几章放在最后，亦是对孔子所处的时代和其内心的写照。深入体察孔子的论述，我们还可以发现，孔子对事物的辨析解释也是其内心情怀与追求的表达。尤其是"西狩获麟"这一事件，孔子作《春秋》正是以"西狩获麟"为止，这件事在孔子一生中占据重要位置。在"西狩获麟"一章中，孔子"反袂拭面，涕泣沾衿"，悲哭"出非其时而害"。这既是孔子对于当时礼坏乐崩、天下无道局面的痛心，也是伤怀自己不遇于时的命运。学习此章时，要联系《国语》《左传》《公羊传》《说苑》《孔丛子》等文献资料，体会孔子的情怀。

本篇体现了夫子等人的博学多闻、好古敏求，更重要的是体现了夫子是如何践行价值观的。所以，孔子及其弟子对于某件事情、某件器物进行讨论时，思考其依据什么尤为重要。与单纯的说教不同，《辩物》展现了孔子思考问题的角度和方式，对于我们在日常生活中应该如何思考问题，如何规整自己的行为有着莫大的意义。

　　季桓子穿井①，获如玉缶②，其中有羊焉。使使问孔子曰："吾穿井于费③，而于井中得一狗，何也？"孔子曰："丘之所闻者，羊也。丘闻之，木石之怪④，夔、魍魉⑤；水之怪，龙、罔象⑥；土之怪羵羊⑦也。"

◎**注释**　①〔季桓子穿井〕季桓子，鲁国大夫。穿井，挖井。②〔玉缶〕玉质器皿。③〔费〕鲁国邑名，为季孙氏封邑，故址在今山东费县西北。④〔木石之怪〕

山林中的精怪。⑤〔夔（kuí）、魍魉（wǎng liǎng）〕夔，古代传说中的单足兽。魍魉，山精。⑥〔罔象〕一种水怪。⑦〔羵（fén）羊〕古代传说中的土中神怪。

◎**大意** 季桓子令人挖井，得到类似玉质罐子的器皿，里面有只羊。他派役从去请教孔子："我在费地挖井，从井中得到一只狗，这是怎么回事呢？"孔子说："就我所听到的而言，应该是羊。我听说，山林中的精怪是夔、魍魉，水中的精怪是龙、罔象，土中的精怪是羵羊。"

吴伐越，隳会稽①，获巨骨一节，专车②焉。吴子使来聘于鲁③，且问之孔子，命使者曰："无以吾命也。"宾既将事，乃发币④于大夫，及孔子，孔子爵之⑤。

既彻俎而燕⑥，客执骨而问曰："敢问骨何如为大？"孔子曰："丘闻之，昔禹致群臣于会稽之山，防风⑦后至，禹杀而戮⑧之，其骨专车焉，此为大矣。"

客曰："敢问谁守⑨为神？"孔子曰："山川之灵，足以纪纲天下⑩者，其守为神。诸侯社稷之守为公侯，山川之祀者为诸侯，皆属于王。"

客曰："防风何守？"孔子曰："汪芒氏之君，守封、嵎山⑪者，为漆姓，在虞夏商为汪芒氏，于周为长瞿氏，今日大人。"

有客曰："人长之极几何？"孔子曰："焦侥氏⑫长三尺，短之至也。长者不过十，数之极也。"

◎**注释** ①〔隳会稽〕隳，毁坏。会稽，山名，位于今浙江绍兴东南。②〔专车〕满载一车。专，满。③〔吴子使来聘于鲁〕吴子，指吴王夫差，在位23年（前495—前473）。聘，此指诸侯使大夫问于诸侯。④〔币〕指用作聘问礼物的玉、马、皮、帛等。⑤〔爵之〕饮酒。⑥〔既彻俎而燕〕撤掉祭祀礼器后众人欢宴。燕，通"宴"。⑦〔防风〕姓氏名，禹时候的部落首领，汪芒氏之君。⑧〔戮〕陈尸。⑨〔守〕掌管，管理。⑩〔纪纲天下〕这里指能兴云致雨以利天下。⑪〔封嵎（yú）

山〕封山、嵎山，位于今浙江德清西南。⑫〔焦侥（yáo）氏〕一作"僬侥"，相传为西南蛮人的一支。

◎**大意** 吴国攻伐越国，毁坏了会稽山，得到一节大骨头，大骨头占了一车。吴王派使臣去鲁国朝聘，并且向孔子请教，他告诫使臣："不要说是我的命令。"使臣做完应做的事后，就向大夫分发礼品，发到孔子时，孔子饮了一杯酒。

撤去祭祀用的礼器后，众人欢宴，使臣手持骨头请教孔子："请问骨头怎样才算大呢？"孔子说："我听说，古时候禹在会稽山召集群臣，防风氏迟到了，禹就杀了他，并且陈尸示众，他的骨头占满一车。这样的骨头就算大的了。"

使臣说："请问掌管什么的才算是神灵呢？"孔子说："山川的精灵，能兴云致雨利于天下的，它的守护者是神灵。诸侯只掌管社稷而不祭山川的是公侯，祭祀山川的是诸侯，他们都隶属天子。"

使臣说："防风氏守护什么呢？"孔子说："他是汪芒氏的君主，守护封山和嵎山，漆姓。虞、夏、商时称汪芒氏，周时称长瞿氏，现在称大人。"

有客人问："人身长的极限是多少呢？"孔子说："焦侥氏身长三尺，这是身长的最小极限。最高的不超过十尺，这是身长的最大极限。"

孔子在陈，陈惠公①宾之于上馆②。时有隼③集陈侯之庭而死，楛矢④贯之，石砮⑤，其长尺有咫⑥。

惠公使人持隼，如孔子馆而问焉。孔子曰："隼之来远矣，此肃慎氏⑦之矢。昔武王克商，通道于九夷百蛮⑧，使各以其方贿⑨来贡，而无忘职业⑩。于是肃慎氏贡楛矢、石砮，其长尺有咫。先王欲昭其令德之致远物也，以示后人，使永鉴焉，故铭其栝⑪曰'肃慎氏贡楛矢'，以分大姬⑫，配胡公⑬，而封诸陈。古者分同姓以珍玉，所以展⑭亲亲也；分异姓以远方之职贡，所以无忘服也，故分陈以肃慎氏贡焉。君若使有司求诸故府⑮，其可得也。"

公使人求，得之金椟，如之。

◎**注释** ①〔陈惠公〕陈国国君，名吴，妫姓，在位28年（前533—前506）。②〔宾之于上馆〕宾，使居住。上馆，上等的馆舍。③〔隼〕鸟类的一科，翅膀窄而尖，上嘴呈钩曲状，背青黑色，尾尖白色，腹部黄色。饲养驯熟后，可以帮助打猎。亦称"鹘"。④〔楛（hù）矢〕楛木做的箭矢。楛，木名。荆一类的植物，茎可制箭杆。⑤〔砮（nǔ）〕箭镞。⑥〔咫〕八寸。⑦〔肃慎氏〕古代的少数民族，主要从事狩猎，居住在今东北地区。⑧〔九夷百蛮〕九夷，东方九种。百蛮，夷狄百种，指周边各少数民族。⑨〔方贿〕地方特产。贿，财物。⑩〔职业〕职，掌管。业，事业，功业。⑪〔铭其栝（guā）〕铭，刻。栝，箭末扣弦处。⑫〔大姬〕周王之女。⑬〔胡公〕舜的后代。⑭〔展〕重。⑮〔故府〕原来收藏文书或财物的府库。故，旧。

◎**大意** 孔子在陈国时，陈惠公安排他住在上等馆舍。当时有隼鸟停栖在陈侯的门庭，随即死去。楛木做的箭矢穿透了它们的身体，箭镞为石制，箭长一尺八寸。

惠公令人拿着隼鸟到孔子住的馆舍去请教。孔子说："隼鸟飞来的地方离这儿很远，这是肃慎氏的箭矢。古时候周武王攻克商朝，打通了前往周边各族的道路，让他们带着各自的特产来朝贡，以此提醒他们不要忘记自己掌管的事业。于是肃慎氏贡上楛木箭矢、石制箭镞，箭长一尺八寸。武王想要彰显他能令远方朝贡的美好德行，用以昭示后人，让他们永远鉴观，因此在箭末扣弦处刻着'肃慎氏所贡楛木箭'，并把它赐予大姬，后来将大姬许配给胡公，将胡公分封到陈国，箭也随之到了陈国。古时候将珍宝玉器赐给同姓诸侯，用来强化亲亲之道；将远方贡物赐给异姓诸侯，用来提醒他们不忘事周，因为这个才将肃慎氏的贡物赐给陈国。您如果派有司到原来的府库中去找，就可以找到。"

惠公派人找到了用来收藏文献等的铜柜，里面果然如孔子所说，藏有这种箭矢。

郯子①朝鲁，鲁人②问曰："少昊③氏以鸟名官，何也？"对曰："吾祖也，我知之。昔黄帝以云纪④官，故为云师而云名。炎帝以火，共工以水，大昊⑤以龙，其义一也。我高祖少昊挚之立也，凤鸟适至，是以纪之于鸟，故为鸟师而鸟名。自颛顼⑥氏以来，不能纪远，乃纪于近，为民师而命以民事⑦，则不能故也。"

孔子闻之，遂见郯子而学焉。既而告人曰："吾闻之，'天子失官，学在四夷'。犹信。"

◎**注释** ①〔郯子〕郯国国君，为少昊后裔。②〔鲁人〕指叔孙昭子。③〔少昊〕金天氏。相传为东夷族首领，名挚，己姓，活动中心在奄（今山东曲阜）。④〔纪〕记识。⑤〔大昊〕伏羲氏。相传为东夷族首领，风姓。⑥〔颛顼〕传说中的古代帝王，号高阳氏。⑦〔民事〕指政事。

◎**大意** 郯国国君朝见鲁国，叔孙昭子问道："少昊氏用鸟来命名职官，为什么呢？"郯国国君答道："他是我的祖先，我知道其中的缘由。古代黄帝用云记识官职，所以百官之长用云来命名。炎帝用火来命名，共工用水来命名，太昊用龙来命名，道理都是一样的。我的远祖少昊挚立国时，恰好凤鸟飞来，于是用鸟来命名职官，所以百官之长用鸟来命名。从颛顼氏以来，不能用远来的天瑞来命名官职，就用就近的民事来命名，于是设立百姓的长官，官职名就用民事来命名，所以就不能像过去那样记载远方的天瑞了。"

孔子听说了这件事，就去拜谒郯国国君，向他请教。事后孔子对别人说："我听说，'天子那里典章阙坏，官学却还保存在诸侯小国中'。这是可以相信的。"

邾隐公①朝于鲁，子贡观焉。邾子执玉高，其容②仰。定公受玉卑，其容俯。子贡曰："以礼观之，二君者将有死亡③焉。夫礼，生死存亡之体④，将左右周旋⑤。进退俯仰，于是乎取之；朝祀丧戎，于是乎观之。今正月相朝，而皆不度⑥，心以⑦亡矣。嘉事不体⑧，何以能久？高仰，骄；卑俯，替⑨。骄近乱，替近疾。若⑩为主，其先亡乎？"

夏五月，公薨⑪，又邾子出奔。孔子曰："赐不幸而言中，是赐多言。"

◎**注释** ①〔邾隐公〕邾国国君，名益，曹姓。②〔容〕脸，面部。③〔死亡〕

死，死亡。亡，逃亡，出奔。④〔体〕根本。⑤〔左右周旋〕左右，折旋揖让。周旋，仪容举止。⑥〔不度〕不得其法度。⑦〔以〕通"已"。⑧〔嘉事不体〕朝聘亦嘉事也。不体，不得其体。⑨〔替〕废惰，衰败。⑩〔若〕犹"我"。⑪〔薨〕古代诸侯死称薨。

◎**大意**　邾隐公到鲁国朝见鲁君，子贡观看了朝见礼仪。邾隐公高高地执玉，脸向上仰；定公低低地接玉，脸向下俯。子贡说："依据礼制来看，两位国君快要死亡或出奔了。礼制，是生死存亡的根本，折旋揖让，进退俯仰，从这里来择取；朝会祭祀，丧葬征战，也从这里观看。如今在正月里朝见，不合于礼制，他们心中已经没有礼制了。朝聘不合于礼制，怎能长久呢？高仰，这是骄恣；卑俯，这是废惰。骄恣近于动乱，废惰近于疾病。我国国君是主人，大概会先死亡吧！"

夏五月，鲁定公去世，邾国国君也出奔他国。孔子说："子贡说中了不幸的事，这是他多嘴了。"

孔子在陈，陈侯就之燕游①焉。行路之人云："鲁司铎②灾，及宗庙。"以告孔子。子曰："所及者，其桓、僖③之庙。"陈侯曰："何以知之？"子曰："礼，祖有功而宗有德，故不毁其庙焉。今桓、僖之亲尽矣④，又功德不足以存其庙，而鲁不毁，是以天灾加之。"

三日，鲁使至，问焉，则桓、僖也。陈侯谓子贡曰："吾乃今知圣人之可贵。"对曰："君之知之，可矣，未若专⑤其道而行其化之善也。"

◎**注释**　①〔燕游〕闲游。②〔司铎〕宫城中的官署，即后世的郎署。③〔桓、僖〕桓，鲁桓公，名允，在位18年（前711—前694）。僖，鲁僖公，名申，在位33年（前659—前627）。④〔今桓、僖之亲尽矣〕古代礼制"诸侯五庙"，即只立五代的宗庙表示宗亲关系。桓公为哀公的八世祖，僖公为哀公的六世祖，均已不合"诸侯五庙"的礼制，所以孔子说"今桓、僖之亲尽矣"。⑤〔专〕司，推行。

◎**大意**　孔子在陈国，陈侯同他一起闲游。路上的行人说："鲁国的司铎官署发生了火灾,殃及宗庙。"陈侯将此事告诉了孔子。孔子说:"所殃及的恐怕是祭祀桓公和僖公的宗庙吧。"陈侯问:"凭什么知道是他们的宗庙呢?"孔子说:"按照礼制,祖宗有功德,所以不毁他们的宗庙。如今国君与桓公、僖公的宗亲关系已经终结,而他们的功德又不足以使宗庙继续保存,可是鲁国没有废毁,因此天灾加于其上。"

三日之后,鲁国的使臣来到陈国,陈侯问起这件事,火灾殃及的果然是桓公和僖公的宗庙。陈侯对子贡说道:"我今天才明白圣人值得敬重。"子贡回答:"您明白圣人值得敬重,可以了,但不如遵守他的道义、推行他的教化更好些。"

阳虎①既奔齐,自齐奔晋,适赵氏。孔子闻之,谓子路曰:"赵氏其世②有乱乎!"子路曰:"权不在焉,岂能为乱?"孔子曰:"非汝所知。夫阳虎亲富而不亲仁,有宠于季孙,又将杀之,不克而奔,求容于齐。齐人囚之,乃亡归晋。是齐、鲁二国,已去其疾。赵简子③好利而多信④,必溺其说而从其谋。祸败所终,非一世可知也。"

◎**注释** ①〔阳虎〕字货,鲁国季孙氏家臣。他以陪臣执国命,欲去季桓子,未遂,据阳关以叛,为鲁所攻,遂出奔。②〔世〕后世。③〔赵简子〕即赵鞅,赵武之孙,晋国执政卿。④〔多信〕轻信。

◎**大意** 阳虎出奔齐国以后,又从齐国逃到晋国,到了赵简子那里。孔子听说后,对子路说:"赵简子的后世恐怕要有动乱了!"子路说:"政权不在他手中,怎能作乱呢?"孔子说:"这不是你能明白的。阳虎依附富人而不依附仁人,为季孙氏所宠信,又要加害于他,没有得逞,于是出奔,向齐国求取容身之地。齐国人囚禁了他,他便逃亡出来,到了晋国。这样,齐、鲁二国已经除去了祸患。赵简子贪图小利又容易轻信于人,一定会被阳虎的话迷惑而听从于他的谋划。祸患什么时候能终结,不是一代人可以知道的。"

季康子①问于孔子曰:"今周十二月,夏之十月,而犹有螽②,何也？"孔子对曰："丘闻之，火伏而后蛰者毕③。今火犹西流④，司历⑤过也。"季康子曰："所失者，几月也？"孔子曰："于夏十月，火既没矣。今火见，再⑥失闰也。"

◎ **注释** ①〔季康子〕即季孙肥，鲁哀公时正卿，"康"为其谥号。②〔螽（zhōng）〕蝗灾，多发生于周历秋八月或九月。③〔火伏而后蛰者毕〕大火星隐没后蝗虫才全部蛰伏。火，大火星，即心宿，一般夏历十月就已隐没。④〔西流〕出现在西方天空，逐渐隐没。⑤〔司历〕掌历法的官员。⑥〔再〕两次。

◎ **大意** 季康子向孔子问道："现在是周历十二月，夏历的十月，却仍有蝗灾，为什么呢？"孔子答道："我听说大火星隐没后蝗虫才全部蛰伏。现在大火星仍然出现在西方天空，这是司历官的过失。"季康子问："错了几个月？"孔子说："在夏历十月，大火星就应隐没，现在它还出现在天空，这是两次未置闰的结果。"

吴王夫差将与哀公见晋侯①。子服景伯②对使者曰："王合诸侯，则伯率侯牧③以见于王；伯合诸侯，则侯率子男以见于伯。今诸侯会，而君与寡君见晋君，则晋成为伯也。且执事以伯召诸侯，而以侯终之，何利之有焉？"吴人乃止。既而悔之，遂囚景伯。

伯谓大宰嚭④曰："鲁将以十月上辛有事于上帝、先王⑤，季辛而毕⑥。何也世有职焉，自襄⑦已来未之改。若其不会⑧，则祝宗⑨将曰'吴实然'。"嚭言于夫差，归之。

子贡闻之，见于孔子曰："子服氏之子拙于说矣，以实获囚，以诈得免。"孔子曰："吴子为夷德⑩，可欺而不可以实。是听者之蔽，非说者之拙也。"

◎ **注释** ①〔晋侯〕即晋定公（前511—前475，在位），名午。②〔子服景伯〕

即子服何，鲁国大夫，当时跟随鲁哀公参加会盟。③〔伯率侯牧〕伯，王官，诸侯之长。侯牧，方伯名。④〔大宰嚭（pǐ）〕伯氏，名嚭。一作帛喜，字子余，吴王夫差宠臣。⑤〔鲁将以十月上辛有事于上帝、先王〕鲁国将在十月上辛这天祭祀上帝、先王。上辛，即上辛日，指农历每月的第一个辛日。古代以甲子计日，每十日必有一个辛日。有事，指祭祀。⑥〔季辛而毕〕每月的第三个辛日结束。毕，结束。⑦〔襄〕鲁襄公，名午，在位31年（前572—前542）。⑧〔不会〕不参加祭祀。⑨〔祝宗〕祭祀主持祝告的人。⑩〔夷德〕夷族的德行。

◎**大意** 吴王夫差将要和鲁哀公去谒见晋侯。子服景伯对使者说："天子会合诸侯，那么诸侯之长就率领侯牧谒见天子；诸侯之长会合诸侯，那么侯爵就率领子爵、男爵去谒见。现在诸侯相会，而贵国国君和我国国君谒见晋国国君，那么晋国国君就成为诸侯之长了。况且贵国国君以伯爵身份召集诸侯，却以侯爵身份结束会合，又有什么好处呢？"吴人于是作罢。过后又感到后悔，就将景伯囚禁起来。

景伯对太宰嚭说："鲁国将在十月上辛这天祭祀上帝、先王，每月的第三个辛日结束。我家世代都在祭祀中任职，从襄公以来未曾改变。如果这次我不参加祭祀，祝宗会在祷告时说'是吴国囚禁他，使他无法参加的'。"太宰嚭将这些话告诉了吴王夫差，夫差就把景伯放了回去。

子贡听说了此事，谒见孔子说："子服景伯拙于言辞，因为讲实话被囚禁，因为行欺诈被释放。"孔子说："吴王施行的是夷人的德行，对他可以行欺诈而不可以讲实话。这是听者鄙陋，不是说者拙劣啊。"

叔孙氏之车士曰子鉏商①，采薪于大野②，获麟焉，折其前左足，载以归。叔孙以为不祥，弃之于郭③外，使人告孔子曰："有麇④而角者，何也？"孔子往观之，曰："麟也。胡为来哉？胡为来哉？"反袂⑤拭面，涕泣沾衿⑥。叔孙闻之，然后取之。

子贡问曰："夫子何泣尔？"孔子曰："麟之至，为明王也。出非其时而害，吾是以伤焉。"

◎ 辩物第十六

◎ **注释**　①〔子鉏（chú）商〕叔孙氏的车夫，子姓。②〔大野〕即大野泽，位于今山东巨野北。③〔郭〕外城。④〔麇（jūn）〕獐子。⑤〔反袂（mèi）〕翻转衣袖。袂，衣袖。⑥〔袊〕通"襟"，衣襟。

◎ **大意**　叔孙氏一个叫子鉏商的车夫，在大野砍柴，捉到一只麒麟，折断了它的前左脚，将它载了回来。叔孙氏认为是不祥之物，将它丢到城郭外，并派人告诉孔子说："有只生着角的獐子，是什么？"孔子去看了看，说："是麒麟。它为什么要来这里呢？为什么要来这里呢？"他用衣袖擦着脸，泪水把衣襟都打湿了。叔孙氏听说后，就把麒麟带了回去。

　　子贡问道："先生为什么哭泣呢？"孔子说："麒麟的出现，是圣君将现的喜瑞。可是它出来的不是时候并且受到伤害，我因此而伤心。"

哀公问政 第十七

本篇包括两部分。第一部分记孔子回答鲁哀公所问为政之道，故以"哀公问政"名篇。孔子晚年居鲁著书讲学，此时鲁国的国君鲁哀公常向孔子请教，史书中留下了大量孔子与鲁哀公的对话，成为后人了解孔子思想的重要资料。关于"哀公问政"还见于《礼记·中庸》，两相对照之下，我们发现《孔子家语·哀公问政》更为古朴，如"天道敏生，人道敏政，地道敏树"，比《礼记·中庸》所记更为流畅完整。

在这一部分里，孔子主要阐发了其治国安民的主张。他主张治国理政的关键在于"得人"，获得人才的关键在于加强自身修养，而修养自己的关键则在于修习仁德、培养仁爱精神与敬畏观念。可以说，孔子紧紧抓住"得人—修身—讲仁"三者的关系，强调只有"以身取人"，人才能"中心悦而诚服"，进而强调国君加强自身修养的重要性。孔子善用"一"的思维，"群己"即在整体之中，为人之道便是为政之道，行己之道便是处群之道。双方不仅兼顾，而且二者合一。就政治而言，孔子认为，国君高洁的人格是为政的基石，无论是天下的"达道"，还是治理国家的"九经"，皆以此为出发点。

本部分还有许多儒家重要的观念。如在开篇中提到的："仁者，人也，亲亲为大；义者，宜也，尊贤为大。亲亲之杀，尊贤之等，礼所以生也。"仁爱精神和敬畏观念是儒家思想中最为核心的观念。所谓"立爱自亲始，教民睦也；立敬自长始，教民顺也"，"爱与敬"是立身之基，也是为政之本。

本篇还论述了儒家特别重视的"诚"的观念。孔子讲"能近取譬"，要理解"诚"，就要从"诚者，天之道也""诚之者，人之道也"的类比关系入手。问诚，先要问天怎样行事。子曰："天何言哉？四时行焉，百物生焉，天何言哉？""诚"是天道运行的原动力，是挡不住的寒来暑往，是朴素而坚定地实现生生之德的实践。"天地大德曰生"，天道自然行"诚"，完成着自身最朴素、最根本的"善"。而人道求"诚"，就是要做到"真实无妄""择善而固执之者也"。"人心惟危，道心惟微"，道在人心之体现只在细小，人心随时会堕入歪路，阳明先生说"破山中贼易，破心中贼难"，持之以恒地"实其所善"，合乎"中道"，正是我们求"诚"、践行"诚"的过程。

本篇第二部分记孔子回答弟子宰我所问鬼神之义。孔子用朴实的语言对"鬼""神"进行了解释，宰我问鬼神之义部分又见于《礼记·祭义》，但本篇对鬼神的解释更为质朴。孔子的观点与当时社会上流行的看法不同，表现了孔子"敬鬼神而远之"的态度。以鬼神有灵，而让人民能明"孝""敬"，反映了儒家重要的精神内涵。

哀公问政于孔子。孔子对曰："文武①之政，布②在方③策④。其人存，则其政举⑤；其人亡，则其政息⑥。天道敏⑦生，人道敏政，地道敏树。夫政者，犹蒲卢⑧也，待化以成，故为政在于得人。取人以身，修道以仁。仁者，人也，亲亲为大；义者，宜也，尊贤为大。亲亲之杀⑨，尊贤之等，礼所以生也。礼者，政之本也。是以君子不可以不修身。思修身，不可以不事亲；思事亲，不可以不知人；思知人，不可以不知天。天下之达道有五，其所以行之者三。曰：君臣也，父子也，夫妇也，昆弟⑩也，朋友也。五者，天下之达道。智、仁、勇三者，天下之达德也。所以行之者一⑪也。或生而知之，或学而知之，或困而知之，及其知之一也。或安而行之，或利而行之，或勉强而行之，及其成功一也。"

公曰："子之言，美矣至矣！寡人实固，不足以成之也。"孔子曰："好学近乎智，力行近乎仁，知耻近乎勇。知斯三者，则知所以修身；知所以修身，则知所以治人；知所以治人，则能成天下国家者矣。"

◎**注释**　①〔文武〕指周文王、周武王。②〔布〕刊载，记载。③〔方〕古代书写用的木板。④〔策〕通"册"。古代用竹片或木片记事著书，成编的叫策。⑤〔举〕施行。⑥〔息〕灭，停止。⑦〔敏〕疾速，敏捷。⑧〔蒲卢〕即蒲苇。⑨〔杀〕等差。⑩〔昆弟〕兄弟。昆，兄。昆弟连用指兄和弟，也包括近房的和远房的弟兄。⑪〔一〕这里的一指"诚"。

◎**大意**　鲁哀公向孔子请教为政之道。孔子回答："周文王和武王的为政之道，至今还记载在方板和竹简上。如果有像文王、武王那样的人存在，那么他们的为政之道就能施行；如果没有像文王、武王那样的人存在，那么他们的为政之道就会停止。万物能迅速化生是天道的规律，政治能迅速推行是人道的规律，树木能迅速成材是地道的规律。为政如同蒲苇一样，要得到雨的滋润化育，才能迅速生长，所以为政的关键在于获得人才。获得人才的关键在于加强自身的修养，加强自身修养的关键在于树立仁爱之心。仁，就是人与人之间相互亲爱，而以爱自己的亲人最为重要；义，就是人与人之间关系处理得当，而以尊敬贤人最为重要。亲爱自己的亲人有等差，尊敬贤人亦有等差，礼就产生在亲亲、尊尊的等差中。礼，是为政的根本。因此君子不能不加强自身的道德修养。要想加强自身的道德修养，不能不孝养自己的父母；要想孝养自己的父母，不能不明辨地看待他人；要想明辨地看待他人，不能不了解天行之道。天下通行的大道有五种，而实行这些大道应具备的品德有三个方面。君臣之道、父子之道、夫妇之道、兄弟之道、朋友之道，这五种是天下通行的大道。智慧、仁爱、勇敢，这三个方面是天下共行的美德。实现这些大道与美德的方法只有一种，那就是诚实专一。有人生来就知道这些道理，有人通过学习才知道，有人经过困惑、探索才知道。等到知道这些道理，他们又是一样的了。有人安心地去实践这些道理，有人唯利地去实践，有人勉强地去实践。等到他们实践成功的时候，他们又是一样的了。"

　　哀公说："您讲得真是好啊！到了极致了！我的确是固陋，不能做到这些。"孔子说："喜欢学习的人已近于有智慧，努力实现美德的人已近于仁爱，懂得耻辱的人已近于勇敢。明白这三点，就明白怎样加强自身的道德修养；明白怎样加强自身的道德修养，就明白怎样管理别人；明白怎样治理别人，就能完成天下国家的大事了。"

　　公曰："政其尽此而已乎？"孔子曰："凡为①天下国家有九经②，曰：修身也，尊贤也，亲亲也，敬大臣也，体群臣也，子庶民也，来百工③也，柔④远人也，怀⑤诸侯也。夫修身则道立，尊贤则不惑，亲亲则诸父⑥、兄弟不怨，敬大臣则不眩⑦，体群臣则士之报礼重，子庶民则百姓劝⑧，来百工则财用足，柔远人则四方归之，怀诸侯则天下畏之。"

◎**注释**　①〔为〕治理。②〔经〕常道，规范。③〔百工〕指各种工匠。④〔柔〕怀柔，优待。⑤〔怀〕安抚。⑥〔诸父〕指伯父、叔父。⑦〔眩〕眼花。引申为迷乱、迷惑。⑧〔劝〕勤勉，努力。

◎**大意** 哀公问："为政之道就只有这些了吗？"孔子说："治理天下国家大致有九条常规，即修养自身，尊敬贤人，亲爱亲人，敬重大臣，体恤群臣，把老百姓当作自己的儿子一样看待，召集各种工匠，怀柔边远地区的人民，安抚四方诸侯。修养自身，就能树立好的为人之道；尊敬贤人，就不会被迷惑；亲爱亲人，就不会招致伯叔、兄弟的怨恨；敬重大臣，就不会迷乱；体恤群臣，就会使士人的回报之礼加重；爱民如子，就会使百姓更加勤勉；召集各种工匠，就会使国家财物器用充足；怀柔边远地区的人民，就会使四方百姓都来归附；安抚四方诸侯，天下人都会感到敬畏。"

公曰："为之奈何？"孔子曰："齐①洁盛服，非礼不动，所以修身也；去谗远色，贱财而贵德，所以尊贤也；爵其能，重其禄，同其好恶，所以笃亲亲也；官盛任使②，所以敬大臣也；忠信重禄，所以劝士也；时使薄敛，所以子百姓也；日省月考，既廪称事③，所以来百工也；送往迎来，嘉善而矜④不能，所以绥⑤远人也；继绝世，举废邦⑥，治乱持⑦危，朝聘以时⑧，厚往而薄来，所以怀诸侯也。治天下国家有九经，其所以行之者一也。凡事豫⑨则立，不豫则废，言前定则不跲⑩，事前定则不困，行前定则不疚⑪，道前定则不穷⑫。在下位不获于上，民弗可得而治矣。获于上有道，不信于友，不获于上矣；信于友有道，不顺于亲，不信于友矣；顺于亲有道，反诸身不诚，不顺于亲矣；诚身有道，不明于善，不诚于身矣。诚⑬者，天之至道也；诚之⑭者，人之道也。夫诚，弗勉而中，不思而得，从容中⑮道，圣人之所以体⑯定也；诚之者，择善而固执之者也。"

◎**注释** ①〔齐〕同"斋"，意为斋戒。②〔官盛任使〕官盛，官属众多。任使，听任差使。③〔既（xì）廪称事〕意为发给百工的俸禄要与他们的工作成绩相称。既廪，同"饩廪"，日常必需的生活资料、俸给。④〔矜〕怜悯，同情。⑤〔绥〕安，安抚。⑥〔继绝世，举废邦〕继，承继，延续。绝世，已经中断俸禄的家族世系。

举，任用，复兴。废邦，已经被废灭的邦国。古礼，天子不灭国，诸侯不灭姓，令其后继有人，以承祭祀。⑦〔持〕扶持，解救。⑧〔朝聘以时〕按时朝聘。《礼记·王制》："诸侯之于天子也，比年（每年）一小聘，三年一大聘，五年一朝。"古代诸侯亲自朝见周天子叫朝，派大夫代往叫聘。春秋时期诸侯国之间遣使访问也叫聘。⑨〔豫〕通"预"，事先有所准备。⑩〔跲（jiá）〕窒碍。⑪〔疚〕忧虑，因过失而内心不安。⑫〔穷〕困厄，困窘。⑬〔诚〕真实，真诚。⑭〔诚之〕按照诚的要求去做，实现诚。⑮〔中〕合乎，符合。⑯〔体〕禀性，心性。

◎ **大意** 哀公说："怎样才能做到这些事情呢？"孔子回答："坚持斋戒，仪表整齐，不符合礼仪的事情坚决不做，这是修养自身的最好办法；摒弃谗言，远离美色，轻视钱财而重视德行，这是尊崇贤人的最好办法；对有能力的亲人，加官晋爵，赐予他们丰厚的俸禄，与他们的好恶保持一致，这是真诚对待亲人的最好办法；多为大臣设置属官，足供他们驱使，这是敬重大臣的最好办法；对忠信的人授予高官厚禄，这是劝勉士人的最好办法；对百姓役使适时，减轻赋税征收，这是爱民众如子女的最好表现；对工匠日月进行审视和考察，使发放的粮米俸禄与他们的工作成绩相称，这是招徕各种工匠的最好办法；对远方来客热情迎送，嘉奖善行，同情弱者，这是安抚边远地区百姓的最好办法；延续已经绝祀的世家，复兴已经被废灭的邦国，平定叛乱，扶持危局，让各地诸侯按时朝聘，赐予的礼品多，而收的礼品少，这是安抚各地诸侯的最好办法。治理天下国家有九条常规，而推行的办法只能是真诚专一。无论什么事情，事先有所准备就会成功，不然就会失败；讲话以前准备好则流畅没有窒碍，做事以前准备好就不觉困难，行动以前准备好就不会忧虑，做事原则决定以前准备好就不会有行不通的地方。身处下位得不到上司的信任，就不可能治理好百姓。获取上司的信任有一定的方法，不取信于朋友，就不能获取上司的信任；取信于朋友有一定的方法，不孝顺父母，就不能取信于朋友；孝顺父母有一定的方法，如果不是自己内心真诚，就不能孝顺父母；使自己内心真诚有一定的方法，如果不能彰显善性，就不能使自己内心真诚。内心真诚，是上天的最高准则；按照诚的要求去做而实现诚，是为人处世的准则。只要内心真诚，不必勉强就能行为合理，不用思索就能领悟体会，一切从容自然合乎法则，这是圣人心性平静的原因；要做到诚，就要选择善道而坚持不懈。"

公曰："子之教寡人备①矣。敢问行之所始。"孔子曰："立爱自亲始，教民睦也；立敬自长始，教民顺也。教之慈睦，而民贵有亲；教以敬，而民贵用命。民既孝于亲，又顺以听命，措②诸天下，无所不可。"公曰："寡人既得闻此言也，惧不能果行而获罪咎。"

◎**注释** ①〔备〕完备，详备。②〔措〕放置，这里是治理的意思。
◎**大意** 哀公说："您对我的教导已经很完备了。请问要做到这些应该从哪里开始做起？"孔子回答："树立仁爱的观念要从亲爱自己的亲人开始，这是为了教导百姓和睦；树立敬爱的观念要从尊敬自己的长辈开始，这是为了教导百姓顺从。教导他们慈爱和睦，百姓就会注重孝养亲人；教导他们尊敬别人，百姓就会乐于听从命令。百姓既能孝养亲人，又能乐于听从命令，把这种教化方法扩大开来治理天下，就不会有什么办不到的事情。"哀公说："我既然已经听说这些教导了，现在担心的是不能把这一切加以落实，从而招致罪过和埋怨。"

宰我问于孔子曰："吾闻鬼神之名，而不知所谓，敢问焉。"孔子曰："人生有气有魄。气者，人之盛①也；魄者，鬼之盛也。夫生必死，死必归土，此谓鬼；魂气归天，此谓神。合鬼与神而享②之，教③之至也。骨肉毙④于下，化为野土，其气发扬于上者，此神之著也。圣人因物之精，制为之极⑤，明命鬼神，以为民之则⑥，而犹以是为未足也，故筑为宫室，设为宗祧⑦，春秋祭祀，以别亲疏，教民反古复始，不敢忘其所由生也。众人服自此，听且速焉。教以二端⑧，二端既立，报以二礼⑨：建设朝事⑩，燔燎膻芗⑪，所以报气也；荐⑫黍稷，羞⑬肺肝，加以郁鬯⑭，所以报魄也。此教民修本、反始、崇爱，上下用情，礼之至也。君子反古复始，不忘其所由生，是以致其敬，发其情，竭力从事，不敢不自尽⑮也，此之谓大教。昔者，文王之祭也，事死如事生，思死而不欲生，忌日⑯则必哀，称讳⑰则如见亲，祀之忠也。思之深，如见亲之所爱。祭欲见亲之颜色者，其唯文王与！《诗》云：'明发不寐，有怀二人⑱。'则文王之谓与！祭之明日，明发不寐，有怀二人，敬而致之，又从而思之。祭之日，乐与哀半，飨之必乐，已至必哀⑲，孝子之情也。文王为能得之矣。"

◎ **注释** ①〔盛〕充满，充盈。②〔享〕献祭。③〔教〕教化。④〔弊〕败坏。⑤〔极〕标准，准则。⑥〔则〕法则，准则。⑦〔宗祧（tiāo）〕宗，宗庙。祧，远祖之庙。天子特有二祧，诸侯谓始祖为祧。《礼记·祭法》："远庙为祧。"孙希旦《礼记集解》："盖谓高祖之父，高祖之祖之庙也。谓之远庙者，言其数远而将迁也。"⑧〔二端〕指气与魄。⑨〔二礼〕指朝事礼和饮食礼。⑩〔朝事〕指早晨祭祀宗庙之事。⑪〔燔燎膻芗（shān xiāng）〕焚烧牛羊牺牲肠间的脂膏。膻，羊腹内的脂膏。芗，牛腹内的脂膏。⑫〔荐〕献，进。⑬〔羞〕原为名词，指滋味的佳肴。此处作动词，进献食品。⑭〔郁鬯（chàng）〕用香草浸泡的酒，用来祭祀降神。郁，香草名，即郁金香草，古代用以酿酒。鬯，古代祭祀、宴饮用的香酒，用郁金草合黑黍酿成。⑮〔自尽〕自觉尽力而为。⑯〔忌日〕指父母去世的日子。每逢这一天，忌饮酒、作乐等事。⑰〔讳〕先王、先祖或父母名。⑱〔明发不寐，有怀二人〕语出《诗经·小雅·小宛》。以此诗以喻文王。二人，指的是父母。明发，天将亮而晨光初露。有怀，同"又怀"，又想起。⑲〔已至必哀〕已至，谓祭事已毕。不知亲飨否，故哀。

◎ **大意** 宰我问孔子："我听说过鬼和神的名称，却不知道到底说的是什么，想请教一下先生。"孔子说："人生来就有气、有魄，气是人充盛的外在表现形式；魄是鬼充盛的外在表现形式。人有生就有死，死后必定归入土中，这就叫作鬼；魂气归于天上，这就叫作神。把鬼和神合起来进行祭祀，这是教化的极致。骨肉在地下腐烂，化为田野中的土壤，而它的气蒸发向上飘扬，这是神的显著的体现。圣人依据万物的精气，制定至高无上的名称，明确地称之为鬼神，作为民治信奉的准则。但是圣人认为这样做还不够，所以又建筑宫室，设立远近宗庙，在春秋二季进行祭祀，用以区别远近亲疏的关系，教导人民追怀远古，回念本始，不敢忘记自己是从哪里来的。众人的服从就从这根本的认识开始，而且能够迅速地听从教命。用气和魄的道理教导民众，把气和魄尊命为鬼和神两种名称的做法确定下来以后，又制定了两种相应的礼节来祭报气和魄：设置朝事礼，焚烧牛羊牺牲肠间的脂膏，发出膻味、香味，这是用来祭报气即神的。然后，举行馈食礼，献上黍稷，进上肺肝，再加上香酒，这是用来祭报魄即鬼的。这样做是为了教导民众培养根本，回复本源，崇尚仁爱，上下尊卑都重情相亲。做到了这些，礼也就达到了极致。君子反思远古，追怀本始，不忘记自己生命的由来，所以要向祖先表达敬意，抒发感情，竭尽全力去做事，不敢不尽心尽力，这就叫作大教化。从前周文王进行祭祀的时候，侍奉双亲的神灵就像侍奉在世的父母一样，思念死者时痛不欲生，每逢父母的忌日必定悲哀，提到父母的名字就如同见到了父母本人，祭祀时的表现可以称得上忠敬了。祭祀时深切地思念亡亲，就好像又见到了父母的喜好习惯。祭祀时想起父母音容笑貌的大概只有文王了吧。《诗》上说：'天亮了还睡不着，又想起了父母双亲。'说的就是文王吧。祭祀的第二天，天亮了还睡不着，又想起了父母双亲，享祭时将父母神灵请来，恭敬地献上祭品，祭祀之后又思念不已。祭祀那天，快乐与悲哀是参半的，享祭亡亲自然欣喜，可是亡亲神灵来到还要离去，祭祀完毕又陷入悲哀，这是作为孝子的感受。文王能够做到这一点。"

卷五 颜回 第十八

　　颜回被称为"复圣",是孔子最欣赏的弟子之一。纵观《论语》一书,可以发现,无论在修身还是在学习上,孔子从不吝啬对颜回的赞赏。如孔子曾说,"贤哉回也,一箪食,一瓢饮,人不堪其忧,回也不改其乐";又说"回也,其心三月不违仁";还说"有颜回者好学,不迁怒,不贰过。不幸短命死矣,今也则亡,未闻好学者也"。由此可见,颜回较好地承继了孔子的学说。

　　一个人在德行方面获得广泛赞誉要比单纯追求成功更为困难。颜回虚心好学,德行出众,无论孔子还是其同门师兄弟,都对颜回的远大志向、崇高德行交口称赞。孔子曾说:"自吾有回,门人益亲。"颜回死后,在孔子与颜回之父颜路都不支持厚葬颜回的情况下,其师兄弟们仍违背孔子意愿厚葬颜回,可见颜回可谓是孔门弟子中德才兼备、深受敬重的核心人物。按《韩非子·显学》中的叙述,孔子去世后,儒分为八,其中有"颜氏之儒",我们认为除了颜回,再无他人。

上博简《颜渊》的发布再次引发了研究颜回之学的热潮,本篇亦有诸多关于颜子之学的记载。本篇开头,颜回用驾车来说明政治,与《执辔》中孔子所言异曲同工,是儒家政治理念的典型体现。而接下来叙述颜回能以鸟声之哀推以人声之哀,并言"一言而有益于智,莫如预;一言而有益于仁,莫如恕",展现了他"闻一以知十"与"笃行仁道"的过人之处,也可以与《论语》相印证。

在本篇中,颜回向孔子请教了多方面的问题。有些问题比较简短,却具有重要意义。如完美的人格应该具备怎样的德行,臧文仲与臧武仲相比谁更贤明,君子应该具备怎样的品格,什么样的行为是小人的做法,如何区分类似于君子的小人之言,朋友之间如何相处,等等。钱穆先生认为颜回是孔门"内圣外王"之典范,内圣外王为一体,颜回虽没有出仕,但具备了儒家最为精纯的精神品格。我们将本篇与其余各篇中关于颜回的记载相联系,可以看出颜回的政治抱负、理想信念和修身观念;也可从颜回的说话和做事方式,体会如何在生活中学习和应用孔子之教。

鲁定公①问于颜回曰:"子亦闻东野毕②之善御乎?"对曰:"善则善矣。虽然③,其马将必佚④。"定公色不悦,谓左右曰:"君子固有诬人也。"颜回退。

后三日,牧⑤来诉之曰:"东野毕之马佚,两骖曳,两服入于厩⑥。"公闻之,越席而起,促驾召颜回。回至,公曰:"前日寡人⑦问吾子⑧以东野毕之御,而子曰善则善矣,其马将佚,不识吾子奚以知之?"颜回对曰:"以政知之。昔者,帝舜⑨巧于使民,造父⑩巧于使马。舜不穷其民力，造父不穷其马力，是以舜无佚民，造父无佚马。今东野毕之御也，升马执辔，衔体正矣⑪；步骤驰骋，朝礼毕矣⑫；历险致远，马力尽矣，然而犹乃求马不已。臣以此知之。"

公曰："善！诚若吾子之言也。吾子之言，其义大矣，愿少进⑬乎。"颜回曰："臣闻之：鸟穷则啄，兽穷则攫⑭，人穷则诈，马穷则佚。自古及今，未有穷其下而能无危者也。"公悦，遂以告孔子。孔子对曰："夫其所以为颜回者，此之类也，岂足多⑮哉？"

◎ **注释** ①〔鲁定公〕鲁国国君，名宋，在位15年（前509—前495）。定公时期，孔子曾任鲁国司寇。②〔东野毕〕春秋时人，姓东野，名毕。③〔虽然〕虽然这样。虽，虽然。然，这样。④〔佚〕通"逸"，奔逃，逃逸。⑤〔牧〕掌养马的官。⑥〔两骖曳，两服入于厩〕两骖，两服，古代一车驾四马，居中的两匹称两服，旁边的两匹称两骖。曳，逾越，超过，这里指逃跑。厩，马房。⑦〔寡人〕古代诸侯对下的自称。《孟子·梁惠王上》朱熹注："寡人，诸侯自称，言寡德之人也。"⑧〔吾子〕对人比较亲切的称呼。《仪礼·士冠礼》郑玄注："吾子，相亲之辞。"⑨〔帝舜〕传说中的父系氏族社会后期部落联盟领袖。姚姓，名重华，有虞氏，也称虞舜，后人把他列为五帝之一，又称帝舜。⑩〔造父〕人名，古代善御者，幸于周穆王，因功被封于赵城，后代遂以赵为氏。父，古时对男子的美称。⑪〔升马执辔，衔体正矣〕辔，驾驭牲口的缰绳。衔，古时横在马口中用以抽勒的铁或青铜，也称马嚼子。体，物质存在的状态。⑫〔步骤驰骋，朝礼毕矣〕步骤，步指缓行，骤指疾走。驰骋，纵马疾驰。朝礼，调理。⑬〔进〕进献，奉上，这里是谈谈的意思。⑭〔攫〕夺取。⑮〔多〕推重，赞美。

◎ **大意** 鲁定公问颜回："你也听说东野毕擅长驾车吗？"颜回答道："他擅长倒是擅长。虽然这样，但是他的马将来一定会逃跑。"定公露出不高兴的神色，对左右的人说："君子原来也诬陷人。"颜回回去了。

三天后，马官来报告说："东野毕的马跑了，在旁边驾车的两匹马逃脱，只有中间的两匹马回到马棚。"定公听了，跨过座席站起来，催促驾车的人去召颜回入朝。颜回来到后，定公问："前天我向你说起公野毕驾车的事，你说擅长倒是擅长,他的马将会逃脱。不晓得你是根据什么知道这些的。"颜回回答:"我是根据为政的道理知道这些的。从前帝舜擅长治理百姓,造父擅长驾驭马,帝舜做到不穷尽百姓的力量,造父做到不穷尽马的力量,所以帝舜没有逃亡的百姓,造父没有逃脱的马。现在东野毕驾车,蹬马上车,握住缰绳,马嚼子的位置放得很端正了;马或缓行或疾走或驰骋,也调理得很周到了;穿越险阻,奔向远方,马的力气已经用尽了,然而他还要求马不停地奔跑。我是根据这些事情知道的。"

定公说:"好!确实像你说的这样。你的话,意义非常大,希望再给我稍微谈谈。"颜回说:"我听说:鸟儿困窘时就会啄人,野兽困窘时就会袭击人,人类困窘时就会欺诈,马困窘时就会逃跑。从古到今,没有使他的手下困窘而能不遭受危险的。"定公很高兴,便把这件事告诉了孔子。孔子回答:"颜回所以能成为颜回,就是因为这类事,这件事难道也值得赞美吗?"

孔子在卫,昧旦晨兴①,颜回侍侧,闻哭者之声甚哀。子曰:"回,汝知此何所哭乎?"对曰:"回以此哭声,非但为死者而已,又有生离别者也。"子曰:"何以知之?"对曰:"回闻桓山之鸟,生四子焉,羽翼既成,将分于四海,其母悲鸣而送之,哀声有似于此,谓其往而不返也。回窃以音类②知之。"孔子使人问哭者,果曰:"父死家贫,卖子以葬,与子长决③。"子曰:"回也,善于识音矣。"

◎**注释** ①〔昧旦晨兴〕昧旦,黎明,拂晓。昧,昏暗。旦,明。兴,起。此记载又见于《说苑·辨物》。②〔类〕相似。③〔决〕通"诀",分别。

◎**大意** 孔子在卫国,有一次天刚黎明时就起来了,颜回在一旁陪侍,听到有人在哭,声音非常悲哀。孔子问:"颜回,你知道这种声音是为什么事哭的吗?"颜回答道:"我认为这种哭声不仅仅是为死去的人,也是因为活着而将要离别的人。"孔子问:"根据什么知道是这样?"颜回答道:"我听说桓山的鸟生了四只小鸟,小鸟翅膀长成以后,将要分开飞到四方去,它们的母亲悲伤地鸣叫着为它们送行,其悲哀的鸣叫声和这种哭声很相似,是说它们一去就不能返回了。我根据声音类似而判断出来的。"孔子派人询问哭泣的人，果然回答说："我父亲去世，家里贫穷，只得卖了儿子安葬父亲，正与儿子长久地诀别。"孔子说："颜回，确实善于识别声音。"

颜回问于孔子曰："成人①之行若何？"子曰："达于情性②之理，通于物类③之变，知幽明④之故，睹游气之原⑤。若此可谓成人矣。既能成人，而又加之以仁义礼乐，成人之行也。若乃穷神知礼⑥，德之盛也。"

◎**注释** ①〔成人〕完美无缺的人。②〔情性〕本性。③〔物类〕万物，各类的物质。④〔幽明〕泛指有形的和无形的、可见的和不可见的事物。⑤〔睹游气之原〕睹，查看，洞察。游气，浮动的云气。⑥〔若乃穷神知礼〕若乃，至于。神，指奇异莫测。

◎**大意** 颜回问孔子："完美的人的德行，是怎样的？"孔子说："通达人类本性的原理，通晓各类事物的变化，了解各种物象产生的缘由，洞察风云变化的根源。像这样就可以称为完美的人了。已经能够成为完美的人，再施以仁义礼乐来教化，这就是完美的人的德行。至于做到能穷尽事物阴阳变化的本质，则是达到了德行的极点。"

颜回问于孔子曰："臧文仲①、武仲②孰贤？"孔子曰："武仲贤哉！"颜回曰："武仲世称圣人，而身不免于罪③，是智不足称也；好言兵讨，而挫锐于邾④，是智不足名也。夫文仲其身虽殁，而言不朽，恶有未贤⑤？"孔子曰："身殁言立，所以为文仲也。然犹有不仁者三，不智者三，是则不及武仲也。"

回曰："可得闻乎？"孔子曰："下展禽⑥，置六关⑦，妾织蒲，三不仁；设虚器⑧，纵逆祀⑨，祠海鸟⑩，三不智。武仲在齐，齐将有祸，不受其田，以避其难，是智之难也⑪。夫臧武仲之智而不容于鲁，抑有由焉，作而不顺，施而不恕也夫⑫。《夏书》曰：'念兹在兹，顺事恕施。'⑬"

◎**注释** ①〔臧文仲〕春秋时鲁国名大夫。臧孙氏，名辰，谥号"文"，历仕庄公、闵公、僖公、文公四代国君，以立言垂世著称，对鲁国的政治和外交都产生了相当大的影响。此记载又见于《左传》文公二年、襄公二十三年。②〔武仲〕即臧武仲，臧文仲之孙，名纥。曾任鲁司寇，封邑于防，以料事多中、见闻广博闻名于世，时有"圣人"之誉。③〔武仲世称圣人，而身不免于罪〕武仲为季氏废适立庶，为孟氏所谮，出奔于齐。武仲凭一时义气帮助季武子废长立幼，立公子纥为季氏继承人，因而得罪了季孙公鉏，他联合素与武仲不和的孟孙氏，与武仲为敌。鲁襄公二十三年（前550年），孟孙氏诬陷武仲将叛乱，季武子信以为真，命攻臧氏。武仲先奔邾，后流亡至齐。④〔好言兵讨，而挫锐于邾〕王肃注："武仲与邾战而败绩，国人颂之曰：我君小子，侏儒使我败于邾。"鲁襄公四年（前569年），邾、莒联合进犯鄫国，武仲率军攻打邾国，以解鄫国之围，不料在狐骀（今滕州西南）惨败，鲁军伤亡惨重，以致丧服短缺。引起国人怨恨，到处流传着"侏儒（武仲身材矮小）使我败于邾"的歌谣。⑤〔而言不朽，恶有未贤〕古人认为，能做到"死而不朽"的有三种人："大上有立德，其次有立功，其次有立言。"（《左传·襄公二十四年》）⑥〔下展禽〕使展禽居于下位。展氏，名获，字禽，或云居于柳下，或云食邑于柳下，死后其妻子私谥曰"惠"，史称"柳下惠"，亦称"柳下季"。⑦〔置六关〕六关，关名。鲁本无此关，文仲设置用来向行者收税，故为不仁。⑧〔设虚器〕为卜龟设置了豪华的处所。王肃注："居蔡。蔡，天子之守龟，非文仲所有，故曰虚器也。"其注不确。虚，处所，地方。器，器具，这里指占卜用的大龟。⑨〔纵逆祀〕纵容不合秩序的祭祀。⑩〔祠海鸟〕海鸟止于鲁东门之上，文仲以为是神物，下令国人祭祀。⑪〔不受其田，以避其难，是智之难也〕没接受齐国赏赐的土地，从而避免了一场灾难，这是明智中尤其不易做到的。⑫〔抑有由焉，作而不顺，施而不恕也夫〕也是有原因的，他所做的事情没有顺从事理，施行起来不合仁爱之道。⑬〔念兹在兹，顺事恕施〕想着这里，就一心扑在这里，一切要顺从事理，合乎仁爱之道。恕施，使一切合乎仁爱之道。

◎**大意** 颜回问孔子说："臧文仲、臧武仲二人谁更贤明？"孔子说："臧武仲更贤明些。"颜回说:"臧武仲被世人称为圣人,自身却不能免于获罪,这说明他的智慧不值得表扬;他喜欢谈论兵法征战,却被邾国打得大败,挫伤了锐气,这说明他的智慧不值得称赞。臧文仲呢,他人虽然死了,但言论永远不朽,哪有不贤明的地方?"孔子说:"身死而言论还得以流传,这正是臧文仲能够成为臧文仲的原因。但他还做过三件不仁爱的事情,三件不明智的事情,这样就比不上臧武仲了。"

颜回问:"能具体说说,让我听听怎么回事吗?"孔子说:"使展禽居于下位,设置六关征税,让家里的妾编织草席贩卖,这是三件不仁爱的事情;为卜龟设置了豪华的处所,纵容不合秩序的祭祀,让国人祭祀海鸟,这是三件不明智的事情。而臧武仲在齐国时,预感到齐国将发生祸乱,所以没接受齐国赏赐的土地,从而避免了一场灾难,这是明智中尤其不易做到的。臧武仲如此明智,还不能被鲁国容纳,也是有原因的,他所做的事情没有顺从事理,施行起来不合仁爱之道。《夏书》里说:'想着这里,就一心扑在这里,一切要顺从事理,合乎仁爱之道。'"

颜回问君子。孔子曰:"爱近仁,度近智①,为己不重②,为人不轻,君子也夫。"回曰:"敢问其次。"子曰:"弗学而行,弗思而得。小子③勉之。"

◎**注释**　①〔度近智〕王肃注:"度事而行,近于智也。"度,计算,谋划。②〔为己不重〕王肃注:"不重为人。"儒家重视自我的修身,讲求反身而诚。③〔小子〕旧时老师对学生的称谓。

◎**大意**　颜回请教什么样的人是君子。孔子说:"有爱心就近于仁德,善谋划就近于明智,不要把自己看得太重,不要把别人看得太轻,这就是君子。"颜回说:"请问比君子次一等的人应该是什么样。"孔子说:"还没学习就能行动,还没思考就有所得。你好好努力吧!"

仲孙何忌①问于颜回曰:"仁者一言而必有益于仁智,可得闻乎？"回曰："一言而有益于智，莫如预；一言而有益于仁，莫如恕。夫知其所不可由②，斯知所由矣。"

◎**注释** ①〔仲孙何忌〕即孟懿子，幼时曾从孔子学礼，后继位为卿。②〔由〕为，从事。

◎**大意** 仲孙何忌问颜回："讲究仁德的人说出一个字来也必定有益于仁德、智慧的实施，能够说说这方面的道理，让我听听吗？"颜回答道："如果说有一个字有益于智慧，什么也比不上预字；如果说有一个字有益于仁德，什么也比不上恕字。明白了不能干什么，也就明白了该干什么。"

颜回问小人①，孔子曰："毁人之善以为辩，狡讦②怀诈以为智，幸人之有过，耻学而羞不能，小人也。"

◎**注释** ①〔小人〕与"君子"相对，指品德差的人。②〔狡讦〕诋毁，诬陷。讦，攻击别人的短处或揭发别人的隐私。

◎**大意** 颜回请教什么样的人是小人，孔子说："把诋毁别人的优点当作善辩，把诬陷别人、满心欺诈当成聪明，对别人犯的过错幸灾乐祸，把学习看作不光彩的事，却又嘲弄没有能力的人，这就是小人。"

颜回问子路曰："力猛于德而得其死者鲜①矣，盍②慎诸焉？"孔子谓颜回曰："人莫不知此道之美，而莫之御③也，莫之为也。何居？为闻者盍日思也夫？"

◎**注释** ①〔鲜〕少，不多。②〔盍〕何不。③〔御〕使用，应用。

◎**大意** 颜回问子路："力气比德行猛健而死得其所的人很少，为什么不在这点上慎重些？"孔子对颜回说："人人都知道这个道理的正确，却没有人去应用，没有人照着去做，这是为什么呢？听到这个道理的人为什么不天天认真思考一下呢？"

◎ 颜回第十八

颜回问于孔子曰:"小人之言有同乎君子者,不可不察也。"孔子曰:"君子以行言,小人以舌言。故君子于为义之上相疾①也,退而相爱;小人于为乱之上相爱也,退而相恶。"

◎ **注释** ①〔疾〕以……为害,这里指批评。
◎ **大意** 颜回问孔子:"小人说的话也有与君子相同的地方,不能不详细地审察。"孔子说:"君子用行动来说话,小人用舌头来说话。所以君子在践行道义方面互相批评,在别的方面互相友爱;小人在制造祸乱方面互相友爱,在别的方面则互相中伤。"

颜回问朋友之际①如何,孔子曰:"君子之于朋友也,心必有非焉,而弗能谓'吾不知',其仁人也。不忘久②德,不思久怨,仁矣夫。"

◎ **注释** ①〔际〕交际,彼此之间。②〔久〕旧,以往,原先。
◎ **大意** 颜回请教朋友之间如何相处,孔子说:"君子对于朋友,心里认定他有错误的地方,不能说'不知道',这才是仁德的人。他们不忘记以往的恩德,也不计较原先的仇怨,多么仁义啊!"

叔孙武叔①见于颜回,回曰:"宾②之。"武叔多称人之过,而己评论之,颜回曰:"固③子之来辱④也,宜有得于回焉。吾闻诸孔子曰:'言人之恶,非所以美己;言人之枉,非所以正己。'故君子攻其恶,无攻人恶。"

◎ **注释** ①〔叔孙武叔〕鲁国卿大夫,叔孙氏,名州仇。②〔宾〕以宾客之礼相待。③〔固〕本来。④〔辱〕谦辞。

◎**大意**　叔孙武叔去拜访颜回，颜回吩咐家人："请用宾客的礼仪招待他。"武叔常常数说别人的过失，而自己妄加评论，颜回说："本来您是屈驾来此，应该是想从我这里得到些什么吧。我从先生那里听说：'说别人过失，并不能以之赞美自己；说别人的过失，并不能证明自己正确。'所以君子应该批评自己的过失，不要批评别人的过失。"

　　颜回谓子贡曰："吾闻诸夫子：'身不用礼而望①礼于人，身不用德而望德于人，乱也。'夫子之言，不可不思也。"

◎**注释**　①〔望〕期望。
◎**大意**　颜回对子贡说："我听先生说过：'自己不遵行礼制却要求别人遵守，自己不坚守德行却要求别人坚守，那样会引起祸乱。'对先生的话，不能不好好考虑啊。"

子路初见 第十九

　　对"学习的意义""如何去学习""怎样去实践"的谈论贯穿全篇,"学习与实践"正是本篇的主旨所在。在孔子众多弟子里,子路为人率真质朴、勇猛果敢,是儒家典籍里人物形象较为丰满的一位。本篇首章记载了孔子与子路初次相见的情形,子路不断诘问孔子学习的意义,起初"言之咄咄",最终却被孔子折服,拜孔子为师。在此章中,孔子把学习的意义归结于修身以至于能堪大用,强调立身之本,宣讲弘毅之志,是君子反躬自问,当牢记于心的鞭策之语。

　　在接下来的章节中,围绕"学习与实践"的问题,孔子接连与其弟子等人谈论了"依仁""立礼""文质彬彬"的君子标准。孔子与孔篾、闵子骞的对话,说明了如何对待所学与实践的问题。而哀公赐桃与黍一事,是孔子在日常生活中坚守其道、切实所用的例子。最后,孔子教导孔篾"毋以其所不能疑人,毋以其所能骄人",谦虚谨慎才是修身处世之道。

> 本篇所展现的许多问题恰恰是我们在生活中常思考的。比如我们常问为什么学习，子路也曾提出这个问题；而学到的知识与社会实践的问题，几千年前孔笈和宓子贱便已经讨论过，这对我们都具有极大的启示。因此，学习经典当多联系我们日常生活的经历，对照生活，获得启迪。

子路见孔子。子曰："汝何好①乐？"对曰："好长剑。"孔子曰："吾非此之问也，徒谓以子之所能，而加之以学问，岂可及乎？"

子路曰："学岂益哉也？"孔子曰："夫人君而无谏臣则失正，士而无教友②则失听③。御狂马不释策④，操弓不反檠⑤。木受绳⑥则直，人受谏则圣。受学重问，孰不顺哉？毁仁恶士，必近于刑。君子不可不学。"

子路曰："南山有竹，不揉⑦自直，斩而用之，达于犀革。以此言之，何学之有？"孔子曰："括⑧而羽之，镞而砺之，其入之不亦深乎？"

子路再拜曰："敬⑨而受教。"

◎注释 ①〔好〕爱好，喜欢。②〔教友〕指给予教诲的朋友。③〔失听〕失去判断是非的能力。听，察是非。④〔策〕驱赶骡马役畜的鞭子。⑤〔檠（qíng）〕王肃注："弓不反于檠，然后可持也。"檠，矫正弓弩的器具。⑥〔木受绳〕指在木料上打上墨线，以便锯木料时取直。⑦〔揉〕使曲者直、直者曲为揉。这里指揉制、矫正。⑧〔括〕通"栝"，箭末扣弦处。⑨〔敬〕表示尊敬的答语，意为不敢怠慢。

◎大意 子路拜见孔子。孔子问："你有什么爱好？"子路回答："爱好长剑。"

孔子说："我问的不是这个，只是说以你的才能，再通过学习增加你的学问，谁能赶得上你呢？"

子路说："学习也有好处吗？"孔子说："君主如果没有直言进谏的臣子，就会犯错误；士人如果没有能给予教诲的朋友，就难以判断是非。驾驭狂奔的马不能丢掉马鞭，使用弓箭离不了矫正弓弩的檠。木料用墨绳规正就会锯直，人接受劝谏就会变得圣明。接受教育，重视学问，哪有做事不顺利成功的呢？诋毁仁者，憎恶士人，必然会触犯刑法。君子不能不学习。"

子路说："南山有竹子，不用矫正自然就直，砍下来做成的箭，能够射穿犀牛皮。由此说来，还有什么学习的必要呢？"孔子说："在箭栝上安上羽毛，把箭头磨得极其锋利，那它射得不更深吗？"

子路向孔子拜了两拜说："一定接受您的教诲。"

子路将行，辞于孔子。子曰："赠汝以车乎？赠汝以言乎？"子路曰："请以言。"孔子曰："不强①不达，不劳无功，不忠无亲，不信无复，不恭失礼。慎此五者而矣。"

子路曰："由请终身奉之。敢问亲交②取亲若何？言寡可行若何？长为善士而无犯若何？"孔子曰："汝所问，苞③在五者中矣。亲交取亲，其忠也；言寡可行，其信乎；长为善士而无犯，其礼也。"

◎ **注释**　①〔强〕坚强，这里指有所坚守。②〔亲交〕新结交朋友。亲，通"新"。③〔苞〕通"包"，包容，包含。

◎ **大意**　子路准备出行，去向孔子辞别。孔子说："我是赠给你车子呢，还是赠给你几句话呢？"子路说："请您赠给我几句话吧。"孔子说："不能坚守原则就不能闻达，不劳动就不能获得成功，不忠诚就不能得到别人的亲近，不讲信用就不能得到信任，不恭敬则会失礼。出门行事谨慎地做到这五点就行了。"

子路说："我将终生尊奉您的教诲。请问结交新朋友选取亲近的如何？说得少，但说出的话都是可实行的如何？长久地做好人而不违反礼仪如何？"孔子说："你所问的这些，包含在我刚提到的那五点之中了。结交新朋友选取亲近的，这就是忠诚；说得少但说出的话都可实行，这就是讲信用；长久地做好人而不违反礼仪，这就是遵礼。"

孔子为鲁司寇①，见季康子②，康子不悦。孔子又见之。

宰予进曰："昔予也常闻诸夫子曰：'王公不我聘，则弗动。'今夫子之于司寇也日少，而屈节数矣③，不可以已乎？"孔子曰："然。鲁国以众相陵④，以兵相暴之日久矣，而有司⑤不治，则将乱也。其聘我者，孰大于是哉？"

鲁人闻之，曰："圣人将治，何不先自远刑罚？"自此之后，国无争者。孔子谓宰予曰："违⑥山十里，蟪蛄⑦之声，犹在于耳，故政事莫如应之。"

◎**注释** ①〔司寇〕春秋时官名，掌管刑狱纠察等事。②〔季康子〕春秋时鲁国大夫，即季孙肥，谥"康"。③〔屈节数矣〕多次降身去见季康子。屈节，降身相从，谦虚的样子。数，多次，频繁。④〔陵〕通"凌"。欺凌。⑤〔有司〕古代设官分职，各有专司，故称。⑥〔违〕去，离开。⑦〔蟪蛄（huì gū）〕一种黄绿色的蝉，翅有黑白色条纹，夏末雄虫从早到晚鸣声不止。

◎**大意** 孔子在鲁国任司寇一职，去觐见季康子，康子显得不高兴。孔子继续去觐见他。

宰予走上前说："从前我常听老师说：'天子、诸侯不来聘请我，我就不会动身亲自前去。'如今老师您任司寇一官的时间不长，但多次屈节去见季孙，不能不去吗？"孔子说："你说得对。但是在鲁国，依仗人多欺侮别人、凭借武力凌辱别人的现象已经存在很长时间了，官吏却不加治理，这样下去，国家将会出现动乱。至于聘请我做官，怎么能比这更要紧呢？"

鲁国人听说了这番话，都说："圣人将要来治理国家，我们为什么不先主动避免犯错误而远离刑罚呢？"从此以后，鲁国没再出现争斗的现象。孔子对宰予说："即使离山十里，蝉的聒噪之声好像还是响在耳边一样。社会上的混乱局面也是如此。因此治理政事与其听之任之，不如主动应对。"

◎ 子路初见第十九

孔子兄子有孔篾^①者，与宓子贱^②偕仕。孔子往过孔篾，而问之曰："自汝之仕，何得何亡？"对曰："未有所得，而所亡者三。王事若龙^③，学焉得习，是学不得明也；俸禄少，饘粥不及亲戚^④，是以骨肉益疏也；公事多急，不得吊死问疾，是朋友之道阙^⑤也。其所亡者三，即谓此也。"

孔子不悦，往过子贱，问如孔篾。对曰："自来仕者无所亡，其有所得者三。始诵之，今得而行之，是学益明也；俸禄所供，被及亲戚，是骨肉益亲也；虽有公事，而兼以吊死问疾，是朋友笃也。"

孔子喟然谓子贱曰："君子哉若人！鲁无君子者，则子贱焉取此。"

◎ **注释** ①〔孔篾（miè）〕即孔忠，字子篾，孔子兄孟皮之子，亦孔子弟子。②〔宓子贱〕即宓不齐，孔子弟子，春秋时鲁国人。③〔龙〕指前后相连。④〔亲戚〕内外亲属。这里主要指父母兄弟。⑤〔阙〕通"缺"，缺少。

◎ **大意** 孔子的哥哥有个儿子叫孔篾，与宓子贱一起做官。孔子到孔篾那里去，问他："自从你做官以来，有何得失啊？"孔篾回答："没得到什么，但在三个方面有所失。公事一件接一件，以前学习的知识哪有时间去练习呢，因此知识无法理解得明白清楚；获得的俸禄太少，连稀饭都没法分给父母兄弟，因此骨肉至亲日益疏远；公务大多急迫重要，不能抽出时间去吊唁死者、探望病人，因此朋友之情渐渐缺失。我说在三个方面有所失，就是指这些。"

孔子听了很不高兴。他又到宓子贱那里去，问了与孔篾同样的问题。宓子贱回答："自从做官以来，没失去什么，而在三个方面有所得。以前记诵学习的知识，现在得到了实践，因此知识更加明白清楚；所得到的俸禄，拿去分给父母兄弟，因此骨肉至亲更加亲密；虽然公务缠身，但仍兼顾到吊唁死者、探望病人，因此朋友之情更加深厚。"

孔子感叹地对宓子贱说："这人真是个君子啊！鲁国如果没有君子，那么宓子贱又是从哪里学来的这种品德呢？"

孔子侍坐于哀公，赐之桃与黍焉。哀公曰："请食。"孔子先食黍而后食桃。左右皆掩口而笑。公曰："黍者所以雪①桃，非为食之也。"

孔子对曰："丘知之矣。然夫黍者，五谷之长，郊礼②宗庙以为盛③。果属有六而桃为下，祭祀不用，不登郊庙④。丘闻之，君子以贱雪贵，不闻以贵雪贱。今以五谷之长，雪果之下者，是从上雪下。臣以为妨于教，害于义，故不敢。"

公曰："善哉！"

◎**注释** ①〔雪〕擦，拭。②〔郊礼〕帝王祭天地的大礼。因在都城南北郊举行，故称。③〔盛〕祭祀时置于礼器中的祭品。④〔郊庙〕帝王祭天地的郊宫和祭祖先的宗庙。

◎**大意** 孔子陪哀公而坐，哀公赏赐给他桃子和黍子，哀公说："请吃吧。"孔子就先吃了黍子，然后吃桃子。哀公左右的人都捂着嘴笑了。哀公说："黍子是用来擦桃的，不是吃的。"

孔子回答："我知道。但是黍子是五谷中的最尊者，在对天地、祖先的祭祀中都将它作为上等祭品。果品共有六种，而桃最为低下，祭祀时不用它，更登不上郊礼、宗庙的祭坛。我听说，君子用低贱的物品来擦尊贵的物品，可没听说有用尊贵的物品擦低贱的物品。如今用五谷中的最尊者，来擦果品中的最下者，臣下认为这有妨于教化，有害于仁义，所以我不敢那样去做。"

哀公说："说得好啊！"

子贡曰："陈灵公宣淫于朝①，泄冶②正谏而杀之。是与比干谏而死同，可谓仁乎？"

子曰："比干于纣，亲则诸父③，官则少师，忠报之心，在于宗庙④而已，固必以死争⑤之，冀⑥身死之后，纣将悔寤，其本志情在于仁者也。泄冶之于灵公，位在大夫，无骨肉之亲，怀宠不去，仕于乱朝，以区区之一身，欲正一国之淫昏，死而无益，可谓狷[7]矣。《诗》云：'民之多僻，无自立辟[8]。'其泄冶之谓乎。"

◎ **注释** ①〔陈灵公宣淫于朝〕王肃注："灵公与卿共淫夏姬。"陈灵公，春秋时陈国国君，妫姓，名平国，在位15年（前613—前599）。他与卿工孙宁、仪行父皆私通于大夫夏徵舒之母夏姬，甚至穿着夏姬的衣服在朝廷上相互戏弄。②〔泄冶〕陈国大夫。③〔亲则诸父〕论亲缘关系，比干是纣王的叔父。④〔宗庙〕天子、诸侯祭祀祖先的处所。在此代指王室、国家。⑤〔争〕规劝。⑥〔冀〕希望。⑦〔狷〕耿直，固执。⑧〔民之多僻，无自立辟〕语出《诗经·大雅·板》。意思是：当今之人多邪僻，勿自立法以害己。僻，邪。辟，指法，法度。

◎ **大意** 子贡说："陈灵公在朝中公开淫乱，泄冶直言劝谏而被杀害。这与比干因上谏而死相同，可以称为仁义之举吗？"

孔子说："比干对于纣来说，论亲缘是叔父，论官职是少师，尽忠报答的心情只不过是为了王室的延续罢了，所以必然要以死规劝，希望自己死后，纣王能反悔醒悟，他本来的心意和情感都是出于仁义。而泄冶对于灵公来说，论官位仅是大夫，又没有亲缘关系，受到宠爱而舍不得离去，在这样一个混乱的朝廷做官，想用自己小小的身躯，纠正一个国家的淫乱昏暗，死了也没有什么益处，这可以说是耿直。《诗》上说：'当今之人多邪僻，勿自立法以害己。'大概说的就是泄冶吧。"

孔子相[1]鲁。齐人患其将霸，欲败其政，乃选好女子[2]八十人，衣以文饰而舞容玑[3]，及文马四十驷[4]，以遗[5]鲁君。陈女乐、列文马于鲁城南高门外。季桓子微服往观之再三，将受焉，告鲁君为周道游[6]。观之终日，怠于政事。

子路言于孔子曰："夫子可以行[7]矣。"孔子曰："鲁今且郊，若致膰[8]于大夫，是则未废其常，吾犹可以止也。"

桓子既受女乐，君臣淫荒，三日不听国政，郊又不致膰俎。孔子遂行，宿于郭屯。师已[9]送，曰："夫子非罪也。"孔子曰："吾歌可乎?"歌曰:"彼妇人之口,可以出走;彼妇人之请,可以死败。优哉游哉,聊以卒岁。"

◎ **注释** ①〔相〕辅助。②〔好女子〕美女。③〔容玑〕王肃注:"容玑,舞曲。"④〔驷〕四匹马的统称。古代用四马共牵一车,所以称四马为驷。⑤〔遗〕送给。⑥〔周道游〕到各处巡游查看。⑦〔行〕离开。⑧〔致膰〕送祭肉。膰,祭祀用的熟肉。在古代,郊礼仪式结束后,要把熟肉分给大夫们享用,不然,则不合乎礼制。⑨〔师已〕鲁国乐师。已,原作"以",据四库本、备要本、同文本改。

◎ **大意** 孔子辅助鲁国国君治理政事。齐国人害怕鲁国崛起称霸,打算破坏它的政事,于是就挑选了八十名美女,让她们穿上文饰华丽的锦服,教给她们跳容玑舞,又挑选了一百六十匹骏马,准备一起赠送给鲁国国君。齐国将这些舞女、骏马停列在鲁国都城南面的高门外。季桓子换上便服前去观看,看了多次,准备接受,就谎告鲁君说要到各处去巡游考察。随后季桓子就整天观赏齐国送的这些舞女、骏马,对政事则漠不关心,怠于处理。

子路对孔子说:"老师您可以离开鲁国了!"孔子说:"鲁国现在将要举行郊礼,如果礼后还能将熟的祭肉分给大夫们,就说明礼制还没有被废弃,我还可以据此留下来。"

季桓子接受舞女之后,君臣上下荒淫无度,甚至一连三日不理朝政,郊礼之后也没有把祭祀余下的熟肉分送给大夫们。孔子便决定离开鲁国,出行前先留宿在城郭外的村庄里。师已前去相送,说:"您没有什么过错啊。"孔子说:"我可以唱歌吗?"接着就唱道:"那些妇人的口舌啊,可以让人外出逃奔;那些妇人的请求啊,可以使人败亡。悠闲自得啊,勉强度余生。"

澹台子羽①有君子之容,而行不胜其貌。宰我有文雅之辞,而智不充其辩。孔子曰:"里语②云:'相马以舆③,相士以居④,弗可废矣。'以容取人,则失之子羽;以辞取人,则失之宰予。"

◎ **注释** ①〔澹(tán)台子羽〕即澹台灭明,孔子弟子。②〔里语〕犹"里谚",

民间谚语。③〔舆〕车子，这里引申为驾车。④〔居〕房子，这里引申为日常行为。

◎**大意** 澹台子羽有君子般的容貌，但他的行为比不上他的外表；宰我谈吐文雅得体，但他的智慧逊色于他的口才。孔子说："有谚语讲：'观察评判马匹要看它驾车的情况，观察评判士人要看他平时的表现，这个准则不能废弃。'如果凭着容貌来选取人才，那么选取澹台子羽就会是个失误；如果凭着口才来选取人才，那么选取宰予就会是个失误。"

孔子曰："君子以其所不能畏人，小人以其所不能不信人。故君子长人之才，小人抑人而取胜焉。"

◎**大意** 孔子说："君子由于有自己做不到的事情而敬畏别人，小人则由于有自己做不到的事情而不信任别人。因此君子会增长别人的才能，小人则通过抑制别人取得胜利。"

孔篾问行己之道。子曰："知而弗为，莫如勿知；亲而弗信，莫如勿亲。乐之方至，乐而勿骄；患之将至，思而勿忧。"孔篾曰："行己乎？"子曰："攻其所不能，补其所不备。毋以其所不能疑人，毋以其所能骄人。终日言，无遗己忧；终日行，不遗己患。唯智者有之。"

◎**大意** 孔篾请教修身处世的方法。孔子说："知道而不去做，不如不知道；与人亲近而不信任他，不如不去亲近。高兴的事即将到来，高兴而不要自满；祸患即将降临，思考对策而不要忧愁。"孔篾说："这样做就是修身处世了吗？"孔子说："攻克做不到的事情，补充完善不完备的地方。不要因为有自己做不到的事情而怀疑别人，也不要因为有自己能做到的事情而傲视别人。整天说话，却不给自己招致忧愁；整天行事，却不给自己招致祸患。只有明智的人才能做到这个程度。"

在厄 第二十

　　困于陈、蔡是孔子周游列国时遇到的最为危急的情形之一，于此困境下孔子对自己人生际遇和思想学说的思考，不仅对我们认识孔子学说的精髓具有重要价值，而且对我们的人生历程有重要的指导意义。

　　孔子在困境中一方面"守死善道"，赞扬颜回"不容，然后见君子"，坚守君子之道，昭示了他笃行其道的精神品格；另一方面，孔子感叹"遇不遇者，时也；贤不肖者，才也"，反映了孔子的"时遇"思想和积极乐观的人生态度。身处困境，能乐在修身、坚守自己的节操，是每个立志追求独立人格者都应当牢记于心的。

　　做事先做人，立志为立本。从整体上看，本篇旨在表明无论顺境、逆境都当坚守其道，不因时势而改变立身之本。除困于陈、蔡时孔子与其弟子的对话外，本篇还通过子路、曾子、颜回等人的事迹来展现这一主题。

在子路问"君子所忧"时，孔子指出君子"无一日之忧"，而有"终身所忧"，这正是儒家"忧道不忧贫"的品格所在。曾子弊衣而耕，仍拒绝鲁君所赠，以实际行动展现了儒者以自身修养为重，而以外物为轻的个人追求。颜回身处困境仍不改其节。

楚昭王聘孔子，孔子往拜礼焉，路出于陈、蔡。陈、蔡大夫相与谋曰："孔子圣贤，其所刺讥，皆中诸侯之病。若用于楚，则陈、蔡危矣。"遂使徒兵距①孔子。

孔子不得行，绝粮七日，外无所通，藜羹②不充，从者皆病。孔子愈慷慨讲诵，弦歌不衰。乃召子路而问焉，曰："《诗》云：'匪兕匪虎，率彼旷野。'③吾道非乎，奚为至于此？"子路愠，作色而对曰："君子无所困。意者夫子未仁与，人之弗吾信也？意者夫子未智与，人之弗吾行也？且由也昔者闻诸夫子：'为善者，天报之以福；为不善者，天报之以祸。'今夫子积德怀义，行之久矣，奚居之穷也？"

子曰："由未之识④也，吾语汝：汝以仁者为必信也，则伯夷、叔齐不饿死首阳；汝以智者为必用也，则王子比干不见剖心；汝以忠者为必报也，则关龙逄⑤不见刑；汝以谏者为必听也，则伍子胥⑥不见杀。夫遇不遇者，时也；贤不肖者，才⑦也。君子博学深谋而不遇时者众矣，何独丘哉！且芝兰生于深林，不以无人而不芳。君子修道立德，不谓⑧穷困而改节。为之者人也，生死者命也。是以晋重耳之有霸心，生于曹、卫⑨；越王勾践之有霸心，生于会稽⑩。故居下而无忧者，则思不远；处身而常逸者，则志不广。庸⑪知其终始乎？"子路出。

召子贡，告如子路。子贡曰："夫子之道至大，故天下莫能容夫子，夫子盍少贬焉⑫？"子曰："赐，良农能稼，不必能穑⑬；良工能巧，不能为顺⑭。君子能修其道，纲而纪之，不必其能容。今不修其道，而求其容。赐，尔志不广矣，思不远矣！"子贡出。

颜回入，问亦如之。颜回曰："夫子之道至大，天下莫能容，虽然，夫子推而行之，世不我用，有国者⑮之丑也。夫子何病⑯焉？不容，然后见⑰君子。"孔子欣然叹曰："有是哉，颜氏之子，使⑱尔多财，吾为尔宰⑲。"

◎ **注释** ①〔距〕通"拒"，阻拦。②〔藜羹〕用嫩藜煮成的羹，指粗劣的食物。藜，草名，初生可食。③〔匪兕匪虎，率彼旷野〕语出《诗经·小雅·何草不黄》。匪，不是。兕，犀牛。率，沿着，遵循。④〔识〕明白，懂得。⑤〔关龙逄〕夏朝大臣。见夏桀暴虐荒淫，屡加直谏，遂被囚禁杀害。⑥〔伍子胥〕春秋时吴国大夫，名员，字子胥，劝吴王夫差拒越求和并停止伐齐，渐被疏远，后被赐剑自杀。⑦〔才〕通"材"，资质，品质。⑧〔谓〕同"为"。⑨〔晋重耳之有霸心，生于曹、卫〕重耳，即晋文公。为公子时出奔，曾困于曹卫。⑩〔越王勾践之有霸心，生于会稽〕越王勾践称霸的雄心，萌生在他被围困于会稽的时候。⑪〔庸〕同"用"。⑫〔夫子盍少贬焉〕老师您何不把自己的主张稍微降低一点呢？盍，何不。少，稍微。贬，降低，减少。⑬〔良农能稼，不必能穑〕一个好的农夫擅长耕种，但不一定擅长收获。稼，耕种。穑，收获。⑭〔顺〕符合他人心意。⑮〔有国者〕各国的统治者。⑯〔病〕忧愁。⑰〔见〕同"现"，显现。⑱〔使〕假设。⑲〔宰〕管理钱财的人。

◎ **大意** 楚昭王聘请孔子到楚国去做官，孔子便去拜见楚昭王，接受礼聘，途中经过陈、蔡两国。陈、蔡两国的大夫聚在一起商讨说："孔子是一代圣贤，他所批评指责的，的确都是各诸侯国存在的弊病。如果他被楚国任用，那么我们陈、蔡两国就危险了。"于是他们就派出步兵去阻拦孔子。

◎ 在厄第二十

孔子一行被围困，不得前行，断粮七日，无法和外界取得联系，连一些野菜汤也吃不上，跟随的弟子都病倒了。孔子却更加情绪激昂地讲授学问，弹琴唱歌没有停歇。他叫来子路问："《诗》中说：'不是犀牛不是虎，沿着旷野急出入。'我的理论学说不对吗，为什么会落到这种地步？"子路听了心中不快，脸上也显露出一副不高兴的样子，说："君子不应该受到困厄。难道是您还不够仁德，人们因而不相信我们吗？难道是您还不够睿智，人们因而不让我们前行吗？而且我以前听您讲过：'行善的人，上天会降给他福祉；作恶的人，上天会降给他灾祸。'如今您积累德行，心怀仁义，这样做很久了，为什么还会处于这种穷困的境地呢？"

孔子说："仲由你还不明白！我来告诉你：你以为仁义的人必定会被信任，那么伯夷、叔齐就不会饿死在首阳山；你以为睿智的人必定被任用，那么王子比干就不会被剖心；你以为忠心的人必定会得到回报，那么关龙逢就不会遭刑杀；你以为劝谏的人必定被听从，那么伍子胥就不会被杀害。能不能遇到明主，是由时势所决定的；才与不才，则在于个人的品质。君子学识渊博，谋略深远，而没有碰上好时运的有很多，哪里单单就我孔丘一人呢！况且，芝兰生长在深山老林中，并不因为无人欣赏而不吐露芬芳；君子修习道艺树立仁德，并不因为贫穷困顿改变节操。做或者不做，是人事；生或者死，是命运。所以，晋国重耳称霸的雄心，萌生在他逃亡曹、卫两国的时候；越王勾践称霸的雄心，萌生在他被围困于会稽的时候。因此，身居下位却没有忧虑的人，理想就不会高远；生活长期安逸的人，志向就不会广阔。你哪里用得着知道他们的全部经历呢？"子路退了出去。

孔子又叫来子贡，问了他与子路同样的问题。子贡说："老师您的理论学说博大精深，因而天下人不能接受您，您为什么不把您的主张稍稍降低一下标准呢？"孔子说："端木赐啊！一个好的农夫擅长播种，不一定擅长收获；一个好的工匠巧于制作，不一定每次做的都能符合他人的心意。君子研习自己的理论学说，主次分明，有条有理，不一定就会被人们接受。现在不研修完善自己的学说，却只求能被人接受，端木赐，你的志向不广阔啊！你的理想也不高远啊！"子贡退了出去。

颜回进来，孔子也问了他同样的问题。颜回说："老师您的学说博大精深，致使天下人都不能接受您。虽然这样，您还是推广并实践它，世人不任用我们，是各国统治者的耻辱。您有什么忧愁的呢？虽然不被接受，但这样才显示出君子的本色。"孔子高兴地感叹："讲得有道理啊，颜氏家的小伙子！假设你有很多钱财，我愿意为你管理。"

子路问于孔子曰："君子亦有忧乎？"子曰："无也。君子之修行①也，其未得之，则乐其意；既得之，又乐其治②。是以有终身之乐，无一日之忧。小人则不然，其未得也，患弗得之；既得之，又恐失之。是以有终身之忧，无一日之乐也。"

◎**注释** ①〔修行〕修身实践。此记载又见于《荀子·子道》《说苑·杂言》。②〔治〕为，作为。

◎**大意** 子路问孔子说："君子也有忧愁吗？"孔子说："没有。君子在修身实践中，当他做事还没有获得成功时，他会为自己有做事的意念而高兴；当他获得成功的时候，又会为自己能有所作为而高兴。因此，君子一生都很快乐，没有一天是忧虑的。小人则不是这样，当他有想获得的东西而还没有得到的时候，他怕得不到；得到了，又怕失去。因此，他一生都充满忧愁，却没有一天是快乐的。"

曾子弊衣①而耕于鲁，鲁君闻之而致邑②焉。曾子固辞不受。或曰："非子之求，君自致之，奚固辞也？"曾子曰："吾闻受人施者常畏人，与人者常骄人。纵君有赐，不我骄也，吾岂能勿畏乎？"

孔子闻之曰："参之言，足以全其节也。"

◎**注释** ①〔弊衣〕破旧的衣服。弊，破旧的。②〔致邑〕赐给封地。致，赠送，赐给。邑，封地。

◎**大意** 曾子穿着破旧的衣服在鲁国从事耕作，鲁国国君听说后赐给他封地。曾子坚决推辞不接受。有人说："这并不是你请求的，而是国君亲自赐给你的，你为什么坚决推辞呢？"曾子说："我听说接受别人赠送的人常常畏惧别人，给人东西的人常常傲视别人。纵然国君给我赏赐，并不傲视我，我哪能不畏惧呢？"

孔子听说这件事后说："曾参的这番话，足够保全他的气节了。"

孔子厄①于陈、蔡，从者七日不食。子贡以所赍②货，窃犯围而出，告籴③于野人④，得米一石焉。颜回、仲由炊之于坏屋之下，有埃墨⑤堕饭中，颜回取而食之。

子贡自井望见之，不悦，以为窃食也。入问孔子曰："仁人廉士，穷改节乎？"孔子曰："改节即何称于仁廉哉？"子贡曰："若回也，其不改节乎？"子曰："然。"子贡以所饭告孔子。子曰："吾信回之为仁久矣，虽汝有云，弗以疑也，其或者必有故乎？汝止，吾将问之。"召颜回曰："畴昔⑥予梦见先人，岂或启佑我哉？子炊而进饭，吾将进⑦焉。"对曰："向有埃墨堕饭中，欲置之，则不洁；欲弃之，则可惜，回即食之。不可祭也。"孔子曰："然乎，吾亦食之。"

颜回出，孔子顾谓二三子曰："吾之信回也，非待今日也。"二三子由此乃服之。

◎ **注释**　①〔厄〕原意为困苦，危险，这里指遭遇困苦、危险。②〔赍〕携带。③〔告籴（dí）〕请求买粮。籴，买进粮食。④〔野人〕乡间的农夫。⑤〔埃墨〕烟灰。⑥〔畴昔〕往日，从前。⑦〔进〕祭祀，进献给先人。

◎ **大意**　孔子被困在陈国和蔡国之间，随从的弟子一连七天没吃上粮食。子贡拿着携带的钱财，偷偷地突出包围，向乡间的农夫请求买粮，最终买回了一石米。颜回、仲由两人在一间破屋子里煮饭，有一块烟灰掉进饭锅中，颜回便把弄脏的那部分饭拿起来吃了。

子贡正在水井边，看到颜回的这一举动很不高兴，以为颜回在偷饭吃。他便到孔子那里去，问道："仁义正直的人在穷困时会改变他的操守吗？"孔子说："改变操守还怎么称得上仁义正直呢？"子贡说："像颜回，他不会改变他的节操吗?"孔子说:"是的。"子贡便把看见颜回吃饭的事告诉了孔子。孔子说:"我相信颜回修行仁德已经很久了,虽然你刚才说了这么一件事,但我仍不怀疑颜回的为人,或许其中有什么原因吧?你且停停,我来问问他。"孔子叫来颜回,说:"前几天我梦见先人,难道是先人在启示和保佑我吗?你做好饭拿进来,我要用它进献先人。"颜回回答:"刚才有烟灰掉进饭中,想不管它,那么饭就不干净了;想把弄脏的饭扔掉,又觉得可惜,所以我就把带烟灰的饭吃掉了。因此,这饭已经不能用来祭祖了。"孔子说:"你做得对啊!(换作是)我(的话),也会将脏了的饭吃掉的。"

颜回出去了,孔子回头看着其他几个弟子说:"我对颜回的信任,并不是从今天开始的。"大家从此就更佩服颜回了。

入官 第二十一

入官，即当官为政，本篇主题鲜明集中，全文皆是孔子回答子张所问"如何为官行政"的问题。《入官》篇作为孔子为政思想的系统论述，极具借鉴意义。

孔子开篇便提出了为政最关键的目标，即"安身取誉"，所谓安身就是保全自身，取誉就是行政成功而得到百姓称赞爱戴。为了实现这一目标，孔子主要从以下五个方面展开论述：

第一，修身为本。孔子认为为官行政最重要的是提高自身的道德修养，《大学》讲修齐治平，修身是做人之目标，又是做事之起点。就此，孔子提出了"六善六弊"。孔子认为，拥有"己有善勿专，教不能勿怠，已过勿发，失言勿掎，不善勿遂，行事勿留"六善，除去"忿数""距谏""慢易""怠惰""奢侈""专独"六弊，为官便能"安身取誉"，明确要求"君子修身反道，察里言而服之"。

第二，民为邦本。孔子极力反对"抗民""犯民""佼民",认为所定政策应当切合民情,所发政令应当合乎民性;同时还要勿扰其时,使百姓能安于生产。孔子还指出,如果以不切实际的政策引导百姓,百姓可能会不服政令,甚至产生憎恨。

第三,为政以德,宽柔以教。儒家学说是"为己"之学,"为己"不是简单意义上的"为了自己",而是从严律己、反求己身,在修身做人上严格要求自己,对他人则抱有普遍性的宽容。这一点反映到政治上,就是爱民如子,以德化民,优柔善政。孔子声称"明君必宽裕以容其民,慈爱优柔之";他认为"水至清则无鱼,人至察则无徒",只有宽容,才会"上下亲而不离,道化流而不蕴","爱之则存,恶之则亡"。

第四,政者,正也。在孔子看来,"君上者,民之仪也","仪不正则民失",百姓唯为政者马首是瞻,为政者凡事皆应合于礼法,否则百姓就会放纵,社会就会混乱,因而为政者"欲政之速行也,莫善乎以身先之"。

第五,为政在于得人。孔子认为谨慎选拔人才,不仅"佚于治事",而且容易获得声誉。孔子认为尤其要注意三类人,即君上、有司、迩臣。他们可以说囊括了行政层的上上下下,不仅对于为政,而且对于当前企业管理同样具备借鉴意义。

子张问入官[①]于孔子。孔子曰:"安身取誉为难。"子张曰:"为之如何?"孔子曰:"己有善勿专[②],教不能勿急,已过勿发[③],失言勿矫[④],不善勿遂[⑤],行事勿留[⑥],君子入官,有此六者,则身安誉至而政从[⑦]矣。且夫忿数[⑧]者,官狱所由生也;距[⑨]谏者,虑之所以塞也;慢易[⑩]者,礼之所以失也;怠惰者,时之所以后也;奢侈者,财之所以不足也;专独者,事之所以不成也。君子入官,除此六者,则身安誉至而政从矣。

◎ **注释** ①〔入官〕入仕为官。②〔专〕据为私有。③〔发〕实行。④〔掎〕通"跻",回护。⑤〔遂〕成就。⑥〔留〕留滞。⑦〔政从〕政令顺从。⑧〔数〕责备,责问,责难。⑨〔距〕通"拒",拒绝。⑩〔慢易〕怠慢,轻慢。

◎ **大意** 子张向孔子请教入仕为官的事。孔子说:"使地位稳定,获得声誉是困难的。"子张问:"怎样才能做到呢?"孔子说:"自己有优点,不要独占;教导没有才能的人,不要松懈;已经犯过的错误,不要再犯;说错了的话,不要曲意为自己辩护;不好的事情,不要做;该做的事情,不要停滞。君子入仕为官做到这六个方面,就会稳定自己的地位,取得声誉,百姓也能服从政令。再说,怨恨责难是官司产生的原因,拒绝规劝是心思阻塞的原因,傲慢轻视是失礼的原因,松懈懒惰是时机丢失的原因,奢侈浪费是财物不足的原因,专横独裁是事情办不好的原因。君子入仕为官,去掉这六个方面,就可以稳定地位,获取声誉,民众听从他的政令。

"故君子南面①临官,大域②之中而公治之,精知而略行之③,合④是忠信,考⑤是大伦⑥,存⑦是美恶,进是利而除是害,无求其报焉,而民之情可得也。夫临之无抗民⑧之恶,胜⑨之无犯民⑩之言,量⑪之无佼民⑫之辞,养之无扰于其时,爱之无宽于刑法。若此,则身安誉至而民得也。

◎ **注释** ①〔南面〕古代以面南为尊位,无论天子、诸侯、卿大夫,作为长官出现的时候,总是面南而坐。②〔域〕大略,梗概。③〔精知而略行之〕精知,精心考虑,即明察于世。精,细密。略,简。略行,简要实行,即政令不烦。④〔合〕聚集。⑤〔考〕考察,考核。⑥〔大伦〕人与人之间关系的最高准则。伦,理,纲纪。⑦〔存〕省视,考察。⑧〔抗民〕与百姓对抗。《周书》:"逆天虐民曰抗。"⑨〔胜〕这里指用道理说通百姓,以理屈之。⑩〔犯民〕伤害百姓。犯,触犯,伤害。⑪〔量〕思索,考量。⑫〔佼民〕欺诈百姓。佼,通"狡",狡诈。

◎**大意** "因此，君子为官，要做到大体上中正并公心治理，精心考虑明察于事，简要推行使政令不烦琐，聚合百姓以忠诚诚信，推求伦理道德规范，思量考察好与坏，吸收有利的因素，去掉弊害，不追求回报，那么民情就可以了解到了。君子为官，不要以悖逆天理、凌虐百姓的方式来统治百姓，不要以冒犯百姓的言语来压服百姓，不要以欺诈百姓的言辞来揣测百姓，不要以违背农时的方式来养护百姓，不要以放宽刑法的方式来爱护百姓。如果做到这些，就会地位稳定，取得声誉，且百姓自得其乐。

"君子以临官，所见则迩①，故明不可蔽也；所求于迩，故不劳而得也。所以治者约，故不用众而誉立。凡法象②在内，故法不远而源泉不竭，是以天下积而本不寡。短长得其量，人志治而不乱政。德贯乎心，藏乎志，形乎色，发乎声。若此，而身安誉至，民咸自治矣。是故临官不治则乱，乱生则争之者至，争之至，又于乱。明君必宽裕以容其民，慈爱优柔③之，而民自得。

◎**注释** ①〔迩〕近。②〔法象〕指合于礼仪规范的仪表、举止。③〔优柔〕宽舒从容。

◎**大意** "君子为官，所看见的就如在自己的身边，所以清楚得不可以掩饰；所追求的就像在自己的眼前，所以可以毫不费力地得到。因此统治方式简约，不用奴役百姓，声誉便得到了。凡是礼仪规范存在于内心之中，那么礼仪规范就不会远离自己，如同源泉一样不会枯竭，所以天下事物积聚而成，而本源不减少。不同的事物各得其用，立志于社会得到治理，而不是扰乱政治。德性贯穿在心中，蕴藏在志向里，呈现在表情上，透露在言谈里。如果这样，那么地位稳定，得到声誉，百姓都能自己治理了。因此，为官不能治理就会发生混乱，混乱发生了，那么争夺也随之而来，争夺到来，又会陷入混乱。贤明的君主一定要用宽宏的态度容纳百姓，以慈爱宽宏的态度对待他们，那么百姓便自得其乐。

"行①者，政之始也。说者，情之导②也。善政行易而民不怨，言

◎ 入官第二十一

调说和则民不变。法在身则民象③之，明在己则民显④之。若乃供己而不节，则财利之生者微矣；贪以不得，则善政必简矣；苟⑤以乱之，则善言必不听也；详以纳之，则规谏日至。言之善者，在所日闻；行之善者，在所能为。故君上者，民之仪⑥也；有司执政者，民之表也；迩臣便僻⑦者，群仆之伦⑧也。故仪不正则民失，表不端则百姓乱，迩臣便僻，则群臣污⑨矣。是以人主不可不敬乎三伦⑩。

◎ **注释** ①〔行〕执行政令。②〔导〕先导。③〔象〕模仿，效法。④〔显〕显扬。⑤〔苟〕马虎，不严肃。⑥〔仪〕准则，法度。⑦〔僻〕通"辟"，执事在君之左右者。⑧〔伦〕纪也，为众之纪。⑨〔污〕奸邪，贪污。⑩〔伦〕类。

◎ **大意** "执行命令是为政的开始，言谈是感情的先导。好的政令执行起来容易而且百姓不抱怨，言谈适宜，语调和悦，百姓就不会变乱；自觉遵守法度，百姓就会效法；自身办事英明，百姓就会加以显扬。如果供给自己的财物使用时不加以节制，那么生财之道就会狭窄；不知满足地追求而又无所获，那么好的政治措施就会被忽视了。对于政令，不严肃且扰乱它，那么好的言论必然不会被听从；对于建议，仔细审察并采纳，那么规劝、进谏的人就会天天来。好的言论在于天天听到，好的行为在于能够做到。所以说君主是百姓的准则，执政官吏是百姓的表率，侍御之臣是众臣的纲纪。因此，准则不端正，百姓就会放诞不羁；标准不端正，百姓就会产生混乱；侍御之臣巧佞，群臣就会奸邪。因此君主不可以不慎重对待这三类情况。

"君子修身反道，察里言而服①之，则身安誉至，终始在焉。故夫女子必自择丝麻，良工必自择完材②，贤君必自择左右。劳于取人，佚于治事。君子欲誉，则必谨其左右。为上者，譬如缘木焉，务高而畏下滋甚。六马之乖离③，必于四达之交衢④。万民之叛道，必于君上之失政。上者尊严而危，民者卑贱而神⑤。爱之则存，恶之则亡。长民者必明此之要。故南面临官，贵而不骄，富而能供⑥，有本而能图末，修事而能建业，久居⁷而不滞，情近而畅乎远，察一物而贯乎多，治一物而万物不能乱者，以身本者也。

◎**注释** ①〔服〕行。②〔完材〕良好的材料。③〔乖离〕抵触，背离。④〔衢〕四通八达的道路。⑤〔神〕如神一样不可揣测。⑥〔供〕通"恭"，恭敬。⑦〔居〕居于官位。

◎**大意** "君子要培养自身道德，恢复合理的行为，考察有道理的话便去执行，那么地位稳定，声誉得到，自始至终处于官位。因此妇女一定要自己选取丝麻，优秀的工匠一定要自己选取所需的材料，贤明的君主一定要自己选取大臣。在选择人才时是劳累的，但在治理国家时是安逸的。君子要想获得美名，就一定要谨慎地选取所用的人。居高位的人，就如爬树一样，爬得越高就越怕掉下来。拉车的六匹马分散乱跑，一定是在四通八达的十字路口。百姓叛离正道，一定是在君主统治有过失的时候。居高位的人虽高贵威严但无所依靠，百姓地位卑贱但如神一样不可揣测。爱护百姓就会地位稳定，讨厌百姓就会失去尊位。统治者一定要明白这个问题的关键。所以为官治民，尊贵而不要骄傲，富有而要恭谨，既能把握事物的根本又能谋划事情的末节，既能修治旧事又能建功立业，长期处于官位工作又不会停滞不前，近于实情又能畅达长远，观察一件事情又能融会贯通许多事物，处理一件事情又不被其他事情扰乱，以切身体会作为处事的根本。

"君子莅民①，不可以不知民之性而达诸民之情。既知其性，又习其情，然后民乃从命矣。故世举②则民亲之，政均③则民无怨。故君子莅民，不临以高，不导以远，不责民之所不为，不强民之所不能。廓④之以明王之功，不因其情，则民严而不迎；笃⑤之以累年之业，不因其力，则民引⑥而不从。若责民所不为，强民所不能，则民疾，疾则僻⑦矣。

◎**注释** ①〔莅（lì）民〕治民，统治百姓。②〔世举〕国家安定。③〔政均〕政策

◎ 入官第二十一

公正合理。④〔廓〕开拓。⑤〔笃〕坚定。⑥〔引〕收敛，退避。⑦〔僻〕不正，邪僻。

◎ **大意**　"君子统治百姓，不可以不了解百姓的习性，通晓百姓的实情。既了解他们的习性，又熟悉他们的实情，然后百姓才能听从命令。因此，国家安定，百姓就会亲敬君主；政策公正合理，百姓就会没有怨言。所以君子统治百姓，不以高高在上的态度对待百姓，不引导百姓去做与他们无关的事情，不责罚百姓去做他们不愿意做的事情，不强迫百姓做做不到的事情。用圣明君主的功业来开导他们，不根据实情，百姓就会表面敬畏而不迎合；用多年的功业来坚定他们，不根据他们的实际能力，百姓就会躲避而不服从命令。如果责罚百姓去做他们不愿做的事情，强迫他们去做没能力做的事情，百姓就会产生憎恨。有了憎恨，就会产生邪僻的行为。

"古者圣主冕而前旒①，所以蔽明也；紘纩②充耳，所以掩聪也。水至清则无鱼，人至察则无徒。枉而直之，使自得之；优而柔之，使自求之；揆③而度之，使自索之。民有小罪，必求其善，以赦其过；民有大罪，必原④其故，以仁辅化；如有死罪，其使之生，则善也。是以上下亲而不离，道化流而不蕴⑤。故德者，政之始也。政不和，则民不从其教矣；不从教，则民不习；不习，则不可得而使也。

◎ **注释**　①〔旒（liú）〕古代帝王礼帽上前后悬垂的玉串。②〔紘纩（hóng dǎn）〕冠冕两旁悬瑱的带子。紘，系于颔下的帽带。纩，古代冠冕上用以系瑱的带子。③〔揆〕度量，考察。④〔原〕探求根源。⑤〔蕴〕郁结。

◎ **大意**　"古代圣明君主冠冕前悬垂的玉串，是用来遮蔽视力的；冠冕两旁悬瑱的带子挂在耳旁，是用来蒙蔽听觉的。水清到极点就没有鱼，人明察到了极点就没有跟从者了。要使邪恶的百姓变得行为正直，让他们自己做到转变；宽厚地对待百姓，让他们自得其乐；考察推测百姓，让他们自己求得适宜的法令制度。百姓犯了小的罪行，一定要发现他们的好处，来赦免他们的罪过；百姓犯了大的罪行，一定要考虑他们犯罪的原因，用仁义来辅助他们；如果犯了死罪，希望能使他们活下来，那是最好的。所以上下就会相互亲近而不离散，道德教化流行而不郁结。所以说德行是为政的开始，为政不宽和，百姓就不会听从教导；不听从教导，百姓就不会学习；不学习，百姓就不可能听从指使。

"君子欲言之见信也，莫善乎先虚其内①；欲政之速行也，莫善乎以身先之；欲民之速服也，莫善乎以道御②之。故虽服必强③，自非忠信，则无可以取亲于百姓者矣。内外不相应，则无可以取信于庶民者矣。此治民之至道矣，入官之大统④矣。"

子张既闻孔子斯言，遂退而记之。

◎**注释** ①〔虚其内〕王肃注："虚其内，谓直道而行，无情欲也。"直，不曲，直道，意指公道。②〔御〕治理。③〔强〕用强迫的手段。④〔统〕纲要，纲领。

◎**大意** "君主要想说的话被人相信，没有比以公心而行更好的了；要想政令能够快速实行，没有比自己以身作则更好的了；要想使百姓很快顺服，没有比用合理的行为来治理他们更好的了。虽然用强迫的方式可使百姓顺服，但没有忠诚和信任，也就没有什么可以用来使百姓感到亲近的了。朝廷内外没有相呼应的，也就没有什么可以用来取信于普通百姓的了。这是治理百姓最重要的道理，是入仕为官最重要的原则。"

子张听了孔子这番话，便退了下去并把它记了下来。

困誓 第二十二

本篇名"困誓",困,有艰难、窘迫之意;誓,有学者指出此当为"哲"字之误,并引《逸周书》《说文解字》等书为证。"哲"代表成熟的智慧,从此篇的内容来看,"誓"作"哲"字有着极大可能性。此篇多记孔子或其他贤人在艰难、窘迫情景下的言辞、议论,展现了他们不同于常人的表现与选择,其中蕴含着深沉的思考,给我们带来了极大的启迪。

本篇由十章组成,每一章都有各自的重心所在。如第一章,子贡倦学而欲求取事功,而孔子引《诗》《书》来说明事君、事亲、养妻子、交友、为耕之难,指明"学而后能为用""学不可以已"的道理。又如第七章,子贡问如何"为人下"及谦虚之道,孔子认为"为人下"之道"犹土",其厚重者有如此,其成人者有如此。这十章收录于此,固有所差异,亦存在相同之处。人的一生虽在学习与生活中有种种主观、客观之困境,但困境也带给我们自我突破的机会,于困境之中磨砺自己,坚守其道,便能有所成就。

> 孔子等哲人经历困顿、挫折，更多是因为"时"与"势"的关系。所谓"怠惰者，时所以后也"，如果不努力付出，经历失败是理所当然的。孔子说，"君子不患无位，患所以立"，人生不能把追求放在幻想、幸运上，做好自己应当做的，才能在困境中问心无愧，坚守自己的道路。

子贡问于孔子曰："赐倦于学，困于道矣，愿息而事君，可乎？"孔子曰："《诗》云：'温恭朝夕，执事有恪。'①事君之难也，焉可息哉！"

曰："然则赐愿息而事亲。"孔子曰："《诗》云：'孝子不匮，永锡尔类。'②事亲之难也，焉可以息哉！"

曰："然赐请愿息于妻子。"孔子曰："《诗》云：'刑于寡妻，至于兄弟，以御于家邦。'③妻子之难也，焉可以息哉！"

曰："然赐愿息于朋友。"孔子曰："《诗》云：'朋友攸摄，摄以威仪。'④朋友之难也，焉可以息哉！"

曰："然则赐愿息于耕矣。"孔子曰："《诗》云：'昼尔于茅，宵尔索绹，亟其乘屋，其始播百谷。'⑤耕之难也，焉可以息哉！"

曰："然则赐将无所息者也？"孔子曰："有焉。自望其广，则睪如也⑥；视其高，则填⑦如也；察其从，则隔⑧如也。此其所以息也矣。"

子贡曰："大哉乎死也！君子息焉，小人休焉，大哉乎死也！"

◎**注释** ①〔温恭朝夕，执事有恪〕语出《诗经·商颂·那》。朝夕，早见君谓朝，暮见君谓夕。恪，谨慎，恭敬。②〔孝子不匮，永锡尔类〕语出《诗经·大雅·既醉》。匮，缺乏，不足。锡，通"赐"，赏赐。类，善，好。③〔刑于寡妻，至于兄弟，以御于家邦〕语出《诗经·大雅·思齐》。刑，法式，典范。御，正。④〔朋友攸摄，摄以威仪〕语出《诗经·大雅·既醉》。攸，放在动词前面，组成名词性词组，相当于"所"。摄，佐助，说明。⑤〔昼尔于茅，宵尔索绹，亟其乘屋，其始播百谷〕语出《诗经·豳风·七月》。宵，夜。绹，绞。⑥〔自望其广，则睪如也〕广，通"圹"，坟墓。睪，通"皋"，高貌。⑦〔填〕应为"嗔"之误，通"巅"，山巅。⑧〔隔〕应为"鬲"之误。鬲，像鼎一类的烹饪器，三足中空。

◎**大意** 子贡问孔子："我对学习已经厌倦了，对行道又感到困惑不解，希望停止学习去侍奉君主，可以吗？"孔子说："《诗》说：'从早到晚要温和恭敬，行事要认真谨慎。'侍奉君主是艰难的，怎么可以停止学习呢？"

子贡说："那么我希望停止学习去侍奉父母。"孔子说："《诗》说：'孝子的孝心无竭尽，祖宗永赐你们好。'侍奉父母是艰难的，怎么可以停止学习呢？"

子贡说："那么我希望停止学习去帮助妻儿。"孔子说："《诗》说：'给妻子作典范，推广到自己的兄弟，然后来治理国家。'帮助妻儿是艰难的，怎么可以停止学习呢？"

子贡说："那么我希望停止学习结交朋友。"孔子说："《诗》说：'朋友之间相互辅助，所用的就是威仪。'结交朋友是艰难的，怎么可以停止学习呢？"

子贡说："那么我希望停止学习以从事耕作。"孔子说："《诗》说：'白天割茅草，晚上搓绳子，急急忙忙修理房屋，又要开始种庄稼。'耕作是艰难的，怎么可以停止学习呢？"

子贡说："那么我就没有停止学习的时候了吗？"孔子说："有的。自这儿看那个坟墓，高高的；看它那么高，好似山巅；观察它的侧面，又好似鬲。这就是休息的时候了。"

子贡说："死亡真伟大啊！君子休息了，小人终结了。死亡真伟大啊！"

孔子自卫将入晋，至河，闻赵简子①杀窦犨鸣犊及舜华②，乃临河而叹曰："美哉水，洋洋乎！丘之不济此，命也夫！"子贡趋而进

205

曰："敢问何谓也？"孔子曰："窦犨鸣犊、舜华，晋之贤大夫也。赵简子未得志之时，须此二人而后从政。及其已得志也，而杀之。丘闻之，刳胎杀夭③，则麒麟④不至其郊；竭泽而渔，则蛟龙⑤不处其渊；覆巢破卵，则凤凰不翔其邑，何则？君子违⑥伤其类者也。鸟兽之于不义尚知避之，况于人乎？"遂还，息于邹，作《槃操》⑦以哀之。

◎**注释** ①〔赵简子〕即赵鞅，赵武之孙，晋定公时为卿，卒谥"简"。②〔窦犨（chōu）鸣犊及舜华〕二人都是春秋时晋国大夫。窦犨鸣犊，姓窦名犨，字鸣犊，或作"鸣铎"。③〔刳（kū）胎杀夭〕刳，剖，剖挖。夭，幼小的动物。④〔麒麟〕古代传说中代表吉祥的神兽，形如鹿，一角，体披鳞甲，牛尾。⑤〔蛟龙〕传说中的两种动物，居深水中。相传蛟能发洪水，龙能兴云雨。⑥〔违〕讳，忌讳。⑦〔《槃操》〕琴曲名。

◎**大意** 孔子从卫国到晋国去，行至黄河边上时，听说赵简子杀死了窦犨鸣犊和舜华，于是面对黄河感叹道："壮美啊，黄河水！浩浩荡荡奔腾不息。我不能渡过黄河去，是命啊！"子贡快步走上前问："冒昧地问您为什么这么说呢？"孔子说："窦犨鸣犊和舜华是晋国有道德、有才能的大夫。赵简子没有得志的时候，需要这两个人的帮助才能从政。等到他得志的时候，却杀了他们。我听说过，剖胎残害幼小的生命，那么麒麟不会到他的城外；排干了水捕鱼，那么蛟龙不会住在他那里的深渊里；打翻鸟巢又打破鸟卵，那么凤凰也不会飞翔在他城邑的上空。为什么呢？这是因为君子忌讳伤害到他的同类啊！鸟兽对于不义的事情尚能知道躲避，何况是人呢？"于是孔子退回去，到邹地停下，作了《槃操》这首琴曲来哀悼他们。

子路问于孔子曰："有人于此，夙兴夜寐①，耕芸树艺②，手足胼胝③，以养其亲，然而名不称孝，何也？"孔子曰："意者④身不敬与？辞不顺与？色不悦与？古之人有言曰：'人与己与，不汝欺。'"

"今尽力养亲而无三者之阙⑤，何谓无孝之名乎？"

孔子曰："由，汝志之！吾语汝：虽有国士之力，而不能自举其身，非力之少，势不可矣。夫内行不修，身之罪也；行修而名不彰，友之罪也；行修而名自立。故君子入则笃行，出则交贤，何谓无孝名乎？"

◎ **注释** ①〔夙兴夜寐〕夙，早晨。寐，睡觉。②〔耕芸树艺〕芸，通"耘"，除草。树，栽植。艺，种植。③〔胼胝〕手脚上的老茧。④〔意者〕想来大概是。⑤〔阙〕缺点，过错。

◎ **大意** 子路问孔子："有这么一个人，早起晚睡，耕地、除草、栽植、种植，手脚都磨出了老茧，来奉养父母。如此这样，却没有孝的美称，为什么呢？"孔子说："想来或许是举止不恭敬吧？言辞不柔顺吧？表情不和悦吧？古人说：'别人和自己一些事实是相通的，不会欺骗你。'"

"假如竭尽全力奉养父母，没有前面三种过错，为什么还没有孝子的名声呢？"

孔子说："仲由，你记住！我告诉你：虽然有全国闻名的勇士的力气，也不能把自己举起来，这并不是力气小，而是形势不可能啊！不注重培养内在品质，是自身的过错啊；品行好而名声不显著，是朋友的过错啊；品行好了，名声自然会树立起来。所以君子在家就要行为淳厚，在外就要交结有道德、有才能的朋友，怎么会没有孝的名声呢？"

孔子遭厄于陈、蔡之间，绝粮七日，弟子馁病①，孔子弦歌。子路入见曰："夫子之歌，礼乎？"孔子弗应，曲终而曰："由，来！吾语汝：君子好乐，为无骄也；小人好乐，为无慑②也。其谁之子，不我知而从我者乎？"子路悦，援戚而舞③，三终而出。

明日，免于厄。子贡执辔曰："二三子从夫子而遭此难也，其弗忘矣！"孔子曰："善，恶何也？夫陈、蔡之间，丘之幸也。二三子从丘者，皆幸也。吾闻之，君不困不成王，烈士④不困行不彰。庸知其非激愤厉志之始于是乎在⑤?"

◎**注释** ①〔馁病〕饥饿困顿。馁,饥饿。病,筋疲力尽。②〔摄〕恐惧,害怕。③〔援戚而舞〕援,拿,拿过来。戚,斧,古代一种兵器。④〔烈士〕刚烈之士。⑤〔在〕同"哉"。

◎**大意** 孔子在陈国、蔡国之间,遭受围困,断粮七天,弟子饥饿困顿,孔子弹琴又唱歌。子路进去对孔子说:"先生唱歌符合礼吗?"孔子没有回答,直到曲子结束了才说:"仲由,过来!我告诉你:君子喜欢音乐,为的是避免骄傲;小人喜欢音乐,为的是消除畏惧。是谁不了解我却跟从我啊?"子路高兴了,拿着戚跳起舞来,跳了几个曲子后,退了出去。

第二天,孔子一行摆脱了困难。子贡挽着缰绳,说:"我们跟随先生遭受这场磨难,大概永远不会忘记了。"孔子说:"说得好,为什么呢?在陈国、蔡国之间遭受围困,是我的幸运啊。你们跟随我,也是你们的幸运啊。我听说过,君主不经受危难,不能成就王业;刚烈之士不经受危难,他们的品行得不到显扬。怎么知道不是在困厄之时他们才开始发奋励志的呢?"

孔子之宋,匡人简子①以甲士围之。子路怒,奋戟将与战。孔子止之曰:"恶有修仁义而不免世俗之恶者乎?夫《诗》《书》之不讲,礼、乐之不习,是丘之过也。若以述②先王,好古法而为咎③者,则非丘之罪也,命之夫。由,歌,予和④汝。"

子路弹琴而歌,孔子和之,曲三终,匡人解甲而罢。

◎**注释** ①〔匡人简子〕匡,地名,春秋时属宋国,在今河南睢县西。简子,未详,或许是匡人首领。②〔述〕遵循,依照,继承。③〔咎〕归责,责备。④〔和〕应和,跟着唱。

◎**大意** 孔子去宋国,匡地人简子让士兵包围了他们。子路大怒,举戟准备和他们交战。孔子制止了他,说:"怎么会有修治仁义而不能免除世俗憎恨的人呢?不讲习《诗》《书》,不练习礼乐,这是我的过错。如果因遵循先王,喜欢古代法令制度而受到指责，那么就不是我的罪过了，是命啊！仲由，你唱歌，我跟着唱。"

子路弹琴，唱起歌来，孔子跟着唱起来。几曲之后，匡人解除武装，退去了。

孔子曰："不观高崖，何以知颠坠之患？不临深泉，何以知没溺之患？不观巨海，何以知风波之患？失之者其不在此乎？士慎此三者，则无累①于身矣。"

◎ **注释**　①〔累〕忧患，耻辱，危难。
◎ **大意**　孔子说："不看到高高的悬崖，怎么知道从崖顶坠落的灾难呢？不临近深渊，怎么知道淹没沉溺的灾祸呢？不看到大海，怎么知道风浪的灾祸呢？造成过失的原因，难道不在这些方面吗？士人谨慎地对待这三个问题，就不会伤害到自身。"

子贡问于孔子曰："赐既为人下①矣，而未知为人下之道，敢问之。"子曰："为人下者，其犹土乎。汨②之深则出泉，树其壤，则百谷滋焉，草木植焉，禽兽育焉，生则出焉，死则入焉。多其功而不意③，弘④其志而无不容。为人下者以此也。"

◎ **注释**　①〔下〕谦下，为人谦虚。②〔汨（hú）〕通"抇"，掘，挖掘。③〔多其功而不意〕多，称赞。不意，不在意，不放在心上。④〔弘〕光大，扩大。
◎ **大意**　子贡问孔子："我已经做到为人谦下了，却不知为人谦下的道理，冒昧地向您请教。"孔子说："为人谦下的人，大概像泥土吧！掘深了就会冒出泉水，在土壤上播种，就会百谷滋长，草木繁殖，禽兽生育，活着的人活动在它的上面，死了就埋葬在它的下面。它的功劳虽多，但毫不在意；它的志向宏大，无所不容。为人谦下的人应该是这样的。"

孔子适郑，与弟子相失，独立东郭①门外。或人谓子贡曰："东门外有一人焉，其长九尺有六寸，河目隆颡②，其头似尧，其颈似皋繇，其肩似子产，然自腰已下，不及禹者三寸，累然如丧家之狗③。"子贡以告，孔子欣然而叹曰："形状末也，如丧家之狗，然乎哉！然乎哉！"

◎**注释**　①〔郭〕在城外围加的一道城墙。②〔河目隆颡（sǎng）〕河目，上下眶平而长。颡，额头。③〔累然如丧家之狗〕王肃注："孔子生于乱世，道不得行，故累然，是不得意之貌也。"

◎**大意**　孔子到郑国去，和弟子相互失散了，独自站在东城门外。有人告诉子贡说："东门外有一人，身长九尺六寸，眼睛上下眶像河一样平正而直，额头高而突起，头像尧，脖子像皋繇，肩像子产，但自腰以下比禹短三寸，不得志的样子如丧家之犬。"子贡把这话告诉了孔子，孔子高兴地感叹："容貌形状不重要。像丧家之犬，真是这样啊！真是这样啊！"

孔子适卫，路出于蒲①，会公叔氏②以蒲叛卫，而止之。孔子弟子有公良儒③者，为人贤长④，有勇力，以私车五乘从夫子行，喟然曰："昔吾从夫子遇难于匡，又伐树于宋⑤，今遇困于此，命也夫！与其见夫子仍遇于难，宁我斗死。"挺剑而合众，将与之战。蒲人惧，曰："苟无适卫，吾则出子。"以盟孔子，而出之东门。孔子遂适卫。子贡曰："盟可负乎？"孔子曰："要⑥我以盟，非义也。"

卫侯闻孔子之来，喜而于郊迎之。问伐蒲，对曰："可哉！"公曰："吾大夫以为蒲者，卫之所以恃⑦晋楚也。伐之，无乃不可乎？"孔子曰："其男子有死之志，吾之所伐者，不过四五人矣。"公曰："善！"卒不果伐。

他日，灵公又与夫子语，见飞雁过而仰视之，色不悦。孔子乃逝⑧。

◎**注释** ①〔蒲〕春秋时卫地，在今河南长垣。②〔公叔氏〕即公孙戍，卫国大夫。为人廉洁宁静，时人称其不言不笑不取，卒谥贞惠文子。③〔公良儒〕亦作"公良孺"，孔子弟子，字子正，陈国人。④〔贤长〕贤能而有长者之风。⑤〔伐树于宋〕孔子与弟子行礼于大树之下，桓魋欲害之，故先伐其树。可参见《史记·孔子世家》。⑥〔要〕威胁，要挟。⑦〔恃〕防备，抵御。⑧〔逝〕离开，去。

◎**大意** 孔子到卫国去，路经蒲地，正遇到公孙氏凭借蒲地背叛卫国，不让他们通过。孔子弟子中有叫公良儒的人，为人贤能而有长者风度，且有勇力，以自己的五辆车跟随孔子出行，感叹道："以前我跟随先生在匡地受围困，在宋国又遇上伐树之难，现在又在这里遇困，这是命啊！与其看着先生再次遇难，还不如战死。"于是，举起剑来集合众人，准备与蒲人战斗。蒲人害怕了，说："如果你们不去卫国，我们就放你们走。"于是与孔子订下盟誓，让他们从东门走了。孔子还是去了卫国。子贡说："盟誓可以违背吗？"孔子说："威胁我订立盟誓，是不合宜的行为。"

卫灵公听说孔子来了，高兴地到城外去迎接。卫灵公询问起征伐蒲地的事，孔子说："可以啊！"卫灵公说："我的大夫认为蒲地是我们卫国用来抵御晋国、楚国的，讨伐它恐怕不可以吧？"孔子说："蒲地男子宁死不愿叛乱，我们所讨伐的，只不过是极少数的叛乱分子。"卫灵公说："好！"但最终也没有出兵讨伐。

有一天，卫灵公又与孔子谈话，看见大雁飞过，抬头观看，脸色不高兴。孔子于是离开了卫国。

卫蘧伯玉①贤而灵公不用，弥子瑕②不肖，反任之。史鱼③骤④谏而不从。史鱼病将卒，命其子曰："吾在卫朝，不能进蘧伯玉，退弥子瑕，是吾为臣不能正君也。生而不能正君，则死无以成礼。我死，汝置尸牖⑤下，于我毕矣。"其子从之。

灵公吊焉，怪而问焉。其子以其父言告公。公愕然失容，曰："是寡人之过也。"于是命之殡⑥于客位，进蘧伯玉而用之，退弥子瑕而远之。

孔子闻之，曰："古之列谏⑦之者，死则已矣。未有若史鱼死而尸谏，忠感其君者也，可不谓直乎？"

◎**注释** ①〔蘧（qú）伯玉〕名瑗，卫国贤大夫。事可参见《左传·襄公十四年》、《左传·襄公二十六年》。②〔弥子瑕〕卫灵公之嬖大夫。③〔史鱼〕即史鰌，字子鱼，春秋时卫国大夫。④〔骤〕屡次，多次。⑤〔牖〕窗户。⑥〔殡〕停放灵柩。⑦〔列谏〕极力劝谏。列，通"烈"，强烈，极力。

◎**大意** 卫国蘧伯玉贤能，但卫灵公不任用他。弥子瑕不贤能，卫灵公反而任用。史鱼多次进谏，但卫灵公不听。史鱼病了，将要死了，对他的儿子说："我在卫国朝廷任职，却不能进荐蘧伯玉，斥退弥子瑕，这是我作为臣子不能匡正君主啊！活着不能匡正君主，死了就不值得举办丧礼。我死后，你把我的尸体放在窗下，对于我来说就行了。"他的儿子听从了他的话。

卫灵公前来吊丧，对此感到奇怪并询问原因。史鱼的儿子就把他父亲的话告诉了卫灵公。卫灵公惊讶失色，说："这是我的过错啊！"于是命人将史鱼的灵柩停放在宾客的位置上。召蘧伯玉并任用他，斥退弥子瑕并疏远了他。

孔子听到这事，说："古时极力劝谏的人，死了劝谏也就停止了。没有像史鱼这样，死了却要用尸体来进谏，忠诚感动了君主的，怎能不称为正直呢？"

五帝德 第二十三

　　本篇的主要内容是对上古时期五帝德行的论述，故名"五帝德"。从本篇孔子的描述中我们可以窥见上古文明，知晓孔子心目中理想的为政之道与君子典范。

　　五帝之说在中国历史上由来已久，其具体内容却无定论。在《史记》《逸周书》《大戴礼记》等文献里至少存在六种不同的说法，而在《孔子家语》中，本篇与第二十四篇《五帝》便有所差异。记载的差异导致20世纪初疑古思潮盛行时，主要矛头指向以三皇五帝为核心的古史传说体系。时至今日，大多数人早已摒弃那种极端观点，并充分认识到古代传说的巨大价值。可以说，对古史传说、文献记载进行综合研究，并与考古学的成果相结合，乃是重建上古史的必由之路。

　　古代书写不便，古史流传的情况复杂，年代久远很容易造成对一件事情记载模糊，但这并非意味着古史无法考证。例如在本篇中孔子论颛顼时，讲到其"渊而有谋，疏通以知远，养

> 财以任地，履时以象天，依鬼神而制义，治气性以教众，洁诚以祭祀"，可与古史上一般认为颛顼曾做"绝天地通"的事迹相互印证。由此可见，只要认真梳理，上古史和古代思想史的线索还是极其清晰的。
>
> 孔子通过讲述五帝来宣扬德行观念。他说"大者如天，小者如言，民悦至矣"，这是孔子一贯的为政理念，这种"民本""则天"的思想也被后世儒家继承下来。

宰我问于孔子曰："昔者吾闻诸荣伊①曰：'黄帝②三百年。'请问黄帝者人也，抑非人也？何以能至三百年乎？"

孔子曰："禹、汤、文、武、周公，不可胜③以观也，而上世黄帝之问，将谓先生难言之故乎？"

宰我曰："上世之传，隐微之说，卒采④之辩，暗忽⑤之意，非君子之道者，则予之问也固矣。"

孔子曰："可也，吾略闻其说。黄帝者，少典之子，曰轩辕。生而神灵，弱而能言，幼齐⑥睿⑦庄，敦⑧敏诚信，长聪明⑨。治五气⑩，设五量⑪，抚万民，度四方⑫。服牛乘马，扰驯猛兽，以与炎帝⑬战于阪泉⑭之野，三战而后克之。始垂衣裳，作为黼黻。治民以顺天地之纪，知幽明⑮之故，达生死存亡之说。播时⑯百谷，时是尝味草木，仁厚及于鸟兽昆虫。考⑰日月星辰，劳耳目，勤心力，用水火财物以生民。民赖其利，百年而死；民畏其神，百年而亡；民用其教，百年而移⑱。故曰'黄帝三百年'。"

◎**注释** ①〔荣伊〕人名。②〔黄帝〕号轩辕氏，源出姬水，传说中的古代帝王，

◎五帝德第二十三

后被尊为华夏族的始祖。③〔胜〕尽。④〔采〕事情。谓事既终，犹争辩。⑤〔暗忽〕久远不明。⑥〔齐〕疾，迅速。⑦〔睿〕圣明。⑧〔敦〕厚。⑨〔聪明〕耳目明辨。⑩〔五气〕五行之气。⑪〔五量〕权衡、升斗、尺丈、里步、十百五种计量标准。⑫〔度四方〕安定四方。⑬〔炎帝〕号烈山氏，又号神农氏，源出姜水，传说中的古代帝王。⑭〔阪泉〕古地名。一说在今河北涿鹿东南，一说在今山西运城解池附近。⑮〔幽明〕幽，夜。明，昼。⑯〔播时〕按季节播种。播，布。时，季节。⑰〔考〕观察。⑱〔移〕改变。

◎**大意** 宰我问孔子："以前我听荣伊说：'黄帝活了三百年。'请问黄帝是人呢，还是非人呢？为什么能活三百年呢？"

孔子说："禹、汤、周文王、周武王、周公，对于他们尚且不能完全了解清楚，而你问到更为久远的黄帝，是因为连先生都难以讲清吗？"

宰我说："上古的传说，隐隐约约的说法，事过以后的争辩，久远不明的含义，这些都不是君子应该说的，我的问题问得固陋。"

孔子说："可以问，我略微听说过这方面的事情。黄帝是少典的儿子，名叫轩辕。他生下来就神奇灵异，很早就能说话，小时候机敏、圣明、端庄、厚道、诚信，长大以后更是明辨一切。他治理五行之气，设置五种计量标准，安抚天下人民，安定四方。他驾驭牛马，驱赶驯服的猛兽，与炎帝在阪泉之野上展开大战，三战以后战胜炎帝。这才制作礼服，在上面绣黼黻等美丽的花纹。治理人民，以顺应天地之法则，了解昼夜更替的原因，明白生死存亡的道理。按时播种百谷，鉴别良草佳木，仁厚的美德施及鸟兽昆虫。观察日月星辰的变化规律，勤勉尽心，用水、火和财物来养育人民。黄帝生前，人民受其恩惠一百年；黄帝死后，人民敬畏他的神灵一百年；之后，人民沿用黄帝之教化又一百年才改变。所以说'黄帝活了三百年'。"

宰我曰："请问帝颛顼①。"

孔子曰："五帝用说，三王有度，汝欲一日遍闻远古之说，躁哉！予也。"

宰我曰："昔予也闻诸夫子曰：'小子毋或宿。'故敢问。"

孔子曰："颛顼，黄帝之孙，昌意②之子，曰高阳。渊③而有谋，疏通④以知远，养财以任地⑤，履时以象天，依鬼神而制义⑥，治气性⑦以教众，洁诚以祭祀，巡四海以宁民。北至幽陵⑧，南暨交趾⑨，西抵流沙⑩，东极蟠木⑪，动静之类，小大之物，日月所照，莫不底属⑫。"

◎**注释** ①〔颛顼〕黄帝之孙，号高阳氏，传说中的古代帝王。②〔昌意〕黄帝之子，颛顼之父。③〔渊〕深邃。④〔疏通〕博古通今。⑤〔任地〕任土，谓因地制宜。⑥〔制义〕决定是否适宜。⑦〔气性〕性情。⑧〔幽陵〕古地名，即古幽州，在今河北北部及辽宁西部一带。⑨〔交趾〕在今越南北部，古人视为南方最远之地。后来汉代设置交趾郡。⑩〔流沙〕古地名。沙漠被风吹而流动，故以流沙指称沙漠地区。《汉书·地理志》载张掖郡居延县东北居延泽，古称流沙。古人亦常以流沙称不熟悉的西北广大沙漠地区。⑪〔蟠木〕又作"扶木"，即"扶桑"，传说为神木，太阳出于其下，故扶桑又指日出之地。⑫〔底属〕归属。

◎**大意** 宰我说："请问帝颛顼的事情。"

孔子说："五帝的事情靠传说，三王的事情有现成的法度。你想在一天之内听遍远古的所有传说，宰予你太急躁了。"

宰我说："以前我听夫子说：'有问题不要隔夜以后再问。'所以才敢向您请教。"

孔子说："颛顼是黄帝的孙子，昌意的儿子，名叫高阳。他深邃而有谋略，博古通今而有远见，因地制宜创造财富，顺应时令以取法上天，依从鬼神裁定事情的合适与否，陶冶性情以教化民众，纯洁虔诚地祭祀，巡行四海以安定人民。向北到达幽陵，向南到达交趾，向西抵达流沙，向东到达蟠木，所有活动、静止的生灵，大大小小的事物，日月所能照到的地方，没有不归属他的。"

宰我曰："请问帝喾①。"

孔子曰："玄枵②之孙，乔极③之子，曰高辛。生而神异，自言其名。博施厚利，不于其身。聪以知远，明以察微。仁以威，惠而信，以顺天地之义。知民所急，修身而天下服，取地之财而节用焉，抚教万民而诲利④之，历⑤日月之生朔⑥而迎送之，明鬼神而敬事之。其色也和，其德也重，其动也时，其服⑦也哀。春夏秋冬，育护天下。日月所照，风雨所至，莫不从化。"

◎**注释** ①〔帝喾（kù）〕黄帝曾孙，号高辛氏，传说中的古代帝王。《大戴礼记·帝系》："黄帝产玄嚣，玄嚣产蛴极，蛴极产高辛，是为帝喾。"②〔玄枵（xiāo）〕黄帝之子。③〔乔（jiǎo）极〕黄帝之孙。乔，或作"蛴"。④〔诲利〕教诲而使之有利。诲，教诲。利，使……有利。⑤〔历〕相，观察。⑥〔朔〕农历每月初一，月球运行到太阳和地球之间，跟太阳同时出没，地球上看不到月光，这种月相叫朔，这时的月亮叫新月。⑦〔服〕服丧。

◎**大意** 宰我说："请问帝喾的事情。"

孔子说："帝喾是玄枵的孙子，蛴极的儿子，名叫高辛。他一生下来就神奇灵异，能够说出自己的名字。他广泛施利于人民，从不考虑自己的利益。兼听而有远见，明辨而体察细微。仁慈而有威望，恩惠而有诚信，以顺从天地之法则。他知道人民急需什么，修养自身而令天下人信服，从土地中获取的东西都节约使用，安抚教化人民而使他们受利。观察日月的运行而加以迎送，了解鬼神而恭敬地加以侍奉。他的神色温和，德性厚重，举动因时而宜，在服丧时心情悲哀。春夏秋冬四季，呵护养育着天下万物。日月所能照到的地方，风雨所能到达的地方，没有不被感化的。"

宰我曰："请问帝尧①。"

孔子曰："高辛氏之子，曰陶唐。其仁如天，其智如神。就②之如日，望之如云。富而不骄，贵而能降。伯夷③典④礼，夔、龙典乐⑤，舜时而仕，趋视四时，务先民始之，流⑥四凶⑦而天下服。其言不忒⑧，其德不回⑨。四海之内，舟舆所及，莫不夷说⑩。"

◎**注释** ①〔尧〕帝喾之子，名放勋，号陶唐氏，传说中的古代帝王。②〔就〕接近，靠近。③〔伯夷〕尧臣。《国语·郑语》："姜，伯夷之后也。"④〔典〕主管，执掌。⑤〔夔、龙典乐〕王肃注："舜时夔典乐，龙作纳言。然则尧时龙亦典乐者也。"夔、龙皆尧舜时的乐官。⑥〔流〕流放，即把犯人放逐到边远地区。⑦〔四凶〕舜流放之四人。《尚书·舜典》说："流共工于幽州，放驩兜于崇山，窜三苗于三危，殛鲧于羽山。"⑧〔忒〕差错。⑨〔回〕违背。⑩〔夷说〕心悦诚服。

◎**大意** 宰我说："请问关于帝尧的事情。"

孔子说："尧是高辛氏的儿子，名叫陶唐。他的仁厚像天一样无所不覆，智慧像神一样无所不能。人民接近他如渴望太阳的温暖一样，仰望他如久旱时期待祥云一样。他富有而不骄傲，尊贵而能谦下。他命伯夷掌管礼仪，夔、龙掌管音乐，让舜适时出来做官，勤勉观察四时的变化，务必把人民的事情放在首位，流放了四个凶恶的罪人，从而赢得天下人归服。他说话不出差错，做事不违背道德。四海之内，凡是舟车所能到达的地方，没有不心悦诚服的。"

宰我曰："请问帝舜①。"

孔子曰："乔牛②之孙，瞽瞍③之子也，曰有虞。舜孝友闻于四方，陶渔事亲。宽裕而温良，敦敏而知时，畏天而爱民，恤远而亲近。承受大命，依于二女④。睿⑤明智通，为天下帝，命二十二臣，率⑥尧旧职，躬己而已。天平地成，巡狩⑦四海，五载一始。三十年在位，嗣帝五十载⑧，陟方岳⑨，死于苍梧⑩之野而葬焉。"

◎**注释** ①〔舜〕名重华，号有虞氏，传说中的古代帝王。《大戴礼记·帝系》："颛顼产穷蝉，穷蝉产敬康，敬康产句芒，句芒产蟜牛，蟜牛产瞽瞍，瞽瞍产重华，是为帝舜。"②〔乔牛〕舜祖父。乔，一作"蟜"。③〔瞽瞍〕舜父。《尚书·尧典》孔传曰："无目曰瞽，舜父有目不能分别好恶，故时人谓之瞽。配字曰瞍，瞍，无目之称。"④〔二女〕即娥皇、女英。⑤〔睿〕圣明。⑥〔率〕遵循，遵行。⑦〔巡狩〕古时帝王五载一巡狩，巡察诸侯所守的地方。亦称"巡守"。⑧〔三十年在位，嗣帝五十载〕被任用三十年，正式为帝五十年。⑨〔陟方岳〕登临方岳，指巡狩而言。《尚书·周官》："又六年，王乃时巡，考制度于四岳。诸侯各朝于方岳，大明黜陟。"陟，登高。方岳，四方之岳。岳，高大的山。⑩〔苍梧〕古地名。九嶷山，今湖南宁远南。

◎ **大意** 宰我说："请教一下有关帝舜的事情。"

孔子说："舜是蟜牛的孙子，瞽瞍的儿子，号有虞。舜孝敬友善的名声四方皆知，他制作陶器、捕鱼以赡养父母。他宽广豁达而温和善良，厚道机敏而能把握时机，敬畏上天而爱护人民，体恤远方的人而又亲近身边的人。他承受天命，并得到两位妻子的帮助。他圣明、智能而又通达，成为天下的帝王。他任命二十二位大臣，遵循尧时的旧职，自己以身示范而已。当时天下太平，大地丰收，他巡狩全国，五年一次。舜为臣三十年，为帝五十年，在巡狩之时，死于苍梧的山野并埋葬在那里。"

宰我曰："请问禹①。"

孔子曰："高阳②之孙，鲧③之子也，曰夏后。敏给克齐④，其德不爽⑤，其仁可亲，其言可信。声为律⑥，身为度⑦，亹亹穆穆⑧，为纪为纲。其功为百神之主⑨，其惠为民父母。左准绳，右规矩⑩，履四时⑪，据四海。任皋繇⑫、伯益⑬，以赞其治，兴六师⑭以征不序⑮，四极⑯之民，莫敢不服。"

◎ **注释** ①〔禹〕名文命，号夏后氏，传说中的古代帝王。②〔高阳〕颛顼，禹祖父。③〔鲧〕禹父，曾奉尧命治水，用防堵的办法治水，九年而无功，被舜殛于羽山。④〔敏给克齐〕敏捷能成事。敏给，敏捷。克，能。齐，通"济"，成。⑤〔爽〕差错。⑥〔律〕法则，规章。⑦〔身为度〕行动成为准则。⑧〔亹（wěi）亹穆穆〕亹亹，勤勉不倦。穆穆，恭敬，严肃。⑨〔其功为百神之主〕禹治水，天下既平，然后百神得其所。⑩〔左准绳，右规矩〕准绳，标准。规矩，规则。规、矩均为绘制工具，规绘圆形，矩绘方形。⑪〔履四时〕所行不违四时之宜。⑫〔皋繇〕舜臣，主管刑狱。繇，亦作"陶"。⑬〔伯益〕舜、禹时为臣。舜命他作虞，掌山林川泽。禹时被立为继承人，禹死后，启杀伯益夺得帝位。或说启贤，益避启，众举启承帝位。⑭〔六师〕指"六军"。军，天子统帅的军队。⑮〔不序〕不顺从。

⑯〔四极〕四方极远之地。极，顶点，尽头。

◎**大意**　宰我说："请教一下关于帝禹的事情。"

　　孔子说："禹是高阳的孙子，鲧的儿子，称夏后。他敏捷能成事，德行毫无差错，仁厚可亲，言语可信。他说的话成为规章，行动成为准则。他勤勉不倦、恭敬严肃，树立典范。他的功业使他成为众神之长，他的恩惠使他成为民之父母。他时刻遵循标准和规则，做事不违背四时之宜，据有四海之地。他任命皋陶、伯益协助治理天下，调动军队征伐不顺从的人，四方之民没有敢不臣服的。"

　　孔子曰："予！大者如天，小者如言，民悦至矣。予也非其人也。"宰我曰："予也不足以戒敬承矣。"

　　他日，宰我以语子贡，子贡以复孔子。子曰："吾欲以颜状取人也，则于灭明改之矣；吾欲以言辞取人也，则于宰我改之矣；吾欲以容貌取人也，则于子张改之矣。"宰我闻之，惧，弗敢见焉。

◎**大意**　孔子说："宰予啊！古帝王的功德大的像天一样，小的像我所说的，人民都非常高兴满意。宰予你不是能够懂得这些道理的人。"宰我说："我还不能够谨慎恭敬地领会教诲。"

　　另一日，宰我把有关古帝王的事情告诉子贡，子贡把这事告诉孔子。孔子说："我想以外表判断人，澹台灭明却使我改变了这种做法；我想以言辞判断人，宰我却使我改变了这种做法；我想以容貌判断人，子张却使我改变了这种做法。"宰我听到这些话，非常害怕，不敢去见孔子。